Wolfgang Froese/Martin Walter (Hrsg.)

**Schloss Rastatt**

**Schloss Favorite**

# Schloss Rastatt
# Schloss Favorite

## Menschen, Geschichte, Architektur

herausgegeben von
Wolfgang Froese und Martin Walter

Sonderveröffentlichung
des Kreisarchivs Rastatt, Band 8

Casimir Katz Verlag

Die Deutsche Bibliothek – CIP-Einheitsaufnahme
Froese, Wolfgang [Hrsg.]/Walter, Martin [Hrsg.]
Schloss Rastatt – Schloss Favorite: Menschen, Geschichte, Architektur/Wolfgang Froese [Hrsg.] und Martin Walter [Hrsg.] [Kreisarchiv Rastatt (Hrsg.): Sonderveröffentlichung des Kreisarchivs Rastatt, Bd. 8]
Gernsbach: Katz, 2011
ISBN: 978-3-938047-50-7


Umschlaggestaltung: Jörg Schumacher, Casimir Katz Verlag
Satz: Casimir Katz Verlag
Druck: Firmengruppe APPL, aprinta Druck, Wemding
ISBN: 978-3-938047-50-7

# Inhalt

# Grußwort

Die mittelbadische Schlösserlandschaft ist von einer Einzigartigkeit und Schönheit, wie sie kaum in einer zweiten Region in Baden zu finden ist. Zu den schönsten und repräsentativsten Bauten der Barockzeit zählen zweifellos die Barockresidenz Rastatt und das einzigartige Porzellanschloss Favorite. In der traditionsreichen Heimatbuchreihe des Landkreises Rastatt sind zahlreiche fundierte Beiträge und Aufsätze kompetenter Autoren und Autorinnen zu Einzelaspekten der Schlössergeschichte zu finden. Der Landkreis Rastatt hat demnach schon immer großes Interesse an der Aufarbeitung und Darstellung der Historie beider Schlösser bewiesen. Deshalb freut es mich sehr, dass das vorliegende Werk als Band 8 der Sonderveröffentlichungen des Kreisarchivs Rastatt erscheint.

Errichtet wurde die Barockresidenz in Rastatt ab 1698 zunächst als Jagdschloss im Auftrag des Markgrafen Ludwig Wilhelm von Baden. Der Architekt war ein berühmter Baumeister seiner Zeit, der aus Fano stammende Domenico Egidio Rossi. Das Rastatter Schloss ist zum Höhepunkt der Arbeit Rossis geworden. Sein Wirken vor über 300 Jahren in Rastatt und in der gesamten Markgrafschaft war Anlass zur Gründung der Städtepartnerschaft zwischen Rastatt und Fano gegen Mitte der 1980er Jahre und in der Folge zur Partnerschaft zwischen der Provinz Pesaro Urbino und dem Landkreis Rastatt. Diese „gemellagio" wird sehr lebendig und engagiert auf beiden Seiten gelebt und ist Motor zahlreicher weiterer Gemeinde- und Städtepartnerschaften aus beiden Regionen.

Mein Dank gilt allen Autorinnen und Autoren, die mit ihren fundierten Texten an diesem Band mitgewirkt haben. Bedanken darf ich mich beim Casimir Katz Verlag aus Gernsbach, dem die Erarbeitung und Verbreitung regionaler Geschichte ein wichtiges Anliegen ist. Und Ihnen, liebe Leser, wünsche ich, dass Sie ebenso viel Freude und Spaß an der Zeitreise haben wie diejenigen, die dieses Buch realisiert und geschrieben haben.

Jürgen Bäuerle, Landrat

# Einleitung

**von Wolfgang Froese und Martin Walter**

Die prachtvolle Barockresidenz von Rastatt ist das erste deutsche Schloss, das ab 1700 nach der Idee von Versailles gebaut wurde. Sein Bauherr, der badische Markgraf Ludwig Wilhelm, als legendärer „Türkenlouis" bis heute als Sieger gegen die Osmanen berühmt, demonstrierte mit der gewaltigen Dreiflügelanlage sein großes Machtbewusstsein, das mit der tatsächlichen Bedeutung seines kleinen Fürstentums in keinem adäquaten Verhältnis stand. Architektonisch hat das Schloss dagegen nur wenig, wenn denn überhaupt, mit Versailles zu tun. Seine Witwe Markgräfin Sibylla Augusta ließ ab 1710 nur eine Reitstunde entfernt die Sommerresidenz Schloss Favorite erbauen. Das älteste und einzige erhaltene „Porzellanschloss" zeugt bis heute als barockes Gesamtkunstwerk von Kunstverständnis, Geschmack und Herrschaftswillen der Regentin.

Die Geschichte und das Schicksal jedes einzelnen der beiden Schlösser wären in der Tat je eine gesonderte Monographie wert. Der 1963 erschienene Kunstdenkmälerband des (alten) Landkreises Rastatt in der Bearbeitung von Peter Hirschfeld klammerte die Bearbeitung seinerzeit bewusst aus, wohl wissend, dass die Bedeutung der beiden Schlösser einen eigenen Band erforderte, der dann allerdings nie erschien. Auch von Seiten des Landesdenkmalamtes war vor einigen Jahren eine wissenschaftlich fundierte Edition der Geschichte beider Bauwerke geplant. Der vorliegende Band erhebt schon aufgrund des vorgegebenen Umfangs keinen Anspruch auf eine solche umfassende Darstellung. Die Zusammenschau beider Schlösser in einem Buch und die auf einen bequemen, informierenden Zugriff angelegten Beiträge können gleichwohl vielfältige Leserwünsche befriedigen. 16 Autorinnen und Autoren stellen in insgesamt 19 Beiträgen sehr unterschiedliche Facetten der Geschichte beider Bauwerke dar. Während die kunstgeschichtlichen Aspekte und die Ausstattung nicht zuletzt aufgrund der exzellenten Arbeiten vor allem von Oberkonservatorin Dr. Ute Grimm bereits bestens bearbeitet wurden, sind andere Themenbereiche bislang nur unzureichend beleuchtet worden.

Zu diesen bisher eher unbekannten Seiten der Schlösserhistorie zählt beispielsweise die Nutzungsgeschichte von Schloss Rastatt nach dem Ende der baden-badischen Dynastie; eine Geschichte, zu der auch eine lange „juristische" Tradition gehört. In der Darstellung reicht der Band bis in die Gegenwart, er bezieht auch die beiden bedeutenden, im Schloss untergebrachten Museen ein. Die Herausgeber haben großen Wert auf die Lesbarkeit und gute Zugänglichkeit der komplexen Stoffe gelegt. Die einzelnen Beiträge sind in vier Themenkreise unterteilt. Die Aufsätze sind in sich geschlossen und können einzeln gelesen werden. Daher lassen sich inhaltliche Überschneidungen nicht immer vermeiden.

*Schloss Favorite,*
*Hauptfassade mit Freitreppe.*
*Zeichnung von Meinrad Bittmann*

Die Barockresidenz Rastatt und das Porzellanschloss Schloss Favorite sind bis heute lebendige Zeugnisse barocker Lebensfreude und zugleich absolutistischer Machtdarstellung. Einzigartig ist die Faszination, die von beiden Schlössern ausgeht und ihre beeindruckende bauliche Authentizität, denn beide sind bis heute unzerstört und nahezu unverändert erhalten geblieben. Das vorliegende Buch ist eine Einladung, sich auf die uns heute manchmal fremd erscheinende Welt ihrer Erbauer einzulassen.

# Feldherr und Reichsfürst

## Markgraf Ludwig Wilhelm von Baden (1655–1707)

**von Uwe A. Oster**

Markgraf Ludwig Wilhelm von Baden ist eine der bekanntesten Gestalten der badischen Geschichte. Wie sein Beiname „Türkenlouis" anzeigt, ist er jedoch weniger als Landesherr denn als kaiserlicher Feldherr in Erinnerung geblieben. Dabei gründete sein eigenes Selbstverständnis in erster Linie auf seinem Rang als Reichsfürst.

Ungewöhnlich war schon der Geburtsort Ludwig Wilhelms: das Hôtel des Soissons in Paris. Die Mutter des Markgrafen war Luisa Christina von Savoyen-Carignan, deren Mutter wiederum eine Gräfin von Soissons war. Doch allein diese Abstammung erklärt nicht, weshalb Ludwig Wilhelm in Paris zur Welt gekommen ist. Verantwortlich dafür war, dass seine Mutter sich schlicht weigerte, nach Baden zu kommen. Daher machte sich ihr zuvor „per procura" angetrauter Ehemann, Markgraf Ferdinand Maximilian, auf den Weg zu ihr – nach Paris. Dort wurde die Ehe dann zwar tatsächlich vollzogen, doch an der Weigerung seiner Frau, Frankreich zu verlassen, änderte dies nichts.

### *Grundsätze seiner Erziehung*

Nur wenige Monate nach seiner Geburt am 8. April 1655 wurde der kleine Ludwig Wilhelm daher ohne Mutter nach Baden gebracht, wo sein Großvater Wilhelm als Markgraf regierte. Das Haus Baden war seit 1535 in die Linien Baden-Baden und Baden-Durlach geteilt, wobei die Baden-Badener Linie nach einem reformatorischen Intermezzo seit 1572 wieder katholisch war, während die – bis heute fortbestehende – Durlacher Linie protestantisch blieb. Vor diesem Hintergrund erstaunt nicht, dass Ludwig Wilhelm in „Gehorsam und Respekt" gegenüber dem Papst sowie zu „Treue gegenüber dem erwählten und ordentlich anerkannten Kaiser" erzogen werden sollte. Als zukünftigem katholischem Reichsfürsten war dem Markgrafen eine enge Verbindung zum habsburgischen Kaiserhof förmlich vorgegeben. Gerade für den Regenten eines kleinen Landes wie der Markgrafschaft Baden-Baden, dessen fürstlicher Anspruch nicht seiner tatsächlichen politischen Macht entsprach, war es wichtig, gleichwohl das Selbstbewusstsein fürstlicher Autorität nach außen zu transportieren. Umso mehr im Zeitalter des Barock, in dem Rangfragen keine Nebensächlichkeit waren.

In einer persönlichen Instruktion beschwor Markgraf Ferdinand Maximilian seinen Sohn 1669 denn auch, sich keinesfalls unter seinem Rang zu verkaufen, stamme er doch von einem der ältesten Häuser Deutschlands ab. Die Anrede „Hoheit" dürfe er nur den Mitgliedern jener Familien zukommen lassen, denen sie gebührte. Umgekehrt sollte Ludwig stets darauf achten, wie er selbst behandelt und empfangen würde. Ludwig Wilhelm hat diese Grundsätze seiner Erziehung tief verinnerlicht: Wichtiger noch als jede Anerkennung für seine militärischen Leistungen war es ihm, als Reichsfürst wahrgenommen zu werden. Dieses Selbstverständnis stellte etwa Kurfürst Johann III. von Sachsen in Frage, wenn er ihn als „salaryrten Diener" bezeichnete – einen Angestellten, der für seine Arbeit als kaiserlicher Feldherr Lohn bezog. Es nimmt nicht wunder, dass Ludwig Wilhelm sich gegen diesen Affront heftig zur Wehr setzte. Er sei ein souveräner Reichsfürst wie der Kurfürst von Sachsen. Aus ebendiesem Grund war der „Türkenlouis" nicht minder empört, als er erfuhr, dass in der Wiener Hofburg nur noch die Kurfürsten mit einer sechsspännigen Kutsche vorfahren durften. Aus Ludwig Wilhelms Sicht waren die Reichsfürsten in ihrem Stand gleich; eine Zwei-Klassen-Gesellschaft aus großen und kleinen Fürsten lehnte er vehement ab.

*Vergebliches Bemühen um Standeserhöhung*

Doch machten solche Nadelstiche dem badischen Markgrafen offensichtlich, dass er, um von den größeren Fürsten als gleichrangig anerkannt zu werden, eine Standeserhöhung für sein Haus anstreben musste. Schon 1669 und 1674 hatte sich die Baden-Badener Linie um den polnischen Königsthron beworben. Doch in beiden Fällen hatten die polnischen Königswähler – stimmberechtigt waren alle Adligen des Landes – andere Kandidaten vorgezogen. Als 1696 der polnische König Jan Sobieski starb, kam es zum dritten Versuch. Die polnische Kö-

*Standarte Ludwig Wilhelms mit seinem Wahlspruch „ARDVA DETVRBANS VIS ANIMOSA QVATIT" – „Die mutige Kraft verjagt und zerschlägt das Schwierige".*

nigskrone war ein Spielball der europäischen Mächte, und die Magnaten des Landes ließen sich ihre Unterstützung teuer bezahlen. Markgraf Ludwig Wilhelm wurde in seiner Kandidatur von Kurfürst Friedrich von Brandenburg unterstützt: Der „Türkenlouis" galt ihm als selbständig und selbstbewusst genug, um keine Marionette des Kaisers zu sein, doch nicht so mächtig, dass er ihm selbst als Nachbar würde gefährlich werden können. Und er sollte ihm helfen, die Kandidatur eines französischen Prinzen zu verhindern, die Ludwig XIV. zu lancieren versuchte. Indem aber der „Türkenlouis" sich auf diese Weise von dem protestantischen Brandenburger hofieren ließ, erntete er die Ablehnung des Kaisers und setzte sich zwischen alle Stühle. Bald merkte Ludwig Wilhelm zudem, dass seine finanziellen Mittel nicht ausreichten, um die Kandidatur zu einem Erfolg zu führen. So bestieg ein Mann den Thron, der zunächst gar nicht unter den Kandidaten gehandelt worden war: August der Starke von Sachsen. Er hatte Geld, und er hatte Soldaten, die er drohend an der polnischen Grenze aufmarschieren lassen konnte. Nur: Er war protestantisch, doch auch dieses Problem ließ sich lösen – er konvertierte schleunigst zum Katholizismus, denn Warschau war allemal eine Messe wert. Damit standen die Badener zum dritten Mal mit leeren Händen da.

Wenn schon keine Königskrone, dann sollte es nach dem Willen Ludwig Wilhelms zumindest der Kurhut sein. Das deutsche Königtum war kein Erb-, sondern ein Wahlkönigtum. Seit der Goldenen Bulle von 1356 war die Wahl des Königs durch die sieben Kurfürsten reichsrechtlich festgelegt. Damit waren die Kurfürsten die ranghöchsten Fürsten des Reichs. Im Dreißigjährigen Krieg war dieser exklusive Kreis um die bayerischen Wittelsbacher erweitert worden. Dass die protestantischen Welfen 1692 in diesen exklusiven Kreis aufgenommen wurden und nicht er, der treukatholische, kaisertreue Badener, war für den „Türkenlouis" ein Schock. Aber er hatte einmal mehr zur Kenntnis nehmen müssen, dass seine Machtbasis – die kleine Markgrafschaft Baden-Baden – zu schmal war. Als armierter Reichsstand konnte Hannover dem Kaiser militärisch unter die Arme greifen; Ludwig Wilhelm konnte nur seine Fähigkeiten als Feldherr in die Waagschale werfen. Aber Feldherren waren austauschbar. Hannover konnte dem Kaiser zudem drohen, ihn im Konflikt mit Frankreich, das seine Grenzen immer weiter nach Westen auszudehnen suchte, nicht zu unterstützen. Und wenn eine Mittelmacht wie Hannover eine solche Drohung ausstieß, konnte der Kaiser nicht einfach zur Tagesordnung übergehen. Es zeugt von dem Selbstverständnis Ludwig Wilhelms, dass er mit seiner Ablehnung der Kurwürde für Hannover nicht hinter dem Berg hielt und auch die Auseinandersetzung mit dem Kaiser darüber nicht scheute.

## *Militärische Laufbahn*

Das änderte nichts daran, dass am Ende alle Versuche des „Türkenlouis", eine Rangerhöhung zu erreichen, fehlschlugen. Es blieb damit nur der Ruhm auf dem Schlachtfeld, mit dem er seinen Rang unter Beweis stellen konnte. Dass militärische Leistungen durchaus auch Rangerhöhungen nach sich ziehen konnten, hatte sich 1664 gezeigt. Damals war den beiden Linien des Hauses Baden durch Kaiser Leopold I. das Prädikat „Durchlaucht" verliehen worden – unter anderem aufgrund ihrer rühmlichen Dienste *„bei denen vorgewesten Kriegen"*.

Die militärische Ausbildung war integraler Bestandteil der Erziehung eines zukünftigen Herrschers in der frühen Neuzeit. Dazu gehörte, dass der adlige Nachwuchs fechten und reiten lernte, aber auch in der Befestigungskunde unterrichtet wurde – schließlich war die frühe Neuzeit das klassische Zeitalter des Festungsbaus, und die Kriegskunst bestand nicht zuletzt darin, feste Plätze bei Belagerungen zu verteidigen oder zu erobern. Ludwig Wilhelms Vater Ferdinand Maximilian war ein für die Zeit allerdings eher unkriegerischer Fürst, und dementsprechend hielt er in der Instruktion für Ludwig Wilhelm 1657 fest, dass sein Sohn zwar lernen sollte, sich zu wehren, aber keinesfalls ein kriegerisches Gemüt annehmen möge. Sollte sich die Gelegenheit bieten, sollte er drei Monate lang eine der kriegerischen Aktionen jener Zeit als Beobachter miterleben.

Dass Ludwig Wilhelm gleichwohl den Kriegsdienst dann zu seinem hauptsächlichen Lebensinhalt machte, war zum einen der schieren Alternativlosigkeit geschuldet, zumindest wenn man den Ehrgeiz des „Türkenlouis" in Rechnung stellt. Zum anderen hatte der Markgraf in seiner eigenen Familie gleich zwei Onkel als prominente Vorbilder: Markgraf Leopold Wilhelm (1626–1671) war in der Schlacht von St. Gotthardt an der Raab im heutigen ungarischen Bezirk Vas 1664 als Oberbefehlshaber des Reichskontingents zum ersten großen „Türkenbezwinger" der Familie geworden.

Einen noch größeren, auch unmittelbaren Einfluss auf die militärische Laufbahn Ludwig Wilhelms übte Markgraf Hermann (1628–1691) aus, der als Diplomat und Militär in kaiserlichen Diensten Karriere machte. 1671 wurde er Generalfeldzeugmeister, 1681 Präsident des Hofkriegsrats. Im Mai 1674 trat Ludwig Wilhelm als „Volontair" in das kaiserliche Heer ein. Unter der Obhut seines Onkels nahm er in der Folge am Reichskrieg gegen Frankreich teil. Dabei zeichnete er sich im Sommer 1676 bei der Belagerung des von französischen Truppen besetzten Philippsburg aus und durfte zum Dank die Nachricht vom Fall der Festung dem Kaiser in Wien überbringen. Leopold I. übertrug dem Badener damals ein eigenes Regiment und ernannte ihn zum Obristen. Damit war die militärische Laufbahn unwiderruflich eingeschlagen. Daran änderte auch die Tatsache nichts, dass nach dem frühen Tod seines Vaters 1669 und des fortgeschrittenen Alters des regierenden Markgrafen Wilhelm klar war, dass Ludwig Wilhelm in nicht allzu ferner Zukunft die Regierung in seinem Fürstentum übernehmen würde.

Die Herausforderung, der Ludwig Wilhelm seinen Beinamen und seinen eigentlichen Ruhm verdanken sollte, war der „Große Türkenkrieg", der 1683 einem ersten, dramatischen Höhepunkt entgegensteuerte: Die Osmanen standen vor Wien, der Kaiser war nach Linz geflohen. Befehlshaber der Armee, die die habsburgische Residenzstadt retten sollte, war der polnische König Jan Sobieski. Markgraf Ludwig Wilhelm war Befehlshaber eines Dragonerregiments und zeigte in diesem Feldzug bereits all jene Eigenschaften, die für ihn typisch waren: den Hang zur Offensive, ein Selbstbewusstsein, das an Überheblichkeit grenzte, absolute Furchtlosigkeit selbst im dichtesten Getümmel und die Eigenart, keinem Streit aus dem Weg zu gehen, wenn er von einer Sache überzeugt war oder er sich in seiner Ehre herabgesetzt fühlte. Auf die Ratschläge anderer hörte Ludwig Wilhelm nur ungern. Noch 1683 wurde der Badener von Kaiser Leopold I. *„in Erwägung deroselben tapferen und heroischen Gemüts"* zum General der Kavallerie ernannt.

Ein zeitgenössischer Beobachter meinte einmal, dass der „Türkenlouis" von allen Generälen des Kaisers am meisten geeignet sei, ein großer General zu werden, *„wenn der Eigensinn ihn nicht daran hindert"*. Er habe alle Tugenden, die jemand benötige, der eine Armee führen wolle, *„aber auch alle Fehler, die einem die Lust nehmen, ihm eine Armee anzuvertrauen"*. Es spricht vor diesem Hintergrund für die große Achtung des Kaisers vor dem badischen Markgrafen, dass er ihn trotz dieser Einschränkungen 1689 zum Oberbefehlshaber im Kampf gegen die Osmanen ernannte. Ludwig Wilhelm hat die in ihn gesetzten Erwartungen sogar noch übertroffen. Durch seinen Sieg in der Schlacht von Slankamen im August 1691 wurde die Gefahr einer osmanischen Invasion Westeuropas auf Jahre hinaus gebannt. Der Kaiser beförderte seinen Feldherrn zum Generallieutenant – dass er diesen höchsten militärischen Rang im kaiserlichen Heer mit nur 36 Jahren erhielt, hatte er, wie der venezianische Gesandte Girolamo Venier schrieb, weniger seiner Geburt *„als seinen langen und glücklichen Diensten"* zu verdanken.

*Ludwig Wilhelm als Feldherr auf dem Balkan. Stich von 1689.*

Die Erwartungen an die Kriegskunst Ludwig Wilhelms waren durch den Sieg von Slankamen ins Unermessliche gestiegen. Nicht nur beim Kaiser, sondern auch in der breiten Öffentlichkeit. Überall im Reich läuteten die Kirchenglocken – zu Ehren Gottes und des badischen Markgrafen. Nachdem er den Mond – sprich: den osmanischen Halbmond – in seine Schranken gewiesen hatte, sollte er nun gleich der Sonne – sprich: dem französischen „Sonnenkönig" Ludwig XIV. – Einhalt gebieten.

Gemessen an diesen Erwartungen, konnte der nun so genannte „Türkenlouis" nur scheitern. Denn der Krieg gegen Frankreich war aus seiner eigenen, fürstlichen Sicht eine ganz andere Sache als jener gegen die Osmanen. Frankreich war der Nachbar Badens, ein mächtiger Nachbar, den Ludwig Wilhelm – so hatte es ihm schon sein Vater nahe gelegt – nicht „offendiren", nicht herausfordern sollte. Schon gar nicht möge er sich in innerfranzösische Händel einmischen. Dennoch übernahm Ludwig Wilhelm wiederum den Oberbefehl, in der Hoffnung, endlich nicht nur Ruhm, sondern durch einen Sieg gegen Frankreich womöglich die ersehnte Rangerhöhung zu bekommen.

In der zeitgenössischen Publizistik wurde dem „Türkenlouis" vorgeworfen, dass er auf dem westlichen Kriegsschauplatz zum Zauderer geworden sei, dass er den Mut zur Offensive verloren habe. Doch: Mit welchen Truppen hätte Ludwig Wilhelm eine offene Feldschlacht unternehmen sollen? Die Verteidigung des Oberrheins lag vor allem in den Händen der süddeutschen Reichskreise, deren Truppen sich weder von ihrer Ausrüstung noch von ihrer Zahl her mit der Armee des „Sonnenkönigs" messen konnten. Und die großen Reichsstände betrieben ihre eigene Politik, deren Ziel der eigene Vorteil war. Der Markgraf versuchte dem entgegenzuwirken, in dem er eine engere Zusammenarbeit der Reichskreise und damit vor allem der kleineren und mittleren Reichsstände zu initiieren suchte.

Militärisch blieb derweil einzig die Möglichkeit, den Gegner durch Nadelstiche zu treffen, ihn durch taktische Bewegungen zu schwächen und derweil zu hoffen, dass es zu einer Verhandlungslösung kommen würde. Tatsächlich wurde der Krieg um die pfälzische Erbfolge, der Ludwig XIV. zu seinem Übergreifen auf die rechte Rheinseite veranlasst hatte, 1697 mit dem Frieden von Rijswijk beendet. Seither war der Rhein im Südwesten als Grenze zu Frankreich auch von Reichsseite anerkannt.

Die geographische Lage seiner eigenen Markgrafschaft war für das Handeln Ludwig Wilhelms in dieser Zeit vielleicht nicht bestimmend, aber auch keineswegs bedeutungslos. Immerhin war der Oberrhein selbst einer der Kriegsschauplätze. Dem Kaiser warf der „Türkenlouis" im August 1699 denn auch vor, dass es schmerzlich sei zu sehen, *„dass alle Kurfürsten des Reichs unter der Regierung Seiner Majestät gewachsen, ihre Häuser vergrößert, ich hingegen mein Haus im Dienst Seiner Kaiserlichen Majestät ruiniert und destruiert habe, auch Land und Leute abbrennen lassen"*.

Damals zeichnete sich aufgrund des bevorstehenden Aussterbens der spanischen Habsburger bereits der nächste Krieg zwischen Österreich und Frankreich ab. Und man musste kein Prophet sein, dass der Oberrhein dabei neuerlich zum Kriegsschauplatz werden würde. Heftig kritisierte Ludwig Wilhelm daher, dass man keine Vorbereitungen treffe, um den erwarteten französischen Angriff abzuwehren. Man könne von ihm doch nicht erwarten, dass er schon wieder Land und Leute opfere.

Vor diesem Hintergrund entwickelte Ludwig Wilhelm eine kühne – aber gänzlich defensive und daher wenig beifallträchtige Strategie: Bereits 1692 hatte er damit begonnen, ein Netz befestigter Schanzen vom Schwarzwald bis zum Odenwald zu erbauen. Diese Schanzen sollten nun zusammen mit den von den Franzosen gemäß dem Rijswijker Frieden geräumten rechtsrheinischen Festungen zu einer unüberwindbaren Barriere verbunden werden. Nicht vorhersehen konnte der „Türkenlouis", dass Bayern im Spanischen Erbfolgekrieg an der Seite Frankreichs stehen würde und er damit zu einem Zweifrontenkrieg gezwungen war. Zermürbt von der Kritik an seiner Kriegführung, gekränkt durch die seiner Meinung nach mangelnde Dankbarkeit des Hauses Habsburg, nach einer Verwundung gesundheitlich geschwächt und von den beiden scheinbar agileren Feldherren – dem Herzog von Marlborough und Prinz Eugen von Savoyen – zunehmend ins Abseits gedrängt, bat er den neuen Kaiser Joseph I. am 31. Oktober 1706 um seine Entlassung.

### *Fürst eines kleinen Landes*

Immer wieder ist dem „Türkenlouis" vorgeworfen worden, dass er die Regierung seines Landes vernachlässigt habe. Tatsächlich setzte Ludwig Wilhelm zum Teil über Jahre hinweg keinen Fuß nach Baden. Höchste Behörde des Landes war der Geheime Rat, dem nominell der Markgraf vorstand, der de facto aber von einem beamteten Kanzler geleitet wurde. Die eigentliche Verwaltungsarbeit fand in der Hofkammer statt. Ludwig Wilhelm stand mit dem Kanzler in einem regen schriftlichen Austausch, so dass von einem Desinteresse nicht gesprochen werden kann. Allerdings mag die Markgrafschaft Baden-Baden für den Ehrgeiz des „Türkenlouis" zu klein und er selbst davon überzeugt gewesen sein, als kaiserlicher Feldherr letztlich mehr für sein Haus erreichen zu können.

Am Ende blieb jedoch nur der militärische Ruhm vornehmlich aus dem Großen Türkenkrieg. Und die einzige wirkliche Rangerhöhung war eine gebaute in der eigenen Markgrafschaft: Das Rastatter Schloss war eine Machtdemonstration – ein weithin sichtbares Zeichen, das sich der Reichsfürst Ludwig Wilhelm am Ende seines Lebens setzte. Den Einwand, dass es in der kriegszerstörten Markgrafschaft wichtigere Unternehmungen gegeben hätte, wäre von Ludwig Wilhelm so wenig verstanden worden wie von irgendeinem anderen Fürsten der Zeit, ganz abgesehen davon, dass ein solcher Schlossbau auch ein Impuls für die heimische Wirtschaft war. Als Friedrich der Große nach dem Siebenjährigen Krieg das gewaltige Neue Palais in Potsdam errichten ließ, wusste er, dass dieser Bau nur eine „Fanfaronade" war – ein Hinausposaunen, um der Welt die eigene Macht zu demonstrieren. Nicht anders verhielt es sich beim badischen Versailles und dem „Türkenlouis".

*Grabmal von Ludwig Wilhelm in der Stiftskirche Baden-Baden, errichtet 1753 im Auftrag seines Sohnes, des Markgrafen Ludwig Georg.*

Am 4. Januar 1707 ist Markgraf Ludwig Wilhelm von Baden gestorben. Sein Grabmal in der Stiftskirche von Baden-Baden ist ein gewaltiges Monument. Es zeigt den „Türkenlouis" in prunkvoller Rüstung und mit Schärpe als siegreichen Feldherrn, umringt von Kanonen und erbeuteten Fahnen. Es ist ein Bild, das Ludwig Wilhelms Selbstverständnis sehr nahe kommt.

Ludwig Wilhelms Söhne Ludwig Georg und August Georg waren, als ihr Vater starb, erst fünf bzw. ein Jahr alt. Doch sie hatten das Glück einer starken Mutter. Im März 1690 hatte der „Türkenlouis“ Sibylla Augusta von Sachsen-Lauenburg geheiratet. Trotz des großen Altersunterschieds – Sibylla Augusta war zwanzig Jahre jünger als ihr Mann – wurde es eine glückliche Ehe, die von gegenseitigem Respekt getragen war. Als „Oberregentin“ übernahm die Markgräfin 1707 für zwanzig Jahre die Regierung der Markgrafschaft.

**Neuere Literatur in Auswahl**

BEESE, Christian: Markgraf Hermann von Baden (1628–1691). General, Diplomat und Minister Kaiser Leopolds I., Stuttgart 1991.

FROESE, Wolfgang/WALTER, Martin (Hrsg.): Der Türkenlouis. Markgraf Ludwig Wilhelm von Baden und seine Zeit, 2. Aufl., Gernsbach 2010.

GREINER, Christian: „Der Schild des Reiches“. Markgraf Ludwig Wilhelm von Baden (1655–1707) und die „Reichsbarriere“ am Oberrhein. In: Zeitschrift für Historische Forschung, Beiheft 2, Berlin 1986.

GREINER, Christian: Fürstenerziehung im Barock. Bildung und Erfahrungen des „Türkenlouis“ (1655-1678). In: ZGO 150 (2002), S. 210-251.

HOHRATH, Daniel/REHM, Christoph (Hrsg.), Zwischen Sonne und Halbmond. Der Türkenlouis als Barockfürst und Feldherr, Rastatt 2005.

OSTER, Uwe A.: Markgraf Ludwig Wilhelm von Baden. Der „Türkenlouis“. Feldherr im Schatten von Prinz Eugen, Bergisch Gladbach 2001.

PLASSMANN, Max: Die Assoziationen der Vorderen Reichskreise vor Beginn des Spanischen Erbfolgekriegs. In: ZGO 149 (2001), S. 131-162.

HANK, Peter (Red.): Forum Geschichte 2005. 350. Geburtstag des Markgrafen Ludwig Wilhelm. 300 Jahre Residenzstadt Rastatt, hrsg. von der Stadt Rastatt, Ubstadt-Weiher 2005.

# Witwe, Mutter, Fürstin

## Markgräfin Sibylla Augusta von Baden (1675–1733)

**von Wolfgang Froese**

Markgräfin Sibylla Augusta von Baden, geborene Prinzessin von Sachsen-Lauenburg, hat seit der frühen bahnbrechenden Studie von Elisabeth Weiland allgemeine Anerkennung gefunden als „die große badische Fürstin der Barockzeit“.[1] Mit ihrem Mann Ludwig Wilhelm von Baden teilte sie Mut und Unerschrockenheit als Charakterzug, aber auch dessen aufbrausendes Temperament. Und ebenso wie ihm ging es ihr darum, Ansehen und Glanz des „uralten Hauses“ Baden zu sichern und zu mehren. Prägend für ihre Persönlichkeit war aber auch ihre tiefe katholische Frömmigkeit, die ihr gesamtes Handeln von der Gestaltung des Tagesablaufs bis zu den großen Zielen bestimmte. Mit 32 Jahren Witwe geworden, leitete Sibylla Augusta ab 1707 zwanzig Jahre lang für ihren unmündigen Sohn Ludwig Georg mit großer Tatkraft die Markgrafschaft in schwieriger Zeit.

### *Kindheit in Böhmen*

Franziska Sibylla Augusta, wie ihr Taufname lautet, kam als jüngstes Kind des Herzogs Julius Franz von Sachsen-Lauenburg und seiner Frau Maria Hedwig Augusta von Pfalz-Sulzbach am 21. Januar 1675 in Ratzeburg zur Welt. Sie wuchs gemeinsam mit ihrer drei Jahre älteren Schwester Anna Maria Franziska allerdings nicht in den kleinen Stammlanden im heutigen Schleswig-Holstein auf, sondern auf Schloss Schlackenwerth im nordwestlichen Böhmen, wo die Herzogsfamilie seit dem frühen 17. Jahrhundert über ausgedehnte Besitzungen verfügte. Sie gingen auf Sibylla Augustas Großvater Julius Heinrich zurück, der bereits im Jugendalter zum katholischen Glauben konvertiert war und als kaiserlicher General im Dreißigjährigen Krieg aus der Niederlage der böhmischen Stände persönlichen Gewinn gezogen hatte.

Die Mutter Hedwig starb im November 1681 mit 31 Jahren, so dass Sibylla Augusta mit sechs zur Halbwaisen wurde. Ihr Vater hielt sich, zumal nach dem Tod seiner Frau, vorwiegend in Wien am Kaiserhof auf; die Erziehung der beiden Töchter lag hauptsächlich in den Händen einer Gräfin, die bald auch zur Geliebten des Herzogs wurde und von der Zeitgenossen und Nachwelt ein negatives Bild gezeichnet haben. Die schwierige familiäre Konstellation förderte andererseits wohl früh die Selbständigkeit Sibylla Augustas.

Eine über das Elementare vermutlich nur begrenzt hinausgehende Bildung erhielten Sibylla Augusta und ihre Schwester durch Angehörige des Piaristenordens. Inhalte des Lehrplans sind nicht überliefert, doch konnte Sibylla Augusta mit neun einen Brief auf Französisch schreiben. Die Piaristen sorgten ebenso für die religiöse Unterweisung der Kinder im Sinne eines kämpferischen, auf Bekehrung zielenden Katholizismus. Der Vorbereitung auf ihr späteres Leben als Fürstin, Gattin und Mutter diente auch ein handschriftliches „Rezept-Buch",[2] das Sibylla Augusta und Anna Maria Franziska 1688 in nahezu identischer Form erhielten. Es vermittelt in seiner Zusammenstellung von Schönheitsmitteln, Koch- und Backrezepten, kunsthandwerklichen Anleitungen und medizinischen Rezepturen einen anschaulichen Eindruck von der wesentlich auf das Haus beschränkten Rolle, die hochadligen Frauen im Regelfall zugedacht war.

### *Ehe mit Markgraf Ludwig Wilhelm von Baden-Baden*

Nach dem unerwarteten Tod auch des Vaters im September 1689 waren die beiden Töchter testamentarisch dem Schutz von Kaiser Leopold anvertraut, in dessen Händen auch die Entscheidung über die künftigen Gatten lag. Dieser fasste für die ältere Schwester rasch Markgraf Ludwig Wilhelm von Baden ins Auge, der damals, 34-jährig, kurz vor dem Zenit seiner Feldherrnlaufbahn stand, soeben aber auch die Zerstörung seiner Markgrafschaft durch die Franzosen hatte hinnehmen müssen. Auch wenn eine Ehe dem Gatten allenfalls vage Aussichten auf den Erhalt des Reichslehens Sachsen-Lauenburg eröffnete, galten Anna Maria Franziska und Sibylla Augusta aufgrund der von ihnen geerbten böhmischen Ländereien als glänzende Partien, die dem Haus Baden-Baden zum Vorteil gereichten.

In der persönlichen Begegnung mit den beiden Prinzessinnen entschied sich Ludwig Wilhelm spontan für die jüngere, die damals erst 15-jährige Sibylla Augusta, die sein Werben erwiderte. Bereits im März 1690 fand in Böhmen die Vermählung statt. Obwohl bei fürstlichen Hochzeiten nur politische Erwägungen zählten und es auf *„die amouretten der Prinzessinnen Durchlaucht"*[3] nicht ankam, war die Ehe zwischen Sibylla Augusta und Ludwig Wilhelm von wechselseitiger Zuneigung und Liebe getragen.

Im Allgemeinen folgte die fürstliche Ehefrau ihrem Mann nach der Heirat an dessen Hof. Hier war es zunächst umgekehrt. Da das Schloss in Baden-Baden seit 1689 zerstört war, blieb nicht nur Sibylla Augusta in Schlackenwerth, der Ort wurde sogar zur gemeinsamen, in den ersten Ehejahren großzügig ausgebauten Residenz. Hier konnte die junge Markgräfin während der kriegsbedingten Abwesenheit ihres Mannes bereits Erfahrungen als Verwalterin der Besitzungen und als Bauherrin sammeln.

Hatte Sibylla Augusta ihren Mann bereits 1692 auf dem ungarischen Feldzug bis nach Raab begleitet, so schlossen sich ab 1693 – als Ludwig Wilhelm den Oberbefehl auf dem westlichen Kriegsschauplatz gegen Frankreich übernahm – regelrechte „Wanderjahre" an, da Sibylla Augusta meist in der Nähe ihres Gemahls blieb und dabei *„den Lärm der Waffen nicht scheute"*, wie Prinz Eugen rühmte.[4] Nach vorangegangenen Fehlgeburten brachte sie im November 1694, im August 1696 und im September 1697 zwei Söhne und eine Tochter zur Welt, die alle bereits im frühen Kindesalter starben.

*Sibylla Augusta als verheiratete Frau. Medaillon, um 1700.*

Die Belastungen durch Schwangerschaften, häufige Ortswechsel und Sorge um die kränkelnden Kinder, aber auch durch das Zusammenleben mit einem zunehmend verbitterten, gichtgeplagten Mann setzten sich ebenso in den kurzen Friedensjahren zwischen Ende 1697 und Frühjahr 1701 fort, obwohl Ludwig Wilhelm nun daran ging, in Rastatt eine feste neue Residenz zu schaffen. Sechs weitere Kinder kamen im August 1700, im Mai 1701, im Juni 1702, im September 1703, im November 1704 und schließlich im Januar 1706 zur Welt, bezeichnenderweise alle an wechselnden Orten in Süddeutschland. Von ihnen waren am 4. Januar 1707, als Ludwig Wilhelm starb, nur noch vier am Leben. Lediglich drei, der 1702 geborene Erbprinz Ludwig Georg, die 1704 geborene Tochter Augusta Maria Johanna und schließlich der 1706 zur Welt gekommene August Georg erreichten das Erwachsenenalter.

*Einsetzung zur Oberlandesregentin*

In seinem Testament hatte Ludwig Wilhelm seine Frau für die Zeit der Minderjährigkeit des Erbprinzen mit der *„alleinigen Ober- und Lands-Administration"* betraut, wie Sibylla Augusta im November 1707 gegenüber Kaiser Josef I. hervorhob.[5] Der Markgraf würdigte mit diesem Vertrauensbeweis, *„mit was großer Treu, Neigung, Lieb und sorg unsere liebste gemahlin uns jederzeit begegnet und unseren lieben Kindern beygethan ist also dass wir uns gegen dero beiwohnenden prudenz und wissentlicher affection gegen unser fürstliches hauß anderst nit verstehen können, alß das Sie nicht allein unsere unmündigen 4 Kinder christlöblich erziehen undt zur allen fürstlichen Tugenden anweißen, sondern auch unser Landt und Leuth gleich eine Mutter in Vormundtschaft nehmen, und selbige so sorgfältig als glücklich Regieren werde ..."*[6]

Zu weiteren Vormündern für die Kinder hatte Ludwig Wilhelm testamentarisch den Kurfürsten Johann Wilhelm von der Pfalz und Herzog Leopold von Lothringen bestimmt. Deren Versuch, eine Vormundschaftsregierung auf Ministerebene einzurichten, wehrte Sibylla Augusta geschickt und entschlossen ab. Damit behielt sie auch in Fragen der Vormundschaft die Fäden in der Hand.

Das Testament stellte ein Vermächtnis dar, dem sich Sibylla Augusta tief verpflichtet fühlte. Es umfasste in den Grundzügen auch bereits das Regentschaftsprogramm: Bewahrung und gedeihliche Entwicklung der Besitzungen des Hauses Baden sowie Erhalt und Mehrung seines Ansehens. Diesem wichtigen Ziel diente ebenso die Erziehung und spätere geschickte Verheiratung der Kinder. Erst im Laufe der Regentschaft trat ein weiteres Vorhaben Sibylla Augustas zeitweise in großer Schärfe hervor, nämlich die geistige Erneuerung und Uniformierung des Landes im Sinne des Katholizismus.

Sibylla Augusta regierte selbst, und sie tat dies während der gesamten Regentschaftszeit mit außerordentlichem Pflichtbewusstsein. Kardinal Damian Hugo von Schönborn lobte Anfang 1724 gegenüber seinem Onkel, dem Mainzer Kurfürsten Lothar Franz, in bezeichnenden Worten, dass die Fürstin *„sich ihr Leben und ihre Regierung sauer genug werden lasst und dem Haus wieder aufhülfet“*[7] Sie nahm oft persönlich an den Sitzungen der höchsten Regierungskollegien teil, die die Staatsgeschäfte bearbeiteten und deren Vorsitz sie nach der Geschäftsordnung

*Staatsporträt der Markgräfin Sibylla Augusta in Witwentracht. Mit ihrer linken Hand zeigt sie auf das Kruzifix, das sie auf ihrer Brust trägt, mit der rechten berührt sie den Markgrafenhut, womit sie ihre Stellung als Regentin zum Ausdruck bringt. Ölgemälde, um 1724.*

innehatte. Man kann davon ausgehen, dass keine wichtige Entscheidung ohne ihr Wissen und ihre ausdrückliche Zustimmung fiel. Zu ihrem wichtigsten Mitarbeiter erwählte sie Carl Ferdinand von Plittersdorf, der bereits ein enger Vertrauter ihres Mannes gewesen war. Er amtierte von 1707 bis zum Ende ihrer Regentschaft 1727 als Präsident des Hofrats.

War Plittersdorf zwar Ratgeber, aber doch vor allem Untergebener, so erwuchs ihr in Kardinal Schönborn ein persönlicher Vertrauter, dessen Rat vor allem in religiösen und familiären Angelegenheiten bei Sibylla Augusta höchstes Gewicht besaß. Neben einem sehr umfangreichen, nur zu einem kleinen Teil erhaltenen Briefwechsel dokumentieren auch zahllose Treffen in Rastatt, Favorite, Scheibenhardt und dem Wallfahrtsort Waghäusel die tiefe geistige Verbundenheit zwischen Sibylla Augusta und Schönborn, der ab 1719 als erwählter Fürstbischof von Speyer auch kirchenrechtlich gesehen ihr geistlicher Hirte war.

### *Aufteilung der Grafschaft Sponheim; mühsamer Wiederaufbau*

Bereits in das erste Jahr ihrer Regentschaft fiel eine Entscheidung von großer Tragweite. Im August 1707 schloss Sibylla Augusta mit der Kurpfalz und damit mit ihrem Mitvormund Johann Wilhelm einen Vertrag über die Aufteilung der Vorderen Grafschaft Sponheim. In dem mittelrheinischen Territorium hatten die Pfalz und Baden-Baden bislang die Herrschaftsrechte gemeinsam ausgeübt. Die jahrzehntelangen, mehrfach stockenden Verhandlungen über eine Auflösung des Kondominats waren im Dezember 1706 kurz vor dem Tod Ludwig Wilhelms wiederaufgenommen worden. Dass die badische Seite bei der Teilung nun allerdings deutlich das Nachsehen hatte, war nicht zuletzt den Verhandlungsanweisungen der Markgräfin zuzuschreiben, die die eigenen Unterhändler auf einen schnellen Vertragsabschluss gedrängt hatte. Der im September 1708 abgeschlossene Ausführungsvertrag („Nebenrezess") fiel sogar noch entschieden ungünstiger für Baden aus.[8] Hier musste die Regentin kräftig Lehrgeld zahlen.

Allerdings befand sich die Markgrafschaft Baden-Baden in den Anfängen der Regierungszeit Sibylla Augustas auch in einer schlimmen Notlage. Es „brannte" an allen Ecken und Enden. Freund und Feind saugten das Land im Spanischen Erbfolgekrieg mit immer neuen Kontributionsforderungen aus, die Residenz Rastatt war seit Mai 1707 von französischen Truppen besetzt. Es zeugt von ihrer großen Verantwortungsbereitschaft, dass Sibylla Augusta in dieser Situation, als *„viel hundert Underthanen den Bettelstab nachziehen"*, mit ihren Kindern im Land (zunächst in Ettlingen, dann in Baden-Baden) geblieben ist, statt ins sichere Böhmen zu wechseln.[9]

Der Wiederaufbau der verarmten, teilweise verwüsteten und von erheblichen Bevölkerungsverlusten getroffenen Markgrafschaft stellte daher eine der großen Aufgaben dar, der sich Sibylla Augusta nach dem Frieden, der im März 1714 im Rastatter Schloss zwischen dem Reich und Frankreich geschlossen wurde, gegenübersah. Nach vorherrschender Ansicht hat sie in dieser Hinsicht Wesentliches geleistet, allerdings darf man sich vom Ausmaß der wirtschaftlichen Erholung keine übertriebene Vorstellungen machen.[10] Der direkte und indirekte Einsatz öffentlicher Mittel konzentrierte sich vor allem auf die Residenzstadt und erfolgte hier vorrangig mit Blick auf die Repräsentation des Hauses Baden. Gleichwohl waren 1723 erst zwei Drittel der geplanten Modellstadt fertiggestellt und blieben die Straßen noch bis in die Jahrhundertmitte ungepflastert.

Besonderes Augenmerk schenkte Sibylla Augusta daneben der Organisation der verschiedenen Handwerkszweige und des Kleinhandels in lokalen Zünften. Zwischen 1713 und 1727 erließ sie in der Markgrafschaft nicht weniger als 38 Zunftordnungen, die unter der Aufsicht des Staates die Produktion beschränkten, Qualität und Preise der Waren detailliert vorschrieben und darauf abzielten, Wettbewerb soweit wie möglich zu verhindern. Die von den Handwerkern wegen Mangels an Aufträgen gewünschte Neubelebung der Zünfte zersplitterte das ohnehin durch eine Vielzahl von Zollschranken zerteilte baden-badische Territorium in kleinste Wirtschaftsräume. Die größere wirtschaftliche Dynamik hatten die Nachbarterritorien am Oberrhein aufzuweisen, die zur gleichen Zeit stärker auf eine Entfaltung der Produktivkräfte setzten, auf die Förderung neuer Wirtschaftszweige und die Einführung einer fortschrittlichen Betriebsorganisation.

### *Konsolidierung der Staatsfinanzen*

Die Markgrafschaft Baden-Baden wälzte einen riesigen Schuldenberg vor sich her, der unter Ludwig Wilhelm nochmals ganz erheblich gewachsen war. Neben den immensen Summen, die der Markgraf für die repräsentative Darstellung oder angestrebte Hebung seines fürstlichen Ranges ausgegeben hatte, spielten dabei auch nicht geleistete Zahlungen des Kaisers eine Rolle, die als Kriegsentschädigung versprochen worden waren. Letztere beliefen sich nach einer Aufstellung von 1714 auf etwas über 2,1 Millionen Gulden. Sibylla Augusta setzte daher von Beginn ihrer Regentschaft alles daran, die ausstehenden Gelder zu erhalten. Zwei Gesandte in Wien, die am Kaiserhof nichts ausrichten konnten, entließ sie 1708 und 1713.

1715 wollte sie in dieser Sache erstmals selbst nach Wien zu reisen, wovon ihr Mitvormund Johann Wilhelm aber dringend abriet. Im Februar 1721 fuhr sie doch – Johann Wilhelm war inzwischen gestorben – und erreichte dort in zähen Verhandlungen einen Vergleich über rund 35 % der Gesamtsumme. Sie setzte sich aus 350.000 Gulden als Direktzahlung zusammen sowie der Übernahme einer Schuld beim Hofjuden Oppenheimer in Höhe von 400.000 Gulden durch Kaiser Karl VI.

Sibylla Augusta erwies sich als eine kluge Haushälterin, die es weit besser als ihr Mann – oder später ihre beiden regierenden Söhne – verstand, Staatseinnahmen und -ausgaben in Balance zu halten. Zwar verwendete auch sie den Löwenanteil der von den badischen, sponheimischen und böhmischen Untertanen erwirtschafteten Mittel für die Bedürfnisse des Hofes, doch verlor sie offenbar nie den Blick für die Realität der Zahlen. Nach der Flucht aus der Rastatter Residenz 1707 entließ sie rund die Hälfte des Hofstaates, insgesamt 170 Bedienstete, was den Etat in einer Notsituation entlastete, die Betroffenen allerdings auch einem ungewissen Schicksal auslieferte. Auch als sie später die Zahl der Hofangestellten wieder stark vergrößerte, achtete sie auf Sparsamkeit und beschäftigte zum Beispiel Musiker und Künstler zugleich als Schreiber und Lakaien. Eine Aufstellung von 1728 weist Schulden von knapp über 840.000 Gulden nach, die von ihr in der Zeit der Regentschaft getilgt wurden. Hierzu zählte auch die bereits 1708 mitten im Krieg erfolgte Auslösung der Grafschaft Eberstein, die ihr Mann 1688 zur Hälfte an Baden-Durlach verpfändet hatte. Um die dafür nötigen 108.000 Gulden zu gewinnen, belieh Sibylla Augusta sogar 15 Diamanten aus ihrem Erbe. Auf der Habenseite konnte die Markgräfiin auch den Erwerb zweier weiterer böhmischer Herrschaften verbuchen, deren Zukauf ihr 1719/23 gelang.

### *Religionspolitik und Frömmigkeit*

Die wichtigste Änderung gegenüber der Politik Ludwig Wilhelms leitete seine Witwe auf religiösem Gebiet ein. Hatte ihr verstorbener Mann in der Markgrafschaft noch eine Politik der faktischen Duldung evangelischer Bekenntnisse getrieben, so dass 1715 in der katholischen Residenzstadt Rastatt immerhin 40 protestantische Familien und sogar ein lutherischer Prediger lebten, so schränkte Sibylla Augusta die Freiheiten der nichtkatholischen Untertanen in der Folgezeit immer stärker ein. Viele protestantische Familien wanderten daher wieder ab. Gleichermaßen unduldsam, ja feindselig, zeigte sie sich gegenüber der kleinen jüdischen Gemeinde der Markgrafschaft. Auch in den zu Baden-Baden gehörenden Territorien Mahlberg und Sponheim, wo die Evangelischen anders als in der Markgrafschaft selbst die reichsrechtlich geschützte Freiheit zur öffentlichen Religionsausübung besaßen, ging Sibylla Augusta gegen die Rechte der dortigen Protestanten vor. Dies trug ihr nicht nur 1722 eine Rüge von Kaiser Karl VI., sondern schon Jahre zuvor die Mahnung ihres Mitvormundes Leopold von Lothringen ein, in Religionssachen den späteren Entscheidungen ihres Sohnes nicht vorzugreifen.

Sibylla Augusta lebte ihren Glauben. Sie unternahm regelmäßig Wallfahrten zu Orten der Marienverehrung in der näheren und weiteren Umgebung, vor allem nach Bickesheim und Triberg, sowie insgesamt acht Pilgerreisen zu Maria Einsiedeln in der Schweiz. Auf der zweiten Fahrt nach Einsiedeln im Juli 1708 hatte der damals sechsjährige Erbprinz, der als zurückgeblieben galt, plötzlich in klaren Sätzen zu sprechen begonnen, was ihr als Wunder erschienen war. Als Dank ließ sie 1710 und 1715/17 zwei Kopien der Einsiedler Kapelle in Schlackenwerth und Rastatt errichten. 1719 unternahm sie eine große Pilgerfahrt nach Italien (Loreto und Rom), von der sie neben zahlreichen Reliquien auch die Ideen zum Nachbau der Heiligen Stiege und einer Loreto-Kapelle in Rastatt mitbrachte.

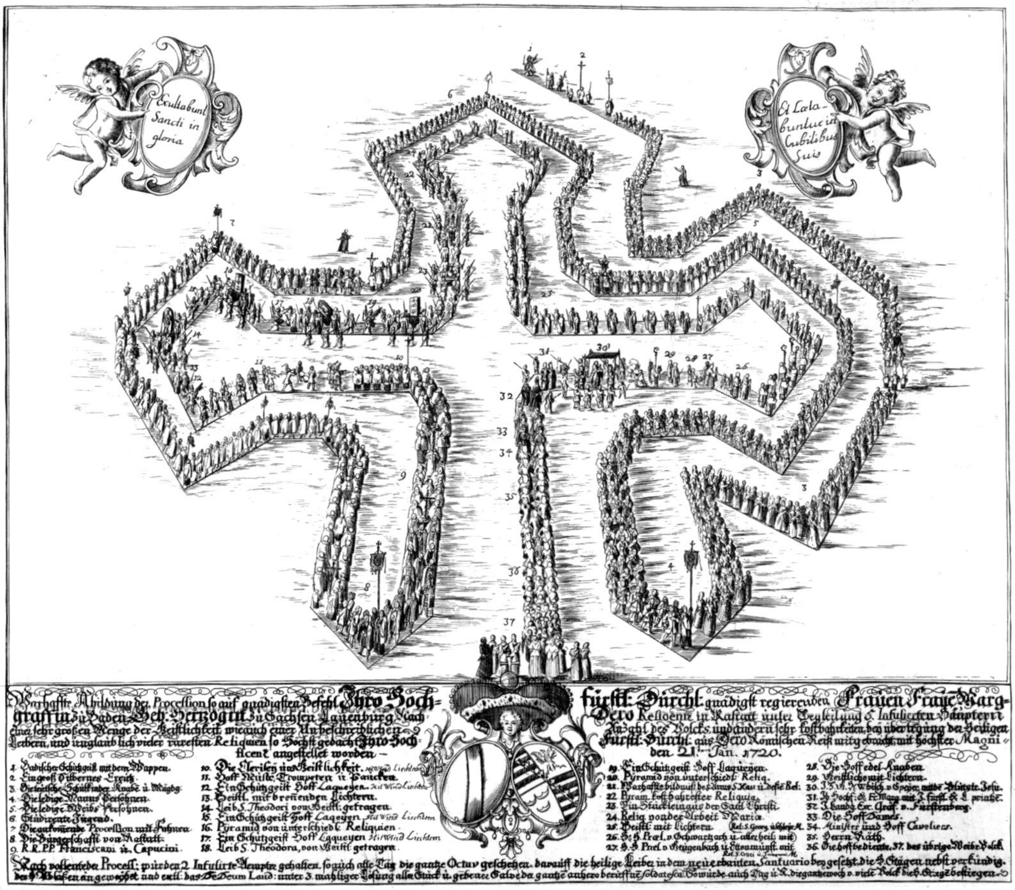


*„Wahrhaffte Abildung der Procession, so auf gnädigsten Befehl Ihrer Hochfürstl. Durchl. … angestellet worden den 21.ten Jan. 1720." Der Kupferstich stellt die kreuzförmige Prozession dar, mit der die Reliquien anlässlich der Weihe der Heiligen Stiege in diese überführt wurden.*

Seit 1717 setzte sie sich in Rastatt an die Spitze einer von den Jesuiten getragenen Missionsbewegung, die auf Massenveranstaltungen und symbolkräftige Handlungen setzte. In diesem Zusammenhang war die Markgräfin sogar bereit, sich von einem wertvollen Teil ihrer Bildersammlung (darunter Werke von Dürer, Hans Baldung, Rubens und Cranach) zu trennen, die als *„zu nackend und zu verführerisch"* erschienen und öffentlich verbrannt wurden. Der Glaube der gesamten Bevölkerung sollte neu entfacht werden; wer nicht katholisch war und es auch nicht werden wollte, geriet ins Abseits und wurde mit Sanktionen bedroht. Erst nach 1720 gelangte der Glaubenseifer Sibylla Augustas unter dem Einfluss von Kardinal Schönborn allmählich wieder zu ruhigeren Ausdrucksformen.[11]

### *Kunstsinnige Bauherrin*

Sibylla Augusta hatte schon als Kind in Schlackenwerth eine kunstgesättigte Atmosphäre vorgefunden, die ihr vielfache Anregungen für die Entfaltung ihres Kunstsinns bot. Die Liebe zu schönen Dingen, zu Stil und Geschmack war dort sicher auch gezielt gefördert worden, wie das erwähnte „Rezept-Buch" zeigt. Als Regentin eröffnete sich ihr mit Architektur, Kunst und kostbarer Raumausstattung ein Feld der dynastischen Herrschaftsinszenierung, das anders als etwa die Jagd auch Frauen uneingeschränkt offen stand. Hier, im Bereich der repräsentativen Bauprojekte, scheint sie von Beginn an feste Pläne gehegt zu haben. Bereits im Februar/März 1707 begann sie mit dem Ankauf von Gelände für den späteren Park von Favorite, und 1710 – immer noch mitten im Krieg – begannen dort die Bauarbeiten für das Lustschloss, das zugleich ihre wertvolle Sammlung von Keramiken beherbergen sollte. Als kleineres Pendant zum Rastatter Schloss, das sie noch 1723 mit der Aufstellung der vergoldeten, blitzeschleudernden Jupiterstatue auf dem Dach als Residenz ihres Mannes, des großen Feldherrn, kennzeichnete, schuf sie sich mit der Favorite ein Bauwerk, das *ihr* zum Ruhm gereichen sollte.

### *Erziehung der Kinder*

Am Überleben der Kinder und ihrem späteren fürstgemäßen Verhalten entschied sich die Zukunft der Dynastie. Der Erziehung vor allem ihrer Söhne widmete Sibylla Augusta daher ganz besondere Aufmerksamkeit. Als im Februar 1709 als sechstes Kind auch der im September 1703 geborene Sohn Wilhelm Georg starb, schien sogar für einen Moment die Existenz des Hauses Baden-Baden in Gefahr zu geraten, denn außer dem Erbprinzen konnte nun nur noch der jüngste Sohn, der damals erst dreijährige August Georg, die katholische Linie fortsetzen. Starben beide vorzeitig ohne Nachkommen, fiel das Land an das protestantische Baden-Durlach – eine Schreckensvorstellung für Sibylla Augusta.

Erbprinz Ludwig Georg und Prinz August Georg erhielten eine umfassende, zunächst von Jesuiten, dann Piaristen geleitete Ausbildung nach den Standards der damaligen Prinzenerziehung, und die Markgräfin bemühte sich zusätzlich, den Erbprinzen über eine gezielte Bildausstattung in dessen Appartement auf Favorite auf seine spätere Herrscherrolle vorzubereiten. Bei der einzigen Tochter Augusta Maria Johanna beschränkte sich der Unterricht dagegen auf Lesen, Schreiben, Rechnen, Französisch und vor allem Religion. Allem Anschein nach wurden auch nur die Namens- und Geburtstage der Prinzen offiziell gefeiert, während die Festtage der Prinzessin Privatsache waren oder gar nicht begangen wurden.

Bei den für die Zukunft und das Ansehen des Hauses so wichtigen Heiratsprojekten scheint Sibylla Augusta ganz gegen ihre sonstige Art die Dinge treiben gelassen zu haben, und dies aus der sehr menschlichen Überlegung, *„das er [Ludwig Georg] sich selbst nach* *seinem gousto choiesiren kann, dan Er muss einmahl mit seiner Frau leben ...*"[12] Die Nachlässigkeit rächte sich, denn Sibylla Augusta musste ein fast schon ausgesprochenes Verlöbnis zwischen ihrem Sohn und Maria, der Tochter des in Weißenburg im Exil lebenden polnischen Königs Stanislaus Leszczynski, unsanft lösen, weil in Wien am Kaiserhof längst andere Heiratsüberlegungen angestellt worden waren. Dort präferierte man die Tochter des Obersthofmarschalls von Schwarzenberg, dessen Familie zwar nicht länger als ein halbes Jahrhundert zum Reichsfürstenstand zählte, aber reich und einflussreich war. Im März 1721 fand die Vermählung zwischen Maria Anna von Schwarzenberg und Ludwig Georg von Baden-Baden auf Schloss Krumau in Böhmen statt.

Auch im Fall ihrer Tochter Augusta Maria Johanna gab es wenige Jahre später unschöne Verwicklungen, weil Sibylla Augusta auf von außen angetragene Eheprojekte nur hinhaltend reagierte, statt frühzeitig selbst die Initiative zu ergreifen. Zwei Bewerber hielten gleichzeitig in Rastatt um die Hand ihrer Tochter an, darunter ein Mitglied der französischen Königsfamilie, was angesichts der noch sichtbaren Ruinen aus der Zeit des Pfälzischen Erbfolgekrieges politisch heikel war. Es bedurfte des Eingreifens von Kardinal Schönborn, um zunächst eine verfahrene Situation zu retten und sodann in komplizierten Verhandlungen, die zuletzt in Bruchsal am Sitz des Fürstbischofs geführt wurden, den Ehevertrag zwischen der badischen Prinzessin und dem Herzog Louis von Orléans aufzusetzen.

August Georg wiederum wurde gegen seinen Willen von seiner Mutter in eine geistliche Laufbahn gezwungen. Die Entscheidung blieb für Sibylla Augusta wie für ihren Sohn ein Quell des Missvergnügens. Nur ein Jahr nach ihrem Tod ließ sich August Georg vom Papst in den weltlichen Stand zurückversetzen.

## *Die letzten Jahre*

Sibylla Augusta fiel es schwer, von der Macht Abschied zu nehmen. Sie blieb bis zu Ludwig Georgs 27. Geburtstag am 4. Juni 1727 Regentin, obwohl es testamentarisch möglich und nach der Heirat des Erbprinzen auch naheliegend gewesen wäre, beim Kaiser in Wien die vorzeitige Volljährigkeitserklärung ihres Sohnes zu beantragen.

Ihre letzten Jahre verbrachte sie in Ettlingen, wo sie das zerstörte Schloss aufwändig als Witwensitz wiederaufbauen ließ. Hier waren ihre Tage zunehmend nur noch von religiösen Übungen und frommen Werken bestimmt, aber auch von den Schmerzen einer schweren, tödlichen Krankheit, wahrscheinlich Brustkrebs. Sie starb am 10. Juli 1733 in Ettlingen, nicht ohne zuvor den Ablauf ihres Begräbnisses in Rastatt detailliert vorbereitet zu haben. In einem demonstrativen Akt der Selbsterniedrigung wünschte Sibylla Augusta nicht prunkvoll als Fürstin bestattet zu werden, sondern als einfache Sünderin, bekleidet mit dem Habit der Karmeliterinnen. Ihre letzte Ruhestätte fand sie in einer Gruft unter der Tür der Rastatter Schlosskirche, „*damit sie von Jedermann möchte mit Füßen getreten werden*"[13].

**Anmerkungen**

1 WEILAND, Elisabeth: Markgräfin Franziska Sibylla Augusta von Baden-Baden. Ein Beitrag zu der Geschichte eines fürstlichen Frauenlebens um die Wende des 17. Jahrhunderts, Dissertation [masch.], Freiburg 1922; maßgebliche neuere Biographie ist KAACK, Hans-Georg: Markgräfin Sibylla Augusta. Die große badische Fürstin der Barockzeit, Konstanz 1983. Den neuesten Forschungsstand bietet: EXTRA SCHÖN. Markgräfin Sibylla Augusta und ihre Residenz, Ausstellungskatalog, hrsg. v. Staatliche Schlösser und Gärten Baden-Württemberg, Petersberg 2008 (mit Bibliographie und Quellenverzeichnis); vgl. daneben insbesondere: VETTER, Gerlinde: Zwischen Glanz und Frömmigkeit. Der Hof der badischen Markgräfin Sibylla Augusta, Gernsbach 2007; ESSER, Saskia (Red.): Leben und Werk der Markgräfin Franziska Sibylla Augusta, Ausstellungskatalog, Rastatt 1983. Als psychologische Studie bleibt lesenswert: RENNER, Anna Maria: Sibylla Augusta Markgräfin von Baden. Die Geschichte eines denkwürdigen Lebens, 2. Aufl. Karlsruhe 1955 u. ö.

2 ZOLLNER, Leopold: Aus dem „Kunst-, Speiß-, Confitur- und Medicinal-Buch der Markgräfin Sibylla Augusta. In: Heimatbuch des Landkreises Rastatt 2 (1975), S. 95-108; GRIMM, Ulrike: „Auf Ihro Hochfürstliche Durchlaucht mir gnädigstes gegebenes Concept". Sibylla Augusta von Baden-Baden als Bauherrin. In: EXTRA SCHÖN (2008), S. 59-73, hier S. 60 f. mit Anm. 10, S. 72.

3 Zit. nach GENSICHEN, Sigrid: Die Böhmische Heimat. In: Extra schön (2008), S. 10-25, hier S. 15.

4 „Mes respects, je vous prie, à madame. Elle est bien hardie de ne pas craindre le bruit des armes." Zit. nach WEILAND (1922), S. 19 Anm. 28.

5 Zit. nach WEILAND (1922), S. 26.

6 Zit. nach VETTER (2007), S. 13.

7 Zit. nach WEILAND, S. 57 Anm. 60.

8 Ausführlich DOTZAUER, Winfried: Die Vordere Grafschaft Sponheim als pfälzisch-badisches Kondominium 1437–1707/08, Bad Kreuznach 1963, S. 68 ff. mit 263 ff. – Die jährlichen badischen Einnahmen sanken um mehr als ein Drittel gegenüber dem Zustand vor der Teilung, ebd., S. 91 Anm. 26.

9 Zitat aus einem Brief Sibylla Augustas an Johann Wilhelm: WEILAND (1922), S. 26 Anm. 42.

10 Zu einem bemerkenswert kritischen Urteil kommt Hansmartin SCHWARZMAIER in: Handbuch der baden-württembergischen Geschichte, hrsg. von Meinrad Schaab u. Hansmartin Schwarzmaier, Bd. 2, Stuttgart 1995, S. 232 f.. Zur Wirtschaftspolitik Sibylla Augustas und allgemein am Oberrhein vgl. die Hinweise bei ZIEGLER, Otto: Das Zunftwesen der Markgrafschaft Baden-Baden von 1535 bis 1771, Borna/Leipzig 1933, S. 23 ff.; GOTHEIN, Eberhard: Wirtschaftsgeschichte des Schwarzwaldes und der angrenzenden Landschaften, Bd. 1, Straßburg 1892, S. 435 f.; BOELCKE, Willi A.: Neuerungen in der Wirtschaft am Oberrhein während des 18. Jahrhunderts. In: Barock am Oberrhein, hrsg. v. Volker Press, Eugen Reinhard und Hansmartin Schwarzmaier (= Oberrheinische Studien VI), Karlsruhe 1985, S. 133-151.

11 STEIGELMANN, Helmut: Die Rastatter Reliquienprozession von 1720. In: Seifenblasen. Festschrift zum 125. Stiftungsfest, hrsg. v. Verband Alter Herren der Pennäler-Verbindung Teutonia 1842 zu Rastatt, Rastatt 1967, S. 59-80. GENSICHEN, Sigrid: Bewahren – Zerstören. Die Gemäldesamlung der Markgräfin Sibylla Augusta von Baden-Baden (1675–1733) und ein Autodafé. In: „Männersache(n) – Frauensache(n): Sammeln und Geschlecht". Eine Tagung des Landschaftsverbandes Rheinland, Dezernat für Kultur und Umwelt, Gleichstellungsamt, Oberhausen, 16.11.2006. Tagungsdokumentation, Köln 2007, S. 17-25.

12 Sibylla Augusta an ihren Mitvormund Leopold von Lothringen, März 1718. Zit. nach WEILAND (1922), S. 54 Anm. 54.

13 Bericht ihres Beichtvaters, abgedruckt bei WEILAND (1922), Beilage.

# Baumeister des barocken Rastatt

## Domenico Egidio Rossi (1659–1715)

**von Martin Walter**

Die Stadt Rastatt verdankt dem Faneser Architekten Domenico Egidio Rossi unendlich viel. Ohne Rossi gäbe es das Schloss nicht, zumindest nicht so, wie wir es kennen, und ohne Rossi gäbe es ebenfalls nicht das Rastatt, das uns heute Heimat ist. Über vieles, das Rossi geschaffen hat – in Wien, in Prag, in Fano und natürlich in Rastatt, dem unbestrittenen Höhepunkt seines Schaffens –, sind wir gut unterrichtet. Über seine Person, über den Menschen Rossi, wissen wir heute dagegen erstaunlich wenig. In Rastatt selbst hat sich so gut wie nichts über den italienischen Architekten erhalten, auch keine Darstellung seiner Person. Das führt dann konsequenterweise im Verlauf des 18. und 19. Jahrhunderts dazu, dass er in Vergessenheit gerät. Professor Carl Friedrich Lederle berichtet in seiner 1902 erschienenen Rastatter Stadtgeschichte[1] aus heutiger Sicht kurioserweise von einem Matthias de Rossi, der das Schloss erbaut haben soll. Dieser de Rossi sei weiter bald nach 1700 verstorben. Zudem „entstamme Rossi einer hervorragenden Künstlerfamilie de Rossi, der auch einer der Erbauer des Königsschlosses in Versailles angehören." Diese freie Interpretation führt im weiteren Zuge unter anderem dazu, dass der umfassende Burgen- und Schlösserband Badens von 1908 einen Matteo de Rossi als Urheber des Rastatter Schlosses manifestiert und sich dabei wohl auf die Mutmaßung Lederles beruft.[2]

Domenico Egidio Rossi ist demnach bis in das beginnende 20. Jahrhundert in Vergessenheit geraten. Erst 1914 gelingt es Karl Lohmeyer mit seinem Aufsatz „Das Rastatter Schloss und seine Meister" im fünften Heft der „Ortenau" Rossi der Vergessenheit zu entreißen und ihm seine wirkliche Identität zurückzugeben. Etwas erweitert und auf Rossi konzentriert erscheint 1917 eine weitere Publikation in der Zeitschrift für die Geschichte des Oberrheins: „Domenico Egidio Rossi und seine Schlossbauten in Rastatt". Eine weitere Arbeit, die sich mit Domenico Egidio Rossi beschäftigt, ist die von Gerhard Peters über das Rastatter Schloss 1925, Fritz Hirsch publiziert 1923 ein Bändchen „Schloss und Stadt Rastatt", aber auch Anna Maria Renner beschäftigt sich mit dem barocken Rastatt und Domenico Egidio Rossi (1938). Fritz Hirsch bezeichnet den Forschungsstand über Rastatt in der Zeit vor 80 Jahren noch als insgesamt „recht dürftig".[3]

Bahnbrechend für die Rossi-Forschung werden aber erst Günter Passavants zur Habilitation vorgesehenen, sehr umfangreichen „Studien über Domenico Egidio Rossi", die 1967 in Karlsruhe erscheinen.[4] 1984 ediert die Stadt Fano die Broschüre von Franco Battistelli „Unveröffentlichte Dokumente über den in Fano geborenen Architekten". 1986 legt Professor Wolfgang Stopfel sein Buch über Rossi vor, das die Stadt Rastatt als Weihnachtsausgabe zur Erinnerung an den Architekten Wirklichkeit werden lässt. Sandra Eberle setzt dem Faneser Architekten 2009 mit ihrem Aufsatz „Domenico Egidio Rossi, Zeichner und Planer“ ein feinfühliges und kompetent verfasstes Denkmal.[5]

Die Stadt Fano ehrt Rossi noch zu seinen Lebzeiten – im Jahr 1700 – mit dem Einfügen seines Namens in die Ehrenliste der Stadt, den „Tavole Albrizziane“, und erinnert damit an den „architectus supremus et consiliarius“, an den obersten Architekten und Rat des Markgrafen.[6]

1855 übergibt die Faneser Familie Castracane eine Kupferplatte und zwei Abzüge mit dem Rastatter Jagdschloss, für das Rossi eigenhändig die Vorlage gefertigt hat, an die Stadt Fano. Diese Abzüge stammen ursprünglich aus dem Besitz Rossis und befinden sich heute in der *Biblioteca Communale Federiciana* in Fano und in der Staatlichen Kunsthalle Karlsruhe.

Eine erneute Beschäftigung mit Rossi setzt in Fano erst wieder in den 1980er Jahren ein. Dort erinnern heute eine Marmortafel an der Kirche „Chiesa di Santa Maria del Suffragio“ an der Piazza Cleofilo und sein Wohnhaus an der Via Rinalducci an den großartigen Architekten.

In Rastatt ist Rossis Wirken vor 300 Jahren zunächst durch das nach ihm benannte Rossi-Haus präsent,[7] das als spätbarockes Kavaliershaus zwischen 1700 und 1720 entstanden ist, oder die Rossi-Straße, die seit 1900 diesen Namen führt.

Die „Entdeckung“ des Buches von Günter Passavant durch den Faneser Ehrenbürger Paolo Carosa führt 1984 zur Partnerschaft der Stadt Fano mit Rastatt. Einige Jahre später resultiert daraus die äußerst lebendige Partnerschaft des Landkreises Rastatt mit der Provinz Pesaro Urbino.

## *Kindheit in Fano*

Aber wer war dieser Domenico Egidio Rossi eigentlich? Über Kindheit, Jugend und die Studienzeit wissen wir im Grunde sehr wenig. Getauft wird Domenico Egidio Rossi am 1. September 1659 in der Kathedrale in Fano. Sein Vater ist der nicht näher bezeichnete Meister Joseffo Rossi, seine Mutter Cristina, die bei der Geburt ihres Sohnes 19 Jahre alt war, ist eine geborene Corticiali und stammt aus Bologna. Die Taufpatenschaft übernehmen die Faneser Adligen Vincentio Castracane und Giulia Carrara.[8] Rossi hatte weitere sechs Geschwister: Maria Prudenzia, Jacomo Antonio, Ercole Antizio, Nicolo und Giulia Girolama. Von seinen Geschwistern sterben allerdings drei bereits im Kindesalter. Ob die Familie zum Stadtadel von Fano gehört, ist nicht eindeutig zu belegen. Bestanden hat sicher eine gewisse „familiaritá“ – eine Verwandtschaft – mit den lokalen Patrizierfamilien.[9]

Wie gesagt, über die Kindheit und die Schulzeit Rossis ist kaum etwas bekannt, diese Jahre wird er sicher in Fano zugebracht haben. In späteren Jahren wird er als Ingenieur oder Maler „von Bologna“ bezeichnet. Dafür gibt es zwar bisher keinen eindeutigen historischen

*Das Wohnhaus von Domenico Egidio Rossi in Fano.*

Beleg. Aber diese Zuordnung zum Bologneser Künstlerkreis ist inzwischen unumstritten. Und natürlich spricht dafür, dass seine Mutter Cristina aus Bologna stammt. Es ist durchaus vorstellbar, dass Rossi ab und an die mütterliche Verwandtschaft dort besucht und damit auch feste Bindungen an diese norditalienische Stadt hat. Ebenfalls haben wir keine Kenntnis darüber, wie Rossi ausgesehen hat. Sein Testament von 1715 nennt zwar noch ein Portrait in Form eines Kupferstichs von ihm, erhalten hat sich dieses allerdings nicht.[10]

*In Wien und Prag*

1689, in dem Jahr also, in dem Baden in Schutt und Asche gelegt wird, taucht Rossi – er ist nun 29 Jahre alt – in Wien auf. Für den Fürsten Liechtenstein übernimmt er als Quadraturmaler die Ausmalung von vier Räumen im Schloss Feldsberg in Niederösterreich. In Wien erstellt er 1690 Pläne für das Gartenpalais Liechtenstein in der Rossau. Die Bauarbeiten kommen ein Jahr später in Gang, vollendet wird das Palais um das Jahr 1706. Die Urheberschaft von Rossi ist aufgrund der exzellenten Vorarbeiten von Günter Passavant nun auch in Wien unbestritten, auch wenn andere Architekten während der langen Bauzeit Änderungen vorgenommen haben.[11]

Seine erste Festanstellung erhält er in Prag im September 1692. Der Königliche Statthalter und Oberste Landmarschall in Böhmen, Graf Hermann Jakob Czernin, ernennt ihn zum Leiter für das gesamte Bauwesen der Familie Czernin in Böhmen. Rossis Hauptaufgabe sollte die Fertigstellung des Familienpalastes auf dem Prager Hradschin sein. Wolfgang Stopfel gibt dabei ein spektakuläres Ereignis wieder: *„Die Arbeit in Prag ließ sich sehr gut an. Diese wurde jäh unterbrochen durch ein Vorkommnis am 20. Dezember 1692, das von Rossi und seinen Gegnern jeweils ganz unterschiedlich dargestellt wurde: eine Schlägerei, die mit dem Ziehen der Degen endete und zwar im Bereich der geistlichen Jurisdiktion, wo das Ziehen der Waffe bei höchster Strafe verboten war.*“[12]

Für Rossi hat dieser Vorfall schwerwiegende Folgen, er muss untertauchen, im Sommer 1693 flüchtet er nach Wien, arbeitet dort für Thomas Zacharias Czernin und taucht auch in den Liechtensteinischen Rechnungen noch einmal auf. Im Herbst 1693 reist er zurück nach Prag, wird dort inhaftiert, kommt aber im Jahr darauf wieder nach Wien zurück. Ein weiteres Zeugnis für die qualitätsvolle Arbeit Rossis in Wien ist die Planung und Ausführung des Palais Caprara in der Wiener Wallnerstraße. Das Palais ist zwischen 1694 und 1698 für den kaiserlichen Feldmarschall Enea Silvio Graf Caprara anstelle eines älteren Gebäudes errichtet worden. Graf Caprara ist sicher mit Markgraf Ludwig Wilhelm gut bekannt gewesen, damit würde sich auch erklären lassen, in welcher Art und Weise Ludwig Wilhelm die Qualitäten Rossis kennen und schätzen lernt. Dass Rossi Urheber und Schöpfer des einzigartigen Palais ist, war noch bis in die 1980er Jahre gänzlich unbekannt. Erst die neuere kunsthistorische, vor allem von Wilhelm Georg Rizzi forcierte Forschung in Wien hat diesen Bau mit Rossi in Verbindung gebracht. Das Palais wurde zwischen 1986 und 1988 grundlegend saniert.[13] Rossi hat zudem großen Anteil an der Gestaltung des eindrucksvollen Stadtpalastes Mollard-Clary im Wiener Herrenviertel vor 1697.[14]

Interview mit **Dr. Wilhelm Georg Rizzi**, der vor allem in den 1980er Jahren über Rossis Architektentätigkeit bei einigen Wiener Palais publiziert hat. Dipl. Ing. Dr. Rizzi war von 1998 bis 2008 Präsident des Österreichischen Bundesdenkmalamtes, er war auch lange Zeit Lektor an der Technischen Universität Wien.

*Herr Dr. Rizzi, erst in den 1980er Jahren wurde Rossi als Architekt, Mitgestalter und Schöpfer einiger Palais in Wien wiederentdeckt. Wie kam es dazu und warum geriet Rossi Ihrer Meinung nach in Vergessenheit?*

Die Kunst und Architektur der Barockzeit war im Jahrhundert danach in Vergessenheit geraten. Als großer Epochenstil und Fachthema der kunsthistorischen Forschung wird Barock erst in den 1890er Jahren wieder entdeckt und geschätzt. Am Anbeginn steht eindeutig Albert Ilgs Arbeit über Fischer von Erlach. Auch die starke Bautätigkeit im damaligen Wien besinnt sich plötzlich auf Barock und zitiert dessen Stilelemente. Namhafte Kunsthistoriker haben sich seither mit dem Wiener Barock und seinen Exponenten beschäftigt. Verständlich, dass dabei der Blick zuerst auf die Künstler in der „ersten Reihe“ gefallen ist, war doch deren Personalstil entsprechend markant und damit auch leichter zu erkennen. Aus der Bautätigkeit der frühen Zeit nach der Türkenbelagerung 1683 gibt es nur wenige Zeugnisse, erst in der Folge kommt es zu einem „Bauboom“. Viele Gebäude wurden neu errichtet bzw. umgebaut, vorhandene Bausubstanz wurde modernisiert und dem Zeitgeschmack angepasst. Die Frühphase der Baugeschichte Wiens ist dann erst relativ spät untersucht worden, so dass Rossi zunächst noch kein Begriff gewesen ist. In der Tat war es erst Günter Passavant in den 1960er Jahren, der mit seiner Monografie über Rossi den Blick auf den Faneser Architekten fokussiert hat. Und damit hat man auch Rossi und sein Wirken in Wien wiederentdecken können. Auf Rossi bin ich auch im Zuge der Forschungen zu Antonio Beduzzi gestoßen, der in den Jahren nach 1695 dessen künstlerischer Mitarbeiter und Kompagnon gewesen ist. Wie Rossi war auch Beduzzi genuin Maler, die Heimat Bologna war damals Zentrum der Quadraturmalerei. Die gemeinsame Arbeit für die Grafen Czernin und Caprara macht wahrscheinlich, dass beide eine persönliche Freundschaft enger verbunden hat.

*Unbestritten zählt das Schlossprojekt in Rastatt zu den eindrucksvollsten Schöpfungen von Rossi. Einen großen Teil seines Lebens verbrachte Rossi aber auch in Wien, er lernte dort seine Frau kennen. Welche Bedeutung hat Rossis Architektur für Wien?*

Rossi hat gemeinsam mit Beduzzi eine Stilrichtung entwickelt, die bolognesische Dekorationskunst auf hochbarocke Architektur überträgt und befruchtenden Einfluss auf die Wiener Szene hat. Bei Rossi ist dieser Stil noch recht streng formuliert. Nach Rossis Abgang nach Rastatt hat Beduzzi diese stilistische Sonderform weiter entwickelt. Zu dieser Zeit hatten in Wien vielfach noch zünftische Maurermeister das Sagen, und alles was über das Handwerkliche hinauskam, stammte aus Rom oder eben aus Bologna bzw. dem oberitalienischen Raum. Domenico Egidio Rossi nutzte im Grunde die Gunst der Stunde beim „Wiederaufbau“ Wiens in der Ära nach den Türkenkriegen. Rossi hinterlässt in Wien einige wichtige und bedeutende Bauten wie das Palais Caprara, das Palais Mollard-Clary oder das Gartenpalais Althan in der Rossau, das leider Ende des 19. Jahrhunderts abgebrochen worden ist. Letztgenanntes Palais hat man zunächst Fischer von Erlach zugeschrieben, inzwischen ist aber eine Zuordnung zu Rossi als Endredakteur der Planung unbestritten. Wahrscheinlich ist Rossi auch beim Gartenpalais Czernin im 4. Wiener Gemeindebezirk beteiligt gewesen. Das wird allerdings noch genauer zu klären sein.

*In Rastatt*

Die komplette Zerstörung Rastatts im August 1689 als Folge des Orléans'schen Erbfolgekrieges schafft geradezu ideale Voraussetzungen für die Entstehung der neuen und heute in Teilen immer noch bestehenden Planstadt im Anschluss an das 1698 begonnene neue Jagd- bzw. Residenzschloss nach den Entwürfen von Rossi.

Am 17. und 18. August 1689 wird auch Baden-Baden von französischen Soldaten besetzt und auf Befehl des Generals Duras am 24. August abgebrannt. Das Neue Schloss wird teilzerstört und in den Folgejahren eher notdürftig wieder instandgesetzt.[15] Für den Markgraf Ludwig Wilhelm bietet diese Zerstörung von Baden-Baden den Anlass, sich intensiv Gedanken um eine Verlegung der Residenz zu machen. Mögliche Gründe für die Verlagerung nach Rastatt sind die zentrale Lage innerhalb der Markgrafschaft, zum anderen befindet sich in Rastatt seit dem Mittelalter auch ein Schloss im Stadtgebiet, von dem wir aber nicht genau wissen, wie es denn ausgesehen hat und vor allem, wo genau denn es gelegen hat. Die Architektin Ursula von Lilienfeld, sie hat in Rastatt unter anderem das Rossi-Haus 1968 und wenige Jahre darauf das Vogel'sche Haus in der Rastatter Herrenstraße saniert, ist der Auffassung, dass das Schloss im Bereich der Poststraße und der Herrenstraße zu lokalisieren sei. Ihre Belege hierfür sind der Brunnen im Keller des Vogel'schen Hauses und wertvolle Fundstücke, die dort bei Ausschachtungsarbeiten zu Tage gefördert worden sind.

Andere Historiker wie Markus Zepf sind der Auffassung, dass das Schloss im Ehrenhof des heutigen Schlosses gestanden habe. Ein Indiz hierfür sei der eingezeichnete Schlossgarten auf dem sogenannten Hirschplan von 1699 (siehe Beitrag Wolfgang Stopfel, ‚Repräsentation als erstes Ziel' in diesem Buch), denn dieser könnte durchaus zu diesem „alten" Schloss des Markgrafen Eduard Fortunat gehört haben. Und ebenso denkbar wäre es, dass das Jagdschloss von Rossi auf den Grundmauern des Vorgängerbaus errichtet worden sein könnte.[16]

In Rastatt taucht Rossis Name zum ersten Mal am 9. Dezember 1697 auf und zwar in einem Protokoll der badischen Hofkammer.[17] Rossis Auftrag besteht zunächst *nur* in der Planung und dem Bau eines Jagdschlosses in Rastatt. Zudem soll er den ehemaligen Meiereihof Scheibenhardt zu einem Lustschloss ausbauen. Der Markgraf schreibt ihm am 28. September 1698 voller Ungeduld: *„In dem Übrigen erwarte ich die Riß von Rastatt und Scheibenhardt mit großem Verlangen."*[18] Diesem Verlangen kommt der „Inschenierer" Rossi natürlich nach. Im März 1699 erfahren wir konkret von Rossis Bauplänen von Scheibenhardt und Rastatt, aber auch von einem Plan „di tutta la nuova cittá", also von Plänen zu einer neuen *Stadt*. Damit lesen wir zum ersten Mal von dem Projekt des Wiederaufbaus des Ortes Rastatt. Und damit wandelt sich auch das Aufgabenspektrum Rossis beträchtlich.

Erste Privilegien zum Bau neuer Häuser gibt es bereits im August 1698. Diese werden übrigens bis zu Beginn des 18. Jahrhunderts jährlich wiederholt. Im Dezember 1699 wird

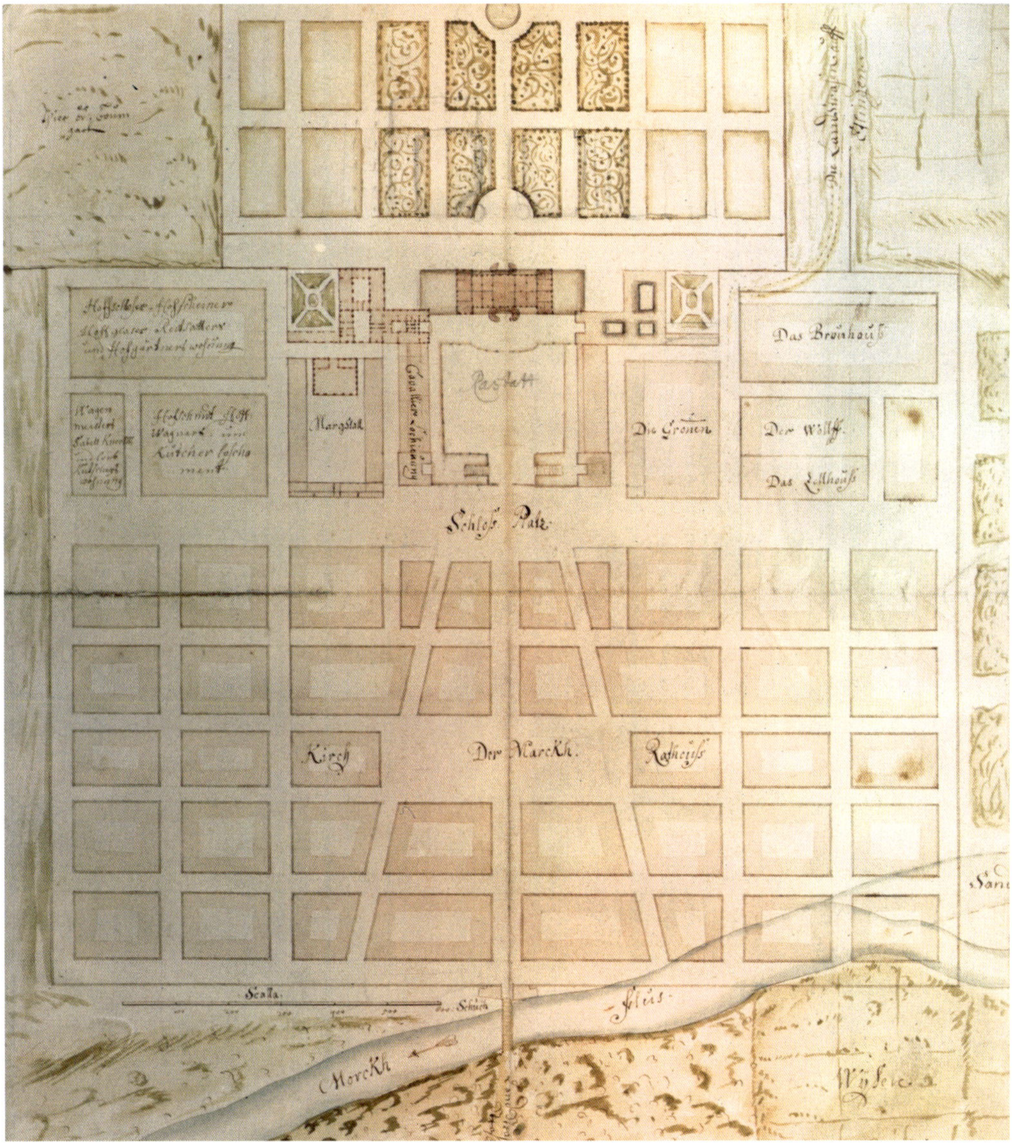


*Auf dem sogenannten Baumgartner-Plan um 1700 sind der ursprünglich geplante Stadtgrundriss von Rastatt und das Jagdschloss noch gut erkennbar.*

Rossi nach Schlackenwerth, dem damaligen Aufenthaltsort der markgräflichen Familie, zitiert. Der Markgraf teilte ihm dort den Entschluss mit, dass das bereits begonnene Jagdschloss sofort abzubrechen sei und er mit dem Bau eines repräsentativen Residenzschlosses zu beginnen habe. Im Februar 1700 wird dann auch die Entscheidung zur Anlage einer neuen, einer barocken Stadt konkret aktenkundig. Es entspricht dem Selbstverständnis eines absolutistischen Fürsten, der Ludwig Wilhelm ohne Zweifel ist, dass sich auch die zu Füßen des Schlosses befindliche Stadt in einem „würdigen Zustand“ zu befinden hat.

Rossi plant nicht nur das Schloss, er entwirft den Stadtgrundriss und er sorgt für die planerischen Vorgaben beim Bau der Modellhäuser und zahlreicher Zweckbauten. Rossi ist aber nicht nur der gestalterische Kopf, er ist viel mehr. Rossi wird als Unternehmer aktiv, er sorgt für die Anstellung von 100 italienischen Arbeitern und treibt die fronpflichtigen Bauern zur Arbeit an. Seinen Kontakten ist es zu verdanken, dass die bekanntesten und besten italienischen Künstler den Weg nach Rastatt finden. Und Rossi ist auch gleichsam Unternehmer. Rossis Wirken in Rastatt ist gleichbedeutend mit einem Technologiesprung am Oberrhein. Das Schloss wie auch das Rossi-Haus werden aus gebrannten Ziegelsteinen gefertigt. Diese werden in Förch oder am Rötterer Berg gebrannt. Die Ziegelbrenner kommen ebenfalls zumeist aus dem heutigen Italien, wie die Familie Rusca, die übrigens die ersten Besitzer (und wohl auch die Bauherren) des Rossi-Hauses gewesen sind.[19]

Das Rastatter Residenzschloss zählt unbestritten zum Höhepunkt im Œuvre des Domenico Egidio Rossi. Mit Rossi sind im Übrigen hervorragende italienische Künstler nach Rastatt gekommen. Da sind zum einen die Stuckateure um Giovanni Battista Artario zu nennen, aber auch die sogenannten Kunstmaler wie Giosolfo Roli, der im Ahnensaal malt, oder Giuseppe Antonio Caccioli und Pietro Antonio Farina. Der genannte Roli malt nicht nur im Ahnensaal, sondern vor 1707 auch im Appartement von Markgräfin Sibylla Augusta. Daneben arbeiten auch italienische Steinmetze am Schlossbau, einer davon ist uns namentlich bekannt, ein Carlo Fioretti aus Castiglione am Comer See arbeitet an der Fassade des Schlosses.[20]

Rossi ist nicht nur der ideelle Schöpfer des Schlosses, sondern er ist in einer Person Architekt, oberster Bauleiter und Organisator des Ganzen. Er sorgt für die Arbeiter wie für die Beschaffung des Baumaterials. Und wichtig für die Einschätzung der Leistungen von Rossi: Immer sitzt ihm sein Auftraggeber, bildlich gesprochen, im Nacken. Und dieser drängt immer öfter auf eine rasche Fertigstellung der Residenz. Nur so sind auch die Baumängel zu verstehen, die ihm sein Nachfolger Rohrer in späteren Jahren vorhält. Rossi plant und führt das Schloss mit einem Flachdach aus, das allerdings den klimatischen Verhältnissen am Oberrhein nicht gewachsen ist. Es wird allzu rasch undicht. Aufgrund des kaum vorstellbaren Bautempos kann Markgraf Ludwig Wilhelm mit der markgräflichen Familie 1705 Räume im Schloss beziehen. Der legendäre Türkenlouis stirbt im Januar 1707. Nicht einmal eineinhalb Jahre hat er „sein“ Schloss genießen dürfen.

### *Ende in Rastatt*

Rossis Auftraggeber und Mentor ist nicht mehr am Leben und für die Markgräfin steht nun die Konsolidierung der finanziellen Verhältnisse im Vordergrund. Zudem befinden sich die Franzosen an der Grenze der Markgrafschaft. Gerhard Peters, dessen Geschichte über das Rastatter Schloss 1925 erschienen ist, formuliert die Beendigung des Vertragsverhältnisses weitaus emotionaler und schreibt *„Sibylla Augusta habe dem Rossi den Laufpass gegeben."* Das ist nach dem Urteil des Verfassers pure Phantasie. In den auf Rastatt bezogenen archivischen Unterlagen taucht der Faneser Baumeister am 12. April 1707 zum letzten Mal auf, etwa ein Vierteljahr nachdem der Markgraf verstorben ist. Ende März 1707 verfasst Rossi in Rastatt einen letzten geschäftlichen Brief, um in Fano Immobilienkäufe abzuwickeln.[21] Die Heimkehr in seine Heimatstadt Fano ist demnach sicher geplant.

### *Die Rückkehr*

Rossi kehrt mit seiner Ehefrau im Frühjahr 1707 Rastatt den Rücken. Zur Weihnachtszeit 1708 wird er vom Statthalter des zu Österreich gehörenden Mantua verhaftet. Im Januar 1709 hat man hierüber in Rastatt „sicherste Nachricht". Rossi soll für die Baumängel am Rastatter Schloss gerade stehen, er wird aber bald wieder freigelassen. Im Umkehrschluss bedeutet dies sicher, dass Rossi als Architekt in Mantua tätig gewesen sein muss.[22]

Im Januar 1708 kauft er ein Landgut bei San Andrea, der notarielle Akt wird am 21. Januar des Jahres in seinem Beisein in Fano vollzogen. Sein Testament macht er übrigens im April bei einem Notar Giovanni Battista Morganti. Rossi war ein wohlhabender Mann. Er besaß Wohnhäuser in Fano selbst und mehrere Landgüter. 1702 kauft er ein Landgut bei Feretto, ein Jahr später dort ein weiteres. 1706 und 1707 folgen weitere Erwerbungen. Damit wird deutlich, dass ein Verbleib in Rastatt nicht Bestandteil seiner Lebensplanung gewesen ist. Rossi sieht seine Wurzeln, aber auch seine Zukunft in Fano. Weitere Liegenschaften besitzt er im Übrigen in München und Augsburg. Rossi hat schon in Wien und Prag gut dotierte Aufträge erhalten und natürlich sind auch seine Verträge in Rastatt oder Durlach bestens ausgestattet gewesen. Insofern kann Rossi von seinen Besitzungen gut leben.

Im November 1708 zerstört ein Brand das Theater in Ancona, ein Bau aus dem Jahre 1664. Der Neubau wird rasch in Angriff genommen, der Architekt ist kein anderer als Domenico Egidio Rossi. Er übernimmt die Planungen wie auch die Bauausführung. Das Haus wird 1712 zum Karneval fertig und kann seiner Bestimmung übergeben werden. Da es auf der Asche des Vorgängerbaues erstellt wird, erhält es im Volksmund den Namen „La Fenice" (Der Phönix). Das Gebäude ist 1818 abgebrochen worden. Leider haben sich zu diesem Gebäude keine Pläne oder Abbildungen erhalten. Alleine zwei Textbücher sind heute Beleg und Beweis für diese Arbeit Rossis. Zudem hat er 1714 eine Wasserleitung

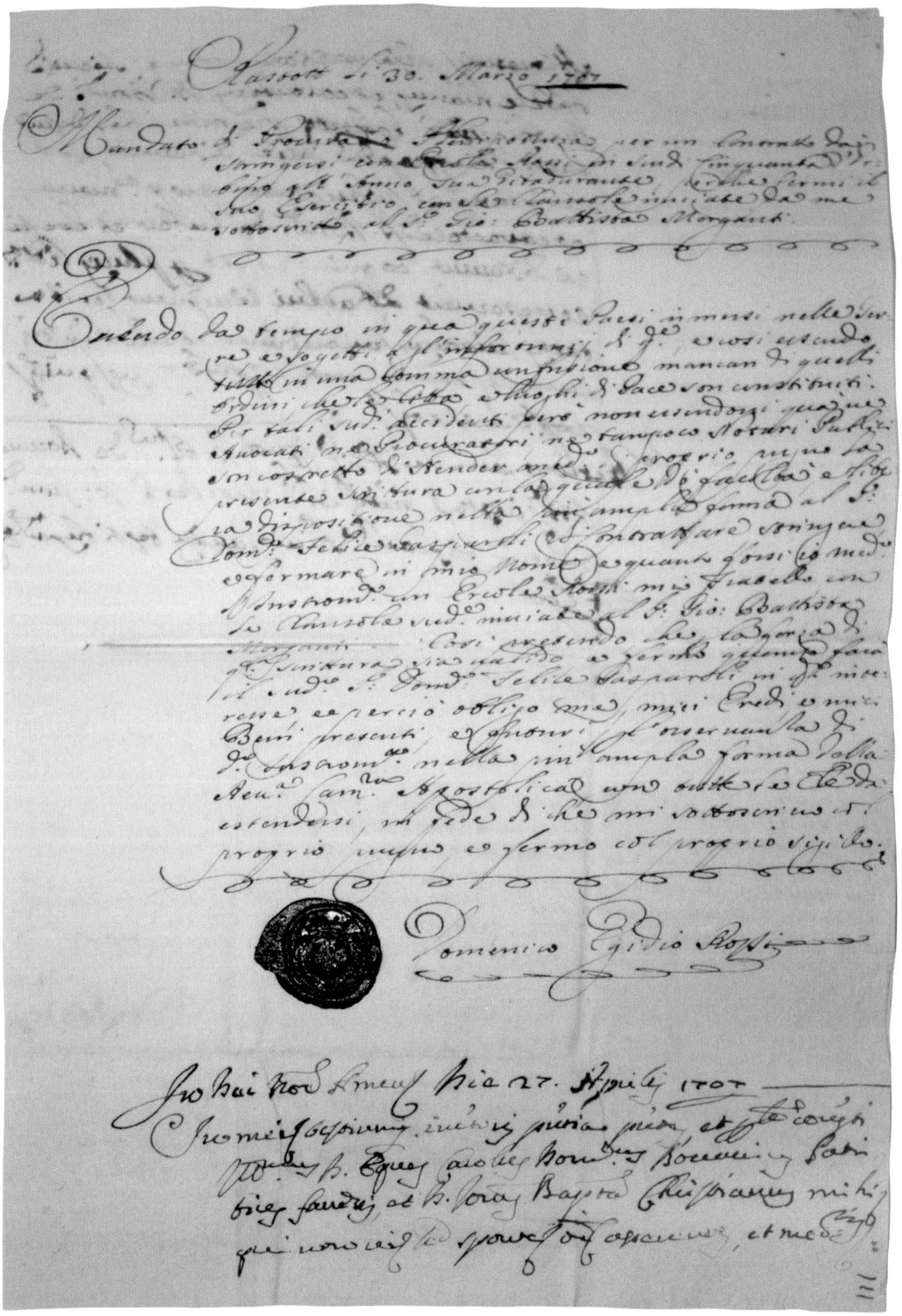
Rastatt li 30. Marzo 1707

Domenico Egidio Rossi

*Eigenhändiger Brief Rossis aus Rastatt vom 30. März 1707. Mit dem Immobiliengeschäft bereitete er seine Rückkehr nach Fano vor.*

vom Fluss Arzilla zum Hafen von Fano geplant. Rossi stirbt am 19. Februar 1715 in Fano, nur wenige Wochen nach seinem 56. Geburtstag.[23] Zu diesem Zeitpunkt denkt in Rastatt sicher kaum noch jemand an ihn.

Begraben wird er in der Kirche della Confraternita del Suffraggio, also in der Kirche der Bruderschaft des Seelenheils. Dieser Bruderschaft ist er 1707, wohl unmittelbar nach der Rückkehr aus Rastatt, beigetreten. Auch wenn Rossi annähernd zehn Jahre in Rastatt und mehrere Jahre in Wien oder Prag verbracht hat, ist Fano seine Heimat und auch die seiner Familie geblieben. Er hinterlässt seine Frau Maria Magdalena, eine geborene Stifter und gebürtige Salzburgerin, die er 1695 in der Wiener Michaelskirche geheiratet hat. Trauzeuge ist der im Kopulationsbuch genannte Antonio Beduzzi gewesen, der in jener Zeit als Maler für den Grafen Montecuccoli arbeitet.[24] Die Ehe mit ihr muss wohl sehr glücklich gewesen sein. Er schreibt an seinen damaligen Dienstherrn Graf Czernin: *„Er habe ein Mädchen kennen gelernt, so gut und richtig für ihn als Ehefrau, dass sie ihm direkt vom Himmel geschickt zu sein scheint“*.[25] Mit ihr hat er mehrere Kinder: Antonio, Giuseppe, Cristina und den Sohn Carlo, der allerdings schon im Februar 1713 im Kindesalter vestirbt. Im Haushalt der Rossis leben neben drei Angestellten zudem die Mutter und die Schwester Giulia.[26]

*Schloss Rastatt, Ölgemälde von Meinrad Bittmann. Geschenk der Stadt Rastatt an die Stadt Fano anlässlich der Begründung der Städtepartnerschaft im April 1985.*

Domenico Egidio Rossi hat über neun Jahre in Rastatt gewirkt und gearbeitet. Kein Architekt vor wie auch nach ihm hat das Stadtbild von Rastatt so sehr beeinflusst wie er. Und kein anderer hat in Rastatt so viel Sichtbares der Nachwelt überlassen. Das Schloss und das barocke Stadtbild entspringen seinem geistigen, aber auch seinem tätigem Tun. Er ist bis heute der wichtigste Architekt von Rastatt. Und: Sein Wirken hat bis heute Auswirkungen auf die Gegenwart. Denn ohne ihn würde es die Partnerschaft zwischen Rastatt und Fano nicht geben und ohne ihn würde die „Gemellagio" mit der Provinz Pesaro e Urbino und dem Landkreis Rastatt nicht existieren. Auch das ist letztendlich ein Verdienst von Domenico Egidio Rossi.

Gespräch mit Prof. Dr. **Wolfgang Stopfel**, Leiter der Außenstelle Freiburg des Landesdenkmalamtes von 1973 bis 2000.

*Das Barockschloss Rastatt zählt zu den schönsten Barockschlössern in Deutschland. Welche Bedeutung hat Rossi für die Barockarchitektur des frühen 18. Jahrhunderts in Süddeutschland?*

Das Schloss in Rastatt ist mit seiner Bauzeit zwischen 1699 und 1704 das früheste der großen Barockschlösser in Süddeutschland – und eines der größten. Im Gegensatz zu den Verhältnissen in Wien und auch bei den großen deutschen Residenzschlössern lagen Entwurf und Bauausführung in Rastatt in einer Hand, bei Rossi. Viel üblicher war es, mehrere Architekten mit Entwürfen zu beauftragen und aus ihren Beiträgen einen endgültigen Plan zu entwickeln. Die Tatsache, dass Rossi in kurzer Zeit von der fertigen Planung eines zierlichen Jagdschlosses mit Freitreppe, zweiachsigen Risaliten, vielen Pavillontürmchen und ausgedehnten einstöckigen Nebenbauten auf ein blockhaft geschlossenes, repräsentativ-massives Residenzschloss hoher architektonischer und dekorativer Qualität umsteigen konnte, beweist seine souveräne Beherrschung aller planerischen Möglichkeiten seiner Zeit. Erstaunlich ist auch die Urteilsfähigkeit in Sachen der Bautechnik des *„Maler, jetzt aber der Profession nach für einen Baumeister sich ausgebender D. Rossi"*, wie ihn ein Konkurrent verunglimpfte.

Das Schloss in Rastatt, das auch nach Rossis Weggang nicht mehr wesentlich verändert wurde, ist ein Musterbeispiel für ein ganz nach den Regeln eines Zeremoniells organisierten Schlosses für ein Herrscherpaar. In dieser Konsequenz fand es kaum Nachfolger.

Die Palastentwürfe in einem der berühmtesten Stichwerke des 18. Jahrhunderts, des „Fürstlicher Baumeister" des Paul Decker (1677–1712) von 1711, setzen neben der Kenntnis von Werken Andreas Schlüters und J. B. Fischer von Erlachs wohl auch die von Rastatt voraus. Die gezeigte Anordnung der Appartements gleicht auffällig der in Rastatt; auch das doppelte Treppenhaus findet sich dort, das dann in einer Planung für die Würzburger Residenz von 1720/21 wieder auftaucht.

*Sie kennen das Schloss Rastatt wie kaum ein zweiter, welche bauliche, aber auch welche künstlerische Qualität hat das Rastatter Schloss in Rastatt Ihrer Ansicht nach? Oftmals wird das Schloss mit dem von Versailles verglichen. Welche Berechtigung hat denn dieser Vergleich?*

Rossi hat selbstverständlich Versailles gekannt, auch wenn er vielleicht nicht dort war; als Schlossarchitekt wusste man damals, was in den Hauptzentren Europas, in Paris, in Wien, in Turin, in Rom an Architektur entstand. Vom Grundriss der Räume her hat Rastatt mit Versailles nichts zu tun. Die Dreiflügelanlage mit langer Gartenfront mag man vergleichbar finden, aber sie ist nichts Besonderes. Sicher zu vergleichen ist der auf das Schloss zuführende Straßen-Dreistrahl. Unter ganz verschiedenen finanziellen Möglichkeiten ist vergleichbar auch das Bestreben des badischen Markgrafen, einen zu bewundernden, möglichst prächtigen Repräsentationsbau zu errichten.

Einmalig ist die ausschließliche Beschäftigung italienischer Künstler; die *Quadratura* mit vergoldeten Hintergründen und die Kombination mit Deckengemälden mit vergoldetem Stuck stellen die höchste Qualitätsstufe einer Zimmerdekoration im frühen 18. Jahrhundert dar. Die in Rastatt tätigen Bologneser Deckenmaler gehören zu den in Italien und auch nördlich der Alpen meistgesuchten, raren und höchst dotierten Dekorationskünstlern.

**Anmerkungen**

1 Lederle, Carl Friedrich: Rastatt und seine Umgebung, Rastatt 1902.

2 Schuster, Eduard: Die Burgen und Schlösser Badens, Karlsruhe 1908, S. 270.

3 Hirsch, Fritz: Rastatt, Schloss und Stadt, Heidelberg 1923.

4 Passavant, Günter: Studien über Domenico Egidio Rossi und seine baukünstlerische Tätigkeit innerhalb des süddeutschen und österreichischen Barock, Karlsruhe 1967.

5 Eberle, Sandra: Domenico Egidio Rossi, Zeichner und Planer. In: Schlösser 1/2009, S. 26-29.

6 Battistelli, Franco: Documenti inediti sull'architetto fanese Domenico Egidio Rossi (1659/1715), hrsg. v. d. Stadt Fano, Fano 1984, S. 5.

7 Vgl. hierzu Walter, Martin: Das Rossi-Haus in Rastatt, 1698–1998: ein Jubiläum? In: Heimatbuch des Landkreises Rastatt, 1998.

8 Battistelli (1984), S. 4.

9 Battistelli (1984), S. 4.

10 Stopfel, Wolfgang E.: Domenico Egidio Rossi, der Architekt des Rastatter Schlosses, Rastatt 1986, S. 47.

11 Rizzi, Wilhelm Georg: Domenico Egidio Rossi und Wien. In: Zwischen Sonne und Halbmond. Das Erbe des Türkenlouis, Bauen und Bewahren. Stuttgart 2006, S. 13-24.

12 Stopfel (1986), S. 30 f.

13 Vgl. ausführlich Rizzi, Wilhelm Georg: Zur Baugeschichte des Palais Caprara-Geymüller. In: Bericht über die Revitalisierung des Palais Caprara, Wien I. Wallnerstraße 8, Wien 1988, S. 7-20.

14 Vgl. ausführlich Lorenz, Hellmut/Rizzi, Wilhelm Georg: Zur Planungs- und Baugeschichte des Palais Mollard-Clary in Wien. In: Wiener Jahrbuch für Kunstgeschichte 38 (1985).

15 Kicherer, Dagmar: Kleine Geschichte der Stadt Baden-Baden, Karlsruhe 2008.

16 Baumgärtner, Iris (Hrsg.): „Unsere ResidenzStatt". Rastatt zwischen 1705 und 1771. Dokumentation zur Ausstellung, Rastatt 2005, S. 26.

17 Vgl. hierzu auch Walter, Martin: Italienische Spuren im Landkreis Rastatt, (= Sonderveröffentlichung des Kreisarchivs Rastatt, Bd. 2), Rastatt 2002, S. 11.

18 Passavant (1967), S. 92.

19 Walter (1998), S. 85 f.

20 Vgl. hierzu Grimm, Ulrike: Die Dekorationen im Rastatter Schloß 1700–1771. Dissertation Freiburg 1977, Karlsruhe 1978, und Peters, Gerhard: Das Rastatter Schloss, Karlsruhe 1925.

21 Staatsarchiv Fano, Notarile, Giambattista Morganti, vol R (1707), c. 111, veröffentlicht bei Battistelli (1984) als Anlage 4.

22 Stopfel (1986), S. 42 f.

23 Battistelli (1984), S. 16.

24 Auskunft von Wilhelm Georg Rizzi in einem Telefonat mit dem Verf. vom 8. 10. 2010.

25 Brief von Rossi aus Wien u. a. an den Grafen Hermann Jakob Czernin am 29. März 1695: „Io supplico che quello del mio breve avasamento con una figlia da bene e comoda che viene direttamente da Cielo ..." Hierzu auch Stopfel (1986), S. 32.

26 Battistelli (1984), S. 4.

# Baumeister universale

## Michael Ludwig Rohrer, „Architectus“ der Markgräfin Sibylla Augusta (1683–1732)

**von Irmgard Stamm**

Wer den Namen „Rohrer“ hört, denkt wahrscheinlich nicht sofort an eine Berufsbezeichnung. Im Fall des Michael Ludwig Rohrer heißt es aber „nomen est omen“, denn seine Familie stammt aus der gleichnamigen Handwerkertradition: Seine Vorfahren waren Rohrbohrer und Brunnenbauer, als die Wasserleitungen noch aus Holz waren und folglich in den Händen der Zimmerleute lagen. Die Baumeister Rohrer aus Böhmen sind ein eindrucksvolles Beispiel für die Beschäftigung mehrerer Generationen im gleichen Fürstendienst.[1]

Soll das Werk den Meister loben! Mit der Favorite und mit der Rastatter Schlosskirche Heiliges Kreuz hat sich Michael Ludwig Rohrer die größten Denkmäler gesetzt – welches von beiden sein Hauptwerk ist, bleibt strittig. Weitere bedeutende Werke Rohrers sind die Pagodenburg in Rastatt, die Magdalenenkapelle bei Schloss Favorite, das Jagdhaus St. Hubertus auf dem Fremersberg und die Eremitage von Waghäusel. Dies ist aber noch längst nicht die vollständige Bilanz von Michael Ludwig Rohrers 25-jährigem Wirken.

Doch was für ein Mensch steht hinter diesen Bauten, welches Leben führte der Meister? Und was hatte er selbst von seiner Kunst, deren Ergebnisse wir bis heute bewundern und genießen? Diesen Fragen versucht der nachfolgende Aufsatz nachzuspüren in der Absicht, dass wir hinter aller Schönheit der Werke auch die Geschicke der Menschen und ihren Arbeitsfleiß erkennen.

### *Herkunft und Ausbildung*

Michael Ludwig Rohrer wurde 1683 als erster Sohn des herzoglich sachsen-lauenburgischen Müller-, Zimmer- und Brunnenmeisters Michael Anton Rohrer und seiner Ehefrau Eva geboren. Sein Geburtsort war vermutlich das Dorf Tissau in Nordböhmen (heute Tisova im Bezirk Karlsbad/Karlovy Vary), das zum Rittergut Pürles gehörte und damit zum Besitz der Herzöge von Sachsen-Lauenburg.[2]

Der Vater, M. Anton Rohrer, arbeitete von 1687 bis 1700 am Schloss Schlackenwerth (heute Ostrov nad Ohří nördlich von Karlsbad), das zum Erbe der Markgräfin Sibylla Augusta gehörte und nach ihrer Heirat mit Markgraf Ludwig Wilhelm großzügig aus- und umgebaut wurde. Michael Ludwig, der älteste Sohn, verbrachte vermutlich seine ersten Lehrjahre bei

seinem Vater. Ferner lernte er bei dem böhmischen Baumeister Johann Sockh die „Rißkunst", d.h. das Zeichnen von Grundrissen; möglicherweise ist er auch bei Christoph Dientzenhofer in der Lehre gewesen.[3] Es war keine Frage im Hause Rohrer, dass Michael Ludwig in die Fußstapfen seines Vaters treten würde; sein Bruder Peter Ernst Rohrer schrieb später (1742) rückblickend, dass seinem Vater von Markgraf Ludwig Wilhelm befohlen worden sei, *„uns Söhne absolut zu nichts anderem als zu der Baukunst anzuhalten …"*[4]
Die Erfahrungen mit den Künstlern in der böhmischen Heimat waren so gut, dass viele von ihnen in der neuen Residenz Rastatt weiterbeschäftigt wurden.[5] Auch M. Anton Rohrer übersiedelte mit einem Teil seiner Familie nach Baden. Dort gab es infolge der Zerstörungen im Pfälzischen Erbfolgekrieg für das Baugewerbe viel zu tun. Vater Rohrer war beim Bau der Bühl-Stollhofener Linien zugegen, baute an der Fortifikation von Rastatt sowie an verschiedenen Dorfkirchen (unter anderem in Ötigheim und Au am Rhein) mit. Als er 1715 starb, waren seine Söhne Michael Ludwig und Peter Ernst Rohrer bereits fest in den Dienst der markgräflichen Familie hineingewachsen.

### *Der fürstliche Baumeister*

Nach dem Tod des „Türkenlouis" 1707 entließ die Witwe Sibylla Augusta den bisherigen Baumeister Domenico Egidio Rossi und nahm stattdessen Michael Ludwig Rohrer in ihre Dienste. Für Michael Ludwig begann nun eine Epoche großer Herausforderungen, die die Baulust oder gar „Bauwut" der Markgräfin an ihn stellte.[6] Zunächst galt es, die neue Residenzstadt Rastatt auszubauen. Rohrer fertigte einen Plan zur Bebauung und Beschließung der Stadt mit modellmäßigen Häusern, den Sibylla Augusta 1714 genehmigte. Man kann davon ausgehen, daß Michael Ludwig Rohrer, der zu Rossis Zeiten in Rastatt anwesend war, mit den Formen des italienischen Barock vertraut war. Ab 1707 hatte er am Residenzschloss Rastatt Ausbesserungsarbeiten vorzunehmen, arbeitete am Gewölbe der Sala Terrena und am Dachaufbau des Corps de Logis. Anschließend wurden die Pavillonpaare der Schlossflügel durch Zwischenstücke ergänzt; daneben waren immer wieder Dachdecker- und Erneuerungsarbeiten fällig. Im Kern blieb das Residenzschloss jedoch das Werk Rossis. In Rohrers Zeit fallen vor allem zwei große Ergänzungsbauten: der sogenannte Sibyllenbau und die Schlosskirche, die sich beide im Norden an das Corps de Logis anschließen. Der Bau des neuen Wohnflügels nach den Vorstellungen der Markgräfin wurde um 1710 begonnen und ca. 1723/25 vollendet. Am 27. Januar 1720 wurde der Grundstein zur Schlosskirche gelegt, am 18. April 1723 fand ihre feierliche Einweihung statt.

Während also in Schloss und Stadt Rastatt noch die Ideen des Türkenlouis und seines Architekten Rossi umzusetzen waren, sollte Schloss Favorite das Erstlingswerk Michael Ludwig Rohrers nach Vorstellungen der Markgräfin Sibylla Augusta werden. Es war der Anfang der zu einer fürstlichen Residenz gehörigen Ausstattung mit Lust- und Jagd-

*Schloss Favorite, Hauptfassade. Das Lustschloss, das Rohrer nach den Wünschen Sibylla Augustas erbaute, ist eines der Hauptwerke des Architekten.*

schlössern. Das Gelände zu einem Lustgarten bei Förch war schon 1707 erworben worden; 1710–1711 entstand das „Gebäu" im böhmischen Barockstil. Damit war die „Favorite" aber noch lange nicht fertig. So wie bei dem Residenzschloss in Rastatt hatte die Markgräfin weitergehende Wünsche, die sie in ihrem „Porzellanschloss" umgesetzt sehen wollte. In einem undatierten Schreiben berichtet Rohrer, er habe *„ausspekuliert wie in der Hochfürstl. Favoriten Ein Ball- odter speiß Sall könne gerichtet werdten, ohne sondterliche Kosten*" und bittet um entsprechenden Befehl.[7] 1718 entstand im Fasanengarten die Eremitage (Magdalenenkapelle), ein zweigeschossiger überkuppelter Zentralbau.[8] Umgeben war die Kapelle von sogenannten Waldhäuslein, höhlenartigen Häuschen mit holzgeschnitzten Einsiedlerfiguren. 1724/25 wurden im Schloss Favorite die Innenräume ausgestattet, wobei der Maler Franz Pfleger, Baumeister Johann Sockh, Hofmaler Heinrich Lihl und weitere Handwerker beteiligt waren. Eine zweite Orangerie wurde angelegt, ein weiteres Parterre an der Ehrenhofseite, Grottwerke und die Wasserkunst folgten.[9]

Ein bestimmtes Vorbild für Schloss Favorite gibt es nicht, und Rohrer erwies bei diesem Projekt sein besonderes Talent, aus der Zusammensetzung verschiedener Elemente eine neue Einheit zu bilden. Vor allem aber musste der Baumeister vielseitig und beweglich sein, um seinem gewaltigen Aufgabenfeld gerecht zu werden. Die Werkliste aus Rohrers ersten Dienstjahren nennt Bauten ganz unterschiedlicher Art und Bestimmung:

1712/13 Turmbau der Stiftskirche Baden-Baden

1713/17 Karlsruhe-Daxlanden, St.Valentin

1714/17 Amtshaus der Landvogtei Offenburg
1715/17 Rastatt, Maria Einsiedelner Kapelle[10]
1716/21 Rastatt, Kauf- und Rathaus; 1721 Altananbau[11]
1716 /21 Baden-Baden, Jagdhaus St. Hubertus auf dem Fremersberg
1721/26 Umbau des Jagdschlosses Scheibenhardt bei Karlsruhe

Über den Stand der Bauarbeiten berichtete Rohrer regelmäßig in „Relationen“, die in den einschlägigen Bauakten des Generallandesarchivs Karlsruhe zu finden sind. Die Relationen geben Aufschluss über die auf den Baustellen tätigen Handwerker, Materialien, Witterungsverhältnisse oder aufgetretene Schwierigkeiten. Rohrer hatte stets mehrere Bauprojekte gleichzeitig zu überwachen. So steht zum Beispiel in der „Spezifikation der tage ... beim jagdhauß baden“, er habe dort 39 Tage zugebracht, davon *„17 tage gezehrt, die andern 22 tage habe abkommen können und wieder in die favorith oder beizeiten wieder zu rastadt sein können“.* Am 20. Februar 1716 habe er den *„blatz angewiesen wo das jagdhaus soll hingestellt werden ... 21.2. habe mit den seegräbern den platz anfangen zu räumen zu mittag verzehrt 26 xer [= Kreuzer] zu nacht 34 xr ohne das roß tut zu dreyen mahlen zu mittag undt zu drey mahlen zu nachts 3 fl. [florin = Gulden] etc.“*[12] Der Baumeister ritt demnach die Baustellen ab, was schon allein angesichts der Entfernungen Achtung verdient. Sorgfältig schrieb er die Quartier- und Zehrungskosten für sich und das Pferd auf. Sibylla Augusta, seine absolutistische Herrscherin, wachte über ihn und sein Schaffen, er war ihr absolut ergebener Diener. Rohrer, der nie den Titel „Hofbaumeister“ trug, unterschrieb seine Berichte und Zeichnungen stets mit „Architectus“, die Markgräfin nannte ihn in ihren Briefen „Bawmeister“ oder nur „Rohrer“.

Nach einem Romaufenthalt beschloss die Markgräfin 1719 den Bau der Hofpfarrkirche. Den ersten Plan Rohrers für eine dreigeschossige Saalkirche verwarf sie, weil der Bau das Schloss nicht überragen sollte. In zwei Phasen wurde nun die Schlosskirche Heilig Kreuz, beginnend mit der Heiligen Stiege, an den Sibyllenbau angeschlossen.[13] Im Oktober 1720 war der Rohbau fertig, und nach Abschluss der Innenarbeiten wurde die Schlosskirche Heilig Kreuz 1723, am 3. Sonntag nach Ostern, durch Kardinal von Schönborn geweiht.

Unterdessen war im Jahr 1721 wegen der Hochzeit des Erbprinzen Ludwig Georg mit Anna von Schwarzenberg mit Hochdruck am Weiterbau der Residenz gearbeitet worden. Rohrer, der ja auch für die Straßen und Wege zuständig war, konnte am 25. Juli 1721 berichten: *„Pflasterth eine Partie Pflasterer an derer gassen bey denen drey Mohren, welche gassen [heutige Schiffstraße zwischen Faneser Platz und Postraße]*[14] *künfftige Wochen, so guth wetter – völlig so lang daß drey Mohrische Hauß ausgepflastert wirdt; die andere Partie Pflasterer Pflastern an den blatz vor den fürstl. Schloß ... “* Außerdem mussten das Hauptgebäude des Schlosses vom 6-Säulen-Altan an renoviert und der neue Anbau (Sibyllenbau) und die Höfe verputzt werden. *„Die Renovation In der Resitenz gehet auch wohl vonstatten wie auch die Verbutzung deß stadt Rathaus, welches einen schönen prospect erzeuget.“* Zu dieser Zeit arbeiteten in der neuen Kirche die Maurer und Stukkateure an den

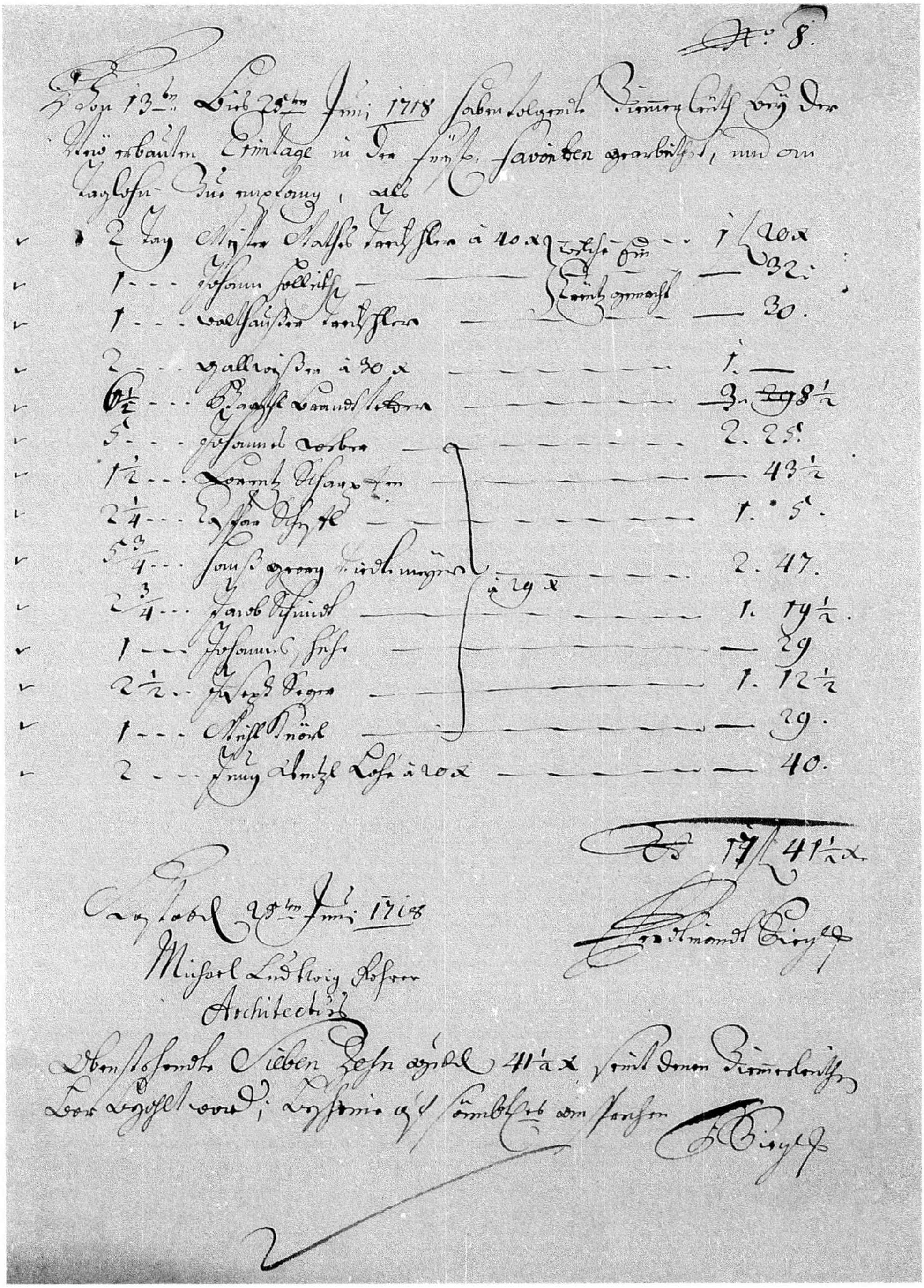

*Lohnabrechnung Rohrers vom 29. Juni 1718 für Zimmererarbeiten an der Eremitage mit eigenhändiger Unterschrift des Architekten.*

Gesimsen und Kapitellen, das Jagdhaus nahm einen „guthen fortgang“, im Jagdschloss Scheibenhardt, das für den Erbprinzen umgebaut wurde, verfertigten die Zimmerleute das Holzwerk für den oberen Saal, *„welcher zu Zimmern solle gerichtet werdten wie auch der stein Meister starck an den steinwerckh zu der forderen Haubt-stiegen arbeithet, deßgleichen auch der schreiner an denen Thieren arbeithen thut, samt der schlosser an dennen Beschlägen.“*[15]

Am 12. September 1722 erließ die Markgräfin ein Dekret zur *„gänzlichen Abstellung aller der Jenigen Unordnungen*[16]*, welche sich zeithero in dem Bauwesen ... ereignet haben“.* Zur Kontrolle der Baumaterialien und Handwerkszettel übertrug sie dem Baumeister Johann Sockh aus Schlackenwerth, dessen Sohn dem fürstlichen Haus ebenfalls als Ingenieur diente, *„eine besondere Observanz und Inspection“.* Baumeister Michael Ludwig Rohrer wurde angewiesen, von allem *„getreulich Communication [zu] thun ...“*[17] d. h. er musste mit Sockh über alle Planungen und Reparaturen Rücksprache nehmen.

Rohrers Schaffenskraft blieb ungebrochen. 1722 entstand außerhalb der Stadtgrenze am Murgufer die Pagodenburg nach dem Vorbild im Park von Schloss Nymphenburg bei München; Rohrer änderte aber in Rastatt Kapitelle und Gesimse ab. Das Bauwerk erscheint „halb als Teehäuschen, halb als Puppenstube“ und stellt bis heute ein gelungenes weltliches Pendant zur Einsiedelner Kapelle dar. Ebenfalls 1722 entstand die Loretokapelle an der Stelle des heutigen Krankenhauses.

Im folgenden Jahr wurde die Heiligkreuzkirche vollendet und geweiht. So sehr der Sakralbau auch gerühmt wurde – seinem Schöpfer geriet der Beifall zum Verhängnis: Mit Zustimmung der Markgräfin wurde Michael Ludwig Rohrer am 12. Juni 1723 vom speyri-

*Ansicht Rastatts von der Murg aus mit der Pagodenburg im Zentrum. Rechts das Schloss, links die Stadtkirche St. Alexander. Stich von J. Durler, um 1840.*

schen Fürstbischof Damian Hugo von Schönborn zum Baumeister für dessen Bruchsaler Schlossbau verpflichtet. Dies war ein Beweis der Wertschätzung Rohrers, denn der Kardinal war – wie alle Schönborns – ein bedeutender Bauherr. Im Schönborn'schen Dienst errichtete Rohrer 1724 die Eremitage von Waghäusel, brachte den Kirchenflügel des Bruchsaler Schlosses unter Dach und Fach, errichtete das Damianstor, die Orangerien und die Nordseite des Corps de Logis und barockisierte das alte Wasserschloss von Kislau. Der Kardinal war jedoch mit den Leistungen des „Leiharbeiters" keineswegs zufrieden und beschwerte sich bei der Markgräfin über die unverantwortliche Arbeitsweise Rohrers, ja, er warnte sie sogar vor Schaden durch denselben. Indessen hatte der Baumeister in der Bruchsaler Zeit nicht nur zwei, sondern drei Herren zu dienen. Ungeachtet seiner neuen Wirkungsstätte beanspruchte die Markgräfin ihn weiter, dazu kamen vermehrt Aufträge vom Erbprinzen Ludwig Georg. Nachdem im Sommer 1725 einige Modellhäuser in Rastatt abgebrannt waren, hatte Rohrer sich um den Bau von Brandmauern zu kümmern. 1725/26 errichtete er das Hofpfarrhaus (Mittelbau des heutigen Ludwig-Wilhelm-Gymnasiums), baute weiter am Schloss Scheibenhardt, entwarf eine neue Gardestallung am Schloss Rastatt[18] und legte mehrere Projekte zur Befestigung der Stadt Rastatt vor. 1728 entließ ihn der Fürstbischof in Ungnade. Erfolglos flehte später Rohrers Witwe beim Fürstbischof *„um ihrer zwei unerzogenen Kinder willen"*, er möge ihr die 75 Gulden für das Vierteljahr ausbezahlen, das Rohrer zuletzt als Kranker in Schönbornschen Diensten zugebracht hatte.[19]

Man ist geneigt, der romantisierenden Darstellung von Anna Maria Renner zu glauben, wenn sie Rohrers Frau über den Fürstbischof klagen lässt: *„Seine Eminenz haben gleichzeitig mit dem Schloßbau die Eremitage vollendet gewünscht und das Kißlauer Schloß, und der Speyerer Amtshof mußte wieder aufgerichtet werden, und alles fast zu gleicher Zeit, und mein Mann ist von Ort zu Ort gejagt, hin und her ... Im eisigen Sturm ist er draußen auf den Landstraßen gefahren, bei Wind und Wetter auf dem Bauplatz gestanden, nur um seine Eminenz zufriedenzustellen ..."* Und die Klägerin fügt hinzu, was ihr Mann zur selben Zeit in Rastatt und Scheibenhardt gebaut hat: *„Soviel Werks hätten zwei Männer kaum vollführt."*[20]

Ob die Markgräfin einmal daran dachte, dass Rohrer überfordert war? Jedenfalls erging es ihm kaum besser, als der Erbprinz Ludwig Georg 1727 die Regierungsgeschäfte in Rastatt übernahm. Von diesem erhielt Rohrer den Auftrag, die Residenz und Stadt Rastatt mit Toren und Kasernen zu befestigen; es sollte aber *„wegen des Prospects von dem Hochfürstl schloß-gebew auss in Mithl nicht völlig zugebaut werden."* Das Projekt war nicht neu, eine Befestigung hatte es schon zur Zeit des verstorbenen Markgrafen Ludwig Wilhelm gegeben. Die Fortifikation Rastatts brachte den Baumeister Rohrer an seine Grenzen, und er merkte es. Obwohl – oder weil? – er schon mehrere Entwürfe dafür gefertigt hatte, gestand er in der Relation vom 19. Januar 1729: *„so findte ich mich alleinig zu schwag Eines so hochwichtigen werckhs, ohne Einigen Generall Endtschlueß allein auff mich zu nehmen,* *daher mein unterthänigstes bitten undt flehen, daß ... Einige guthe Ingeneur. undt deputirten von Stadt- undt Baw Verständige noch darzu gezogen würdten, damit alles vollentz Reguliert würdte.“*[21]

Der Festungsbau war dem Markgrafen Ludwig Georg ein so wichtiges Anliegen, dass er, der selbst Schüler Rohrers gewesen war,[22] die *„Jungen Herren Pages“* seines Hofes in der Geometrie, Zivil- und Militärbaukunst sowie in der Risskunst unterrichten ließ. Auch hier war Rohrer gefragt. Mathematische Instrumente und Bücher waren vorhanden, doch benötigte man nach Rohrers Aufstellung noch verschiedene Zirkel, Papier, Farben, Pinsel, Reißbretter und Lineale. Der Markgraf selbst möge entscheiden, ob das Studium eine oder zwei Stunden, vor- oder nachmittags stattfinden solle.[23]

Wie auch immer der Lehrauftrag sich gestaltete – auf Rohrer wartete die nächste Wirkungsstätte, die seine letzte werden sollte. Markgräfin Sibylla Augusta war nach Ettlingen in ihren Witwensitz gezogen und wünschte den Wiederaufbau des 1689 zerstörten Schlosses. Rohrer konnte in Ettlingen nochmals sein ganzes Können unter Beweis stellen. Unter Einbeziehung der niedergebrannten mittelalterlichen Wehrmauern entstand die Vierflügelanlage des Schlosses in der heute bekannten Form; sie wurde für die Markgräfin ein „eingerichtetes Nestlein, um in der Ruhe Gott zu dienen.“[24] 1730 war der Rohbau fertig. Die Schlosskapelle St. Nepomuk, die Rohrer geschickt in das Geviert einfügte, wurde

*Schloss Ettlingen, Innenhof, Südseite. Rohrer baute das Schloss als Alterssitz für Sibylla Augusta in neuer Form wieder auf.*

erst 1733 vollendet. Sie gilt als Rohrers reifstes Werk, bei dem seine Urheberschaft schon angezweifelt wurde, weil sich die Ettlinger so sehr von der Rastatter Schlosskirche unterscheidet. Rohrer hat ihre Einweihung ebensowenig erlebt wie die der ehrwürdigen St. Martinskirche in Ettlingen, die nach seinen Plänen aus Trümmern wiedererstand.

*Rohrers Familie*

In dem für Michael Ludwig Rohrers Karriere bedeutenden Jahr 1707 gebar seine Frau Maria Francisca am 26. April ihr erstes Kind, die Tochter Maria Eva Catharina; am 5. Juli 1709 wurde Josepha Valentina geboren; es folgten am 29. August 1711 Johannes Michael und am 20. November 1713 Franciscus Antonius.[25]

1724 bewohnte die Familie einen Teil des Erdgeschosses im Brauhaus, das Rossi neben dem Schloss – etwa auf dem Gelände des heutigen Postamtsgebäudes – erbaut hatte. Als dort Räumlichkeiten für den Bierwirt eingerichtet werden sollten, legte man Rohrer nahe, die von ihm bewohnten vier Zimmer zu räumen und wieder sein altes Quartier zu beziehen oder aber in den Neubau gleich neben dem Brauhaus einzuziehen.[26]

Der Baumeister stand mit 300 Gulden Besoldung an erster Stelle der „Künstler und Handwerker Ingenieur samt Costgeld" im markgräflichen Dienst; dasselbe Gehalt bekamen Trompeter und Pauker, der Sekretär beim Hofratsdicasterium und der Forstsekretär beim Oberforstamt. Der Hausmeister, dessen Funktion damals die eines Kunsthandwerkers war, erhielt 250 Gulden.[27]

Am 24. April 1732 riss der Tod den Baumeister Rohrer im Alter von 49 Jahren mitten aus seinen Bauarbeiten in Ettlingen. Er wurde auf dem dortigen Friedhof beigesetzt. Seine Fürstin, für die er ein Vierteljahrhundert lang gebaut hatte, folgte ihm ein Jahr später. Doch zuvor kümmerte sie sich darum, dass Rohrers Nachlass, *„die zu Rastadt vorhanden geweste ... Riß"*, nicht verlorengingen, sondern *„der Wittib in Handen gelassen worden ... In der Zuversicht daß sie sothane gewiß Kostbahre Zeichnungen bis zu ihres Sohns Grosjährigkeit – und in der Architectur machenden weiteren Fortgang, wohl aufheben und nicht in andere Hände kommen lassen werde."* Die Markgräfin hatte nämlich gehört, dass *„schon verschiedene davon Distrahirt worden seyn sollen, mithin zu besorgen stehet, daß nach und nach das ganze Studio des Rohrers seel. Zertrimmert und die schönsten sachen davon entzogen werden dürfften."* Besorgt schlug sie der Regierung in Rastatt vor, die Zeichnungen *„bis zu ermelt. Jungen Rohrers Großjährigkeit und bis er recht zu profitir imstand seyn wird ... [dem Bruder des Verstorbenen in Verwahrung zu geben und so] für den unmündigen Rohrer mit sorgen [zu] wollen."*[28]

Gemeint war der vier Jahre jüngere Bruder Michael Ludwigs, der Brunnenmeister Peter Ernst Rohrer (1687–1762). Er wurde Nachfolger im Dienst der Markgrafen und setzte das Werk des Verstorbenen fort. Sein bekanntester Bau ist die St. Alexanderkirche in Rastatt

(1756–1764), für die er schon 1730 zusammen mit Bruder Michael Ludwig Entwürfe gemacht hatte. Peter Ernst Rohrer war verheiratet mit Scholastika, der Tochter des Amtmanns Wich in Schwarzach.

Michael Ludwig Rohrers ältester Sohn Johann Michael (*1711) führte die Zimmermeistertradition der Familie fort. Er hatte durch seinen Vater bei Arbeiten am Rastatter Schloss das Bauen erlernt und war als „Mauerjunge“ der Fürsorge des Markgrafen anvertraut. 1734 wurde er in die Rastatter Zunft der Maurer, Steinhauer und Zimmerleute aufgenommen.[29]

## *Rückblick und Würdigung*

Rudolf Sillib hat 1914 eine Beschreibung von Schloss Favorite vorgelegt und in einem umfangreichen Kapitel die Leistungen Michael Ludwig Rohrers beschrieben. *„Es ist auffallend“*, bemerkt er, *„wie schnell nach der Erbauung des Schlosses Favorite sein Baumeister vergessen war.“*[30] Schon in der 1763–1766 erschienen Zähringisch-Badischen Geschichte sei der Name nicht genannt, in späteren Veröffentlichungen tauchten vorwiegend italienische Architekten auf, so als habe die provinziell österreichisch-böhmische Barockschule keinen Platz neben dem stilistischen Einfluss der Italiener.

Dieses trifft zu. Rossi hat sich als Schöpfer von Schloss und Stadt in Rastatt verewigt. Seinem Nachfolger Rohrer dagegen kam es zu, anzustücken und zu flicken, zeitraubende Kleinarbeiten an dem idealen, noch längst nicht vollendeten Gesamtplan Rossis vorzunehmen, die Reiseeindrücke und Veränderungswünsche seiner Fürstin umzusetzen und nebenbei noch zahlreiche zerstörte Dorfkirchen (in Forchheim, Ottersdorf, Sandweier, Muggensturm, Malsch u. a.) wiederaufzubauen.

Eine späte Würdigung erfuhr der „Große Meister kleiner Formen“ (so nannte ihn der frühere Stadtarchivar von Ettlingen, Hans Leopold Zollner[31]) durch die Kunsthistorikerin Claudia Stoll. Sie schreibt: *„Michael Ludwig Rohrer verarbeitete eine Fülle von Anregungen der französischen Baukunst aus der Zeitspanne 1650/1700, dem römischen Hochbarock sowie dem süddeutschen und Wiener Spätbarock. Im sakralen spätbarocken Einheitsraum vollzog Rohrer den Übergang zum Rokoko. Dem im Handwerk wurzelnden Provinzbaumeister Michael Ludwig Rohrer gelangen dabei eine große Zahl sehr eigenwilliger und origineller Lösungen.“*[32]

Sehr zutreffend ist die Bezeichnung „Baumeister universale“, denn Rohrers Kompetenz betraf Bauten im zivilen und militärischen Bereich, außerdem schuf er sakrale und profane Gebäude, öffentliche (Rathäuser, Gefängnisse) und private Bauten für fürstliche Auftraggeber (Residenzen, Lustschlösser, Eremitagen, Schlosskirchen) sowie Modellhäuser für Bürger in Rastatt, Ettlingen und Baden-Baden.[33]

Die zahlreichen Zeichnungen und Pläne Rohrers werden im Generallandesarchiv Karlsruhe aufbewahrt. Von Rohrer selbst gibt es nur ein Phantasieportrait: Im Ettlinger Rathaus befindet sich ein Glasfenstergemälde, auf dem Rohrer der Markgräfin den Plan für den

Wiederaufbau der Martinskirche überreicht – ein Werk des Glasmalers Hans Baumhauer aus Freiburg von 1960.[34] Ebenfalls in Ettlingen benannte man anläßlich seines 200. Todestages eine neue Straße im Schlossgartengebiet nach dem Mann, dem die Stadt ihr barockes Gesicht verdankt: den Rohrerweg. Auch in Baden-Baden trägt eine Straße, die zum Fremersberg führt, den Namen des Baumeisters Rohrer. Rastatt hat immerhin den Rohrersteg, wobei nicht eindeutig feststeht, ob der Name von den Röhren des Brunnenhauses oder von der Handwerkerfamilie herrührt, die auf der Seite des Brunnenhauses eine Wiese – die „Rohrerwiese" – hatte. In Förch und in der Nachbargemarkung Kuppenheim ist der Name des beliebten Schlosses Favorite zwar in Straßen- und Schulnamen präsent, doch den Baumeister Michael Ludwig Rohrer sucht man hier vergebens.

**Anmerkungen**

1 Weber, Max: Das Rastatt der Barockzeit. In: Um Rhein und Murg. Heimatbuch des Landkreises Rastatt 10 (1970), S. 89 ff., hier S. 95.

2 Stoll, Claudia: Studien zu Michael Ludwig Rohrer (1683–1732). Markgräflich baden-badischer Baumeister, Dissertation, Bonn 1986, S. 11. Im – allerdings lückenhaften – Taufbuch von Tisova 1673–1795 ließen sich weder Michael Ludwig noch seine Geschwister nachweisen, ein Heiratseintrag der Eltern ebenfalls nicht. Frdl. Auskunft von Jana Kopeckova, Staatl. Gebietsarchiv Pilsen/Tschechische Republik.

3 Kaack, Hans-Georg: Markgräfin Sibylla Augusta. Die große badische Fürstin der Barockzeit, Konstanz 1983, S. 159. Stoll (1986), S. 263, bezweifelt die von Renner angenommene Schülerschaft Rohrers bei dem um 1700 in Nordböhmen tätigen Christoph Dientzenhofer (1655–1722); Zentralbauten seien eine allgemeine Zeiterscheinung gewesen und Rohrer habe primär den Wünschen seiner Auftraggeber nachkommen müssen.

4 Kaack (1983), S. 159.

5 Gensichen, Sigrid: Die böhmische Heimat. In: Extra schön – Schloss Rastatt. Markgräfin Sibylla Augusta und ihre Residenz. Eine Ausstellung anläßlich des 275. Todestages der Markgräfin Sibylla Augusta von Baden-Baden. Katalog, Rastatt 2008, S. 10-25, hier S. 18.

6 Vetter, Gerlinde: Zwischen Glanz und Frömmigkeit. Der Hof der badischen Markgräfin Sibylla Augusta, Gernsbach 2007, S. 256.

7 GLA Karlsruhe, 220 Nr. 27 Quadrangel 70; nach Zepf, Markus: Markgräfin Sibylla Augusta als Regentin. In: Extra schön (wie Anm. 5), S. 19-36, hier S. 38, von 1714.

8 Stoll (1986), S. 175 f.

9 Stoll (1986), S. 94 f.

10 In Schlackenwerth war 1710 bereits ein Nachbau der Einsiedelner Kapelle entstanden.

11 Laut Wolfgang Reiß, dem ehemaligen Stadtarchivar von Rastatt, erfolgte der Gefängnisanbau nicht 1730/31, wie Stoll (1986) auf S. 267 schreibt, sondern 1750/51.

12 GLA Karlsruhe, 220 Nr. 27 Quadrangel 70.

13 Die sogenannte Heilige Stiege ist eine Nachbildung der von Christus benutzten Treppe vor dem Richthaus des Pilatus, die der Legende nach von Engeln nach Rom getragen wurde; dort wird sie als scala sancta beim Lateran mit 28 Stufen gezeigt und führt auf die quadratische capella sancta sanctorum, der in der Rastatter Schlosskirche das Sanctuarium im Obergeschoss zwischen dem Sibyllenbau und der Kirche entspricht. Stoll (1986), S. 73. Vgl dazu auch Gensichen (2008), S. 74 ff.

14 Frdl. Hinweis von W. Reiß.

15 GLA Karlsruhe, 220 Nr. 27 Quadrangel 38.

16 Bei Stoll (1986), S. 40 falsch als „Verordnungen" zitiert. GLA Karlsruhe, 220 Nr. 27 Quadrangel 43.

17 GLA Karlsruhe, 220 Nr. 27 Quadrangel 43, 12.9.1722.

18 GLA Karlsruhe, 220 Nr. 27 Quadrangel 69, Stallung für die Garde im Schloss Rastatt „auff dem äußern flügel gegen dem mohrenfeltischen haus", undatiert. Das Gebäude stand laut W. Reiß an der Stelle des späteren Zollamts, Ecke Herrenstraße/Lyzeumstraße.

19 Zollner, Hans Leopold: Nur noch zwei Zeilen im Kirchenbuch. In: Badische Neueste Nachrichten, Ausgabe Ettlingen, 24.4.1982.

20 Renner, Anna Maria: Sibylla Augusta Markgräfin von Baden, Stuttgart 1938, S. 153 f.

21 GLA Karlsruhe, 220 Nr. 27 Quadrangel 64, 19.1.1729.

22 Zepf (2008), S. 38.

23 GLA Karlsruhe, 220 Nr. 27 Quadrangel 63, 15.1.1729.

24 Zollner, Hans Leopold: Er baute für Sibylla Augusta. Leben und Wirken des Johann Michael Ludwig Rohrer. In: Baden-Württemberg, H. 1/1983, Karlsruhe 1983, S. 14.

25 Taufbuch 1648–1723 im Pfarrarchiv Rastatt, zitiert bei Stoll (1986), S. 18. Ein weiterer Taufeintrag vom 15. Januar 1717 enthält keinen Namen des Kindes und des Paten.

26 Stoll (1986), S. 20. Das alte Quartier befand sich vermutlich ebenfalls im Brauhaus, weitere Angaben zu Rohrers Wohnung sind laut W. Reiß bisher nicht bekannt.

27 Für den Zeitraum 1726–1728 vgl. Vetter (2007), S. 263 ff.

28 GLA Karlsruhe, 220 Nr. 27 Quadrangel 66, Ettlingen 2. Juni 1732.

29 Stoll (1986), S. 26-30.

30 Sillib, Rudolf: Schloß Favorite und die Eremitagen der Markgräfin Franziska Sibylla Augusta von Baden-Baden (= Neujahrsblätter der Badischen Historischen Kommission N.F. 17), Heidelberg 1914, S. 17.

31 Zollner zält zu den produktivste Publizisten zur badischen Landesgeschichte. Sein Nachlass befindet sich im Stadtarchiv Karlsruhe. Seine mehr als 3.000 Bände umfassende Bibliothek wird im Kreisarchiv Rastatt verwahrt.

32 Stoll (1986), S. 265.

32 Stoll (1986), S. 35.

33 Frdl. Auskunft von Frau D. Le Maire, Stadtarchiv Ettlingen. Vgl. Badische Neueste Nachrichten v. 30.5.1963.

34 Frdl. Hinweis von W. Reiß.

# Zwischen Spätbarock und Frühklassizismus

## Der Markgräflich Baden-Badische Hofbaumeister und Bauinspektor Franz Ignaz Krohmer (1714–1789)

**von Martina Kitzing-Bretz**

Mit seinen repräsentativen Ansichten und sorgfältigen Plänen, mit dem weiteren Ausbau der Rastatter Residenz zur höfischen Residenzanlage ist der letzte markgräflich baden-badische Hofarchitekt Franz Ignaz Krohmer nicht aus der Baugeschichte des Schlosses wegzudenken. In seiner Funktion als Hofarchitekt fertigte er auch Bauaufnahmen des markgräflichen Sommerschlosses Favorite an, die wichtige baugeschichtliche Dokumente darstellen. Daneben wurde er ab 1771 mit Baumaßnahmen zur Erhaltung des von Feuchtigkeit befallenen Schlösschens und seiner Nebengebäude betraut.

### *Leben und Werk*

Der nachweisbar 1714 in Ettlingen als Sohn des Ettlinger Bürgers und Senators Jacob Krohmer geborene und 1789 in Rastatt gestorbene markgräflich baden-badische Hofbaumeister und Bauinspektor Franz Ignaz Krohmer wirkte in der zweiten Hälfte des 18. Jahrhunderts innerhalb des Gebiets seiner Herrschaft in nahezu jeder Ortschaft.

Seine selbständigen Bauwerke setzen ein mit der Wallfahrtskirche in Gaggenau-Moosbronn, die er ab 1746 errichtete, und enden mit dem Entwurf für den Getreidespeicher in Rastatt von 1788. Entsprechend dem Gebiet der ehemaligen Markgrafschaft sind seine zu einem großen Teil abgegangenen Bauten schwerpunktmäßig in der Stadt und dem heutigen Landkreis Rastatt, der Stadt Baden-Baden und dem Ortenaukreis zu finden.

Krohmer gehört zu der Generation von Baumeistern, die dem bedeutenden süddeutschen Barockarchitekten Balthasar Neumann nachfolgte und die unter seinem Eindruck stand. Die Werke dieser Generation umfassen den Stil des Spätbarock oder Rokoko mit der französischen Bezeichnung Louis XV (1723–1774) und den des sogenannten „Zopf", dem das Louis XVI (1774–1792) in Frankreich entspricht.

### *Ausbildung und Werdegang*

Wie Baurechnungen der Würzburger Residenz belegen, war Krohmer in den dreißiger Jahren des 18. Jahrhunderts als Zeichner im Baubüro von Balthasar Neumann beschäftigt.

*Ansicht des Schlosses Rastatt von 1733, gezeichnet von Franz Ignaz Krohmer.*

Diese Beschäftigung bildet das erste Zeugnis seines Werdegangs, dessen Anfang mangels Quellen nur rekonstruiert werden kann: Vermutlich hat Krohmer eine Ausbildung als Handwerker absolviert und beim Schlossbau in Ettlingen mitgearbeitet, das die baden-badische Markgräfin Sibylla Augusta ab 1728 durch ihren Hofbaumeister Michael Ludwig Rohrer als Witwensitz wiederaufbauen ließ. Über die Verbindung von Sibylla Augusta zu dem Speyrer Fürstbischof Damian Hugo von Schönborn, dessen Architekt Neumann den Schlossbau in Ettlingen mehrfach begutachtete, wird die Anstellung im Würzburger Baubüro zustande gekommen sein.

In Neumanns Baubüro lernte er das technische Zeichnen, das ihn zum Umsetzen einer Bauidee in einen maßstabsgerechten Plan befähigte. Gleichzeitig zur Anstellung als Zeichner in Würzburg fertigte Krohmer 1733 im Dienst der baden-badischen Markgrafschaft eine Architekturvedute der Rastatter Residenz an, die er mit dem Titel „Hoff Ingenieur" signierte und die sein erstes uns bekanntes Werk darstellt.[1]

Unterbrochen wohl durch die Kriegsunruhen am Oberrhein als Auswirkung des Polnischen Thronfolgekrieges (1733–1735/38), setzte seine Tätigkeit als Bediensteter der Markgrafschaft erst wieder 1742 mit einer weiteren, das Pendant zur Vedute von 1733 bildenden Ansicht des Schlosses ein. Diese und nachfolgende Architekturveduten auch der baden-badischen Schlösser Scheibenhardt und Favorite, die er als sogenannte „Schaurisse" mit Feder und lavierendem Pinsel repräsentativ gestaltete und dekorativ umrandete, dienten dazu, die Bauwerke und den Bauherrn bekannt zu machen. Dies gilt auch für die wesentlich später entstandene „Ansicht des Rastatter Schlosses aus der Vogelperspektive", die Krohmer im März 1774 anfertigte und die sich heute im Institut für Baugeschichte der TH Karlsruhe befindet. Die Zeichnung zeigt die Residenz in einer Idealansicht von einem erhöhten Standpunkt aus, der eine perspektivische Darstellung bedingte, die als Vorlage für einen Kupferstich geeignet war.

Im Jahr 1745 wurde Krohmer Mitarbeiter des baden-badischen Hofbaumeisters Johann Peter Ernst Rohrer, der seinem Bruder Michael Ludwig nachgefolgt war: *„Resolvieren Serenissimus gnädigst den dahiesigen Cammerdiener Crohmer zu besserer Befördter- und Beobachtung des Herrschaftl. Starken Bauwesens dahiesigem Baumeister Rohrer zu adjungieren …"*[2] Als Mitarbeiter Rohrers entwarf und baute er bereits eigenständige Werke, wie die Kirche in Moosbronn belegt. In die Zeit als Mitarbeiter Rohrers dürfte auch die Erweiterung der

Schmerzhaften-Muttergottes-Kapelle im sogenannten „Sybillenflügel" des Rastatter Schlosses fallen, die aufgrund der qualitätvollen Stuckdekoration in Rocailleformen aus der Zeit zwischen 1747 bis 1753 stammen muss, als Johannes Schütz Hofstukkator war. Krohmer hat den Entwurf der erweiterten Kapelle auf seinem nicht datierten Grundrissplan der Residenz[3] mit Bleistift skizziert. Er gewann den neuen Raum durch den Umbau einer bereits vorhandenen kleinen Kapelle und des sogenannten „Schatzgewölbes", in dem die Pretiosen des markgräflichen Hauses ausgestellt waren. Es entstand eine kleine, dreischiffige Emporenkirche in unmittelbarer Nachbarschaft zur Hofpfarrkirche, die im Unterschied zur Krohmerschen Kapelle nicht nur zur privaten Hausandacht, sondern auch von der Gemeinde genutzt wurde. Die heute verbaute, aber rekonstruierbare Kapelle zur schmerzhaften Muttergottes verfügte über ein Oratorium mit Schlafzimmer, das sich auf der Empore befand und das von dem Wunsch der Fürstinnen nach intimer Frömmigkeit zeugte.

Nach dem Tod Rohrers 1761 nahm Krohmer dessen Amt als fürstlicher Baumeister und das Amt des Bauinspektors ein, womit ihm auch die Verwaltung des markgräflichen Bauwesens oblag.

### *Der Ausbau der Residenz in Rastatt und andere herrschaftliche Bauaufgaben*

Der weitere Ausbau des Schlosses bildete eine der wichtigen Bauaufgaben des Rastatter Hofbaumeisters im herrschaftlichen Bereich. Als symmetrische Entsprechung zur Hofpfarrkirche, die Michael Ludwig Rohrer im Norden des Schlosses angebaut hatte, errichtete Krohmer 1768 ein Hoftheater im südlichen Gartenflügel.[4] Dazu verbreiterte er den Ausläufer des Flügels zu einem Saal, stockte ihn auf und richtete darin ein hölzernes Theater ein, das nur einer begrenzten, geladenen Öffentlichkeit zugänglich und entsprechend intim war. Bemaltes Holz als Material für die Einrichtung zu wählen, war im Barock üblich und diente der Akustik. Das Theater besaß als Rangtheater nach französischem Vorbild einen offenen Balkon für die Zuschauer, der auf hufeisenförmigem Grundriss errichtet wurde und dessen ondulierende Mitte weit in den Raum vorschwang. Der vordere Teil des Parketts im Zuschauerraum war mit einzelnen Sesseln für das Fürstenpaar und die Hofgesellschaft bestückt. Durch eine Schranke vom Zuschauerbereich getrennt folgte der Orchestergraben. Die auch für Ballettaufführungen genutzte Bühne wurde seitlich begrenzt durch gestaffelte Kulissenwände, die von der Unterbühne aus bewegt werden konnten. Als weiteres Element des Bühnenbildes gab es Prospekte, die hochgezogen werden konnten. Die Theatereinrichtung wurde im 19. Jahrhundert wegen Baufälligkeit entfernt, und der Saalbau ist heute vollkommen umgestaltet.

Neben diesem bedeutenden Projekt innerhalb der Rastatter Schlossanlage ist die Erbauung des nicht mehr existierenden Treibhauses von 1775 im nördlichen Teil des Schlossgartens zu nennen. Das Gebäude ersetzte ein baufälliges Glashaus neben der Orangerie, das

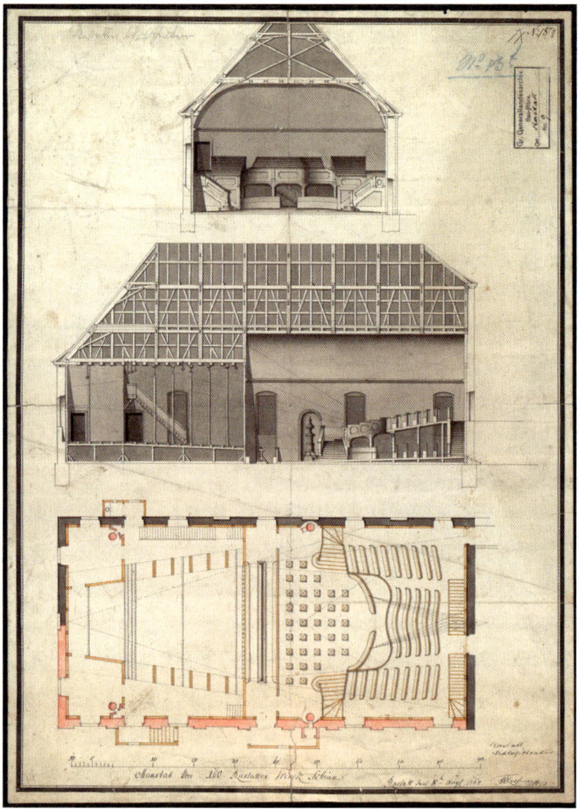

*Plan des Hoftheaters von 1768. Die Theatereinrichtung ist heute nicht mehr erhalten.*

wohl in den vierziger Jahren des 18. Jahrhunderts von Johann Peter Ernst Rohrer gebaut worden war. Dem Entwurf nach[5] handelte es sich bei dem Krohmerschen Bau um ein mit Pilastern, Blendfeldern und Rahmen mit Schlusssteinen verhalten geschmücktes Gebäude, wie es die in der zweiten Hälfte des 18. Jahrhunderts vorherrschende, von botanischem Interesse bestimmte Art von Gewächshaus vorsah. Das Haus war mit einer schrägen Glasfront ausgestattet, damit die Sonnenstrahlen ungebrochen eingefangen werden konnten. Ein weit vorgezogenes, gewölbtes und als „Schwanenhals"[6] bezeichnetes Gesims verhinderte das Abziehen der Sonnenwärme. In dem Treibhaus sollte eine „kleine Orangerie" für niedrige Zitrusbäume, die auf einem getreppten Gestell standen, und – als fürstliche Leidenschaft des 18. Jahrhunderts – eine Ananastreiberei untergebracht werden.

Eine der späten Bauarbeiten am Schloss in Rastatt, die der Bauinspektor Krohmer als Leiter der Rastatter Schlossbaukommission durchzuführen hatte, betrafen den Anstrich und die Sanierung des Corps de Logis einschließlich des fürstlichen Wappens im Frontispiz. Der Inspektor fragte 1780 beim Karlsruher Bauamt an, ob das Wappen neu vergoldet oder weiß gefasst werden sollte, und das Bauamt antwortete, es sei *„jezo nimmer gewohnlich, solcherley*

*Arbeiten mehr zu vergolden, sondern ganz mit dem übrigen Gebäude conform anzustreichen.*“[7] Die Forderung nach einem einheitlichen Anstrich spiegelt die kunstgeschichtliche Entwicklung wider. Im frühen Klassizismus veränderte sich das Farbempfinden zugunsten der „edlen Einfalt und stillen Größe“, wie sie Johann Joachim Winckelmann in seinen „Gedanken über die Nachahmung der Griechischen Werke in der Mahlerei und Bildhauer-Kunst“ von 1755 verlangte.

Viele herrschaftliche Großbauten waren auf der Grundlage des absolutistischen Denkens der fürstlichen Höfe in der Nachfolge Ludwigs XIV. bereits in der ersten Hälfte des 18. Jahrhunderts errichtet worden. Anstelle von großen Schlossanlagen wurden in der zweiten Hälfte des Jahrhunderts in Süddeutschland bis auf wenige Ausnahmen nur noch kleinere Jagd- und Lustschlösser errichtet, die im Stil eines aufwendig gestalteten Landhauses gehalten waren.[8]

Im Werk Krohmers zählt dazu die herrschaftliche Meierei in Gaggenau-Mittelberg, deren Herrenhaus dem Aufenthalt des leidenschaftlichen Jägers Markgraf Ludwig Georg diente. Die inzwischen nicht mehr vorhandene, schlossartige Anlage war anfänglich auch als Gestüt geplant und ab 1760 nach einem von Krohmer abgeänderten Entwurf[9] realisiert worden. Das Meiereigut zog sich den abfallenden Hang des Bergs hinunter, und das fürstliche Haupthaus bildete den Höhepunkt der barock gestaffelten Anlage mit Ökonomiegebäuden.

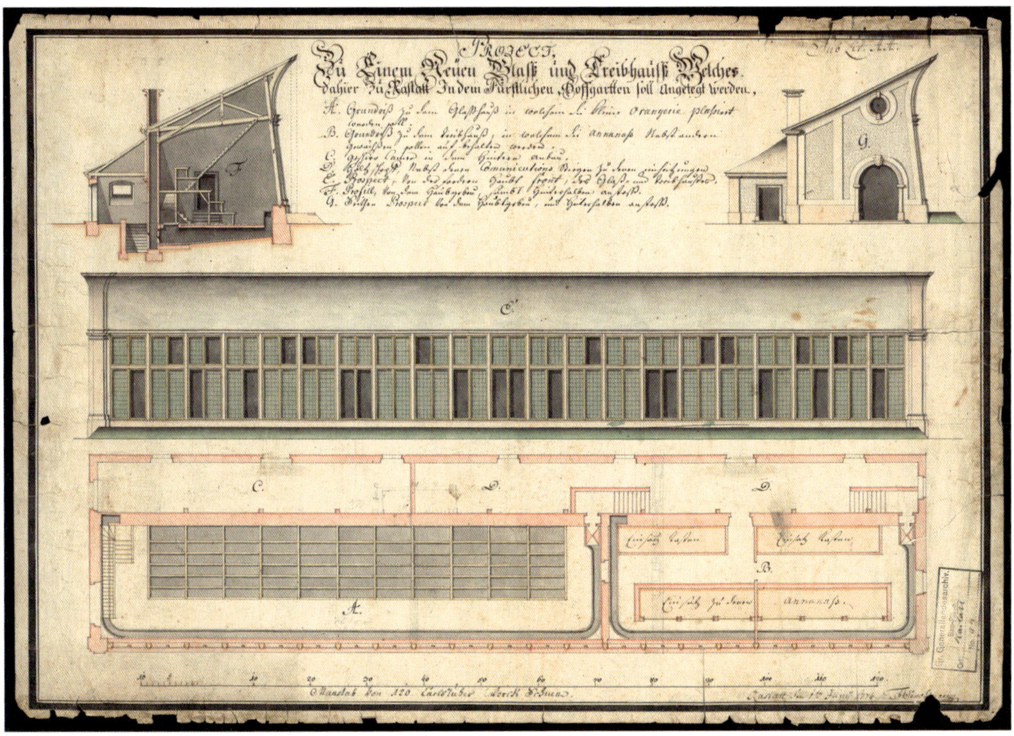

*Entwurf des Treibhauses von 1775, in dem Zitrusfrüchte und Ananas gezogen werden sollten.*

*Die Landkirche als Hauptaufgabe Krohmers in der Sakralarchitektur*

Auch im kirchlichen Bereich verlagerten sich die Bauaufgaben im Verlauf des 18. Jahrhunderts zugunsten kleinerer Bauten, und die Dorfkirchen bestimmten das markgräflich-badische Bauwesen zur Zeit Krohmers. Auch heute noch prägen die von Krohmer gebauten Pfarrkirchen mit ihren hoch aufragenden Kirchtürmen die Landschaft der ehemaligen Markgrafschaft. Gefördert von der Aufklärung mit ihrer Aufwertung des Individuums nahmen die Seelsorge und damit der Pfarrkirchenbau in den einzelnen Gemeinden des Herrschaftsgebiets in der zweiten Hälfte des Jahrhunderts einen großen Aufschwung.

Im Klosterbauwesen nahm der Rastatter Bauinspektor den weltlichen Großbauten entsprechend hauptsächlich Umbauten und Erweiterungen vor. Eine Ausnahme bildet das im Zweiten Weltkrieg zerstörte Frauenkloster in Rastatt, das Krohmer 1767 als kompletten Neubau einschließlich Kirche errichtete. In dem Kloster wurden in einer Ordensschule Mädchen unterrichtet.

Die ländlichen Kirchenbauten Krohmers nahmen mit der Pfarr- und Wallfahrtskirche Maria Hilf in Gaggenau-Moosbronn ihren Anfang und endeten mit der abgegangenen Kirche in Forbach von 1788. Die Fassaden der Moosbronner und der darauffolgenden Pfarrkirche in Appenweier (1748) gehen noch deutlich auf Vorbilder im Landkirchenbau Balthasar Neumanns zurück. Die wohl bedeutendste Landkirche Krohmers in Bühl-Kappelwindeck, die er ab 1763 errichtete, zeigt dagegen in der Fassadengestaltung eher Verwandtschaft mit der von Johann Peter Ernst Rohrer gebauten Stadtpfarrkirche St. Alexander in Rastatt. Bei der Vergrößerung der Kirche 1910–1912 wurde dem Saalbau ein Querschiff eingefügt und der Chor des Krohmerschen Baus abgetragen. Die dreiseitige Chorapsis wurde, nach Osten versetzt, nach altem Vorbild wieder aufgebaut, enthält aber nicht mehr wie im barocken Original die querovale Sakristei, die Krohmer dem Altarraum im Inneren angehängt hatte.

*Das Gotteshaus in Kappelwindeck gilt als die bedeutendste Landkirche von Franz Ignaz Krohmer. Aufnahme vor dem Umbau 1910/12.*

Seine Landkirchen vertreten einen Typus, den Krohmer bis in die achtziger Jahre in Varianten beibehielt. Seine Grundform definiert sich als rechteckige Saalkirche mit eingezogenem, dreiseitig geschlossenem Chor. Die Fassade dieses Kirchentyps ist in der Regel dreiteilig und besitzt einen dreigeschossigen, vorspringenden Turm, dessen Höhenzug durch eine mehrteilige Zwiebelhaube mit Laterne unterstrichen wird.

Auf diesen Grundtypus griff der Baumeister auch für den Entwurf der Pfarrkirche St. Erhard in Rheinmünster-Stollhofen zurück. Obwohl der Architekt der ab 1769 gebauten Kirche nicht urkundlich verbrieft ist, kann sie stilistisch eindeutig Franz Ignaz Krohmer zugeschrieben werden. Und das nicht zuletzt wegen ihrer Verwandtschaft mit den Plänen für St. Dionysius in Ettlingenweier[10], die Krohmer 1770 fertigte.

### *Unterschiedliche Aufgaben des Hofbaumeisters und Bauinspektors Krohmer*

Eine Fülle unterschiedlicher Bauaufgaben im Bereich der sakralen und profanen Kleinarchitektur bestimmte das Bauwesen der Markgrafschaft unter Krohmers Leitung. Sie reichte vom Spital bis zur Weinkelter. Unter den überwiegend zweckmäßig gestalteten Pfarrhäusern ragt das 1769 errichtete Haus in Bühlertal heraus. Es ist noch als Pfarrhof mit Scheune und Garten erhalten und wurde restauriert, um als Vereinshaus genutzt werden zu können. Das Gebäude diente als kombiniertes Pfarr- und Schulhaus und wurde von Krohmer für diese doppelte Nutzung entworfen. Bis auf die Entfernung der einmaligen Trennung des Dachbodens in zwei Speicher für den Pfarrer und den Lehrer wurde das Haus denkmalgerecht saniert und bietet ein anschauliches Beispiel für einen Pfarrhof aus der zweiten Hälfte des 18. Jahrhunderts und für die Vereinbarkeit von moderner Nutzung und Denkmal.

Als eine der Bauaufgaben entwarf Krohmer das Portal für den ehemaligen Amtshof in Offenburg, der im zweiten Jahrzehnt des 18. Jahrhunderts von dem Hofarchitekten Michael Ludwig Rohrer errichtet worden war. Das Geld für das Portal wurde erst 1756 bewilligt, und Krohmer fügte dem Sitz des Landvogts der Ortenau einen kräftigen, Akzent setzenden Mittelteil mit Portal, Balkon und einem vom markgräflichen Wappen gesprengten Giebel ein.

Ein Beispiel für einen Zweckbau in herrschaftlichen Formen bietet das im 20. Jahrhundert abgerissene Spital in Baden-Baden, das sich an der Stelle der heutigen Caracalla-Thermen befand. Krohmer verband 1763 das an die spätgotische Spitalkirche angebaute Pfründnerhaus und die Schaffnerei mit einem Mitteltrakt. Er gestaltete den Trakt mit einem übergiebeltem Mittelrisalit mit geschossübergreifenden Kolossalpilastern, einem Mezzaningeschoss und einem Mansarddach mit überdachten Ochsenaugen. Es entstand eine dreiseitige Flügelanlage, die an barocke Schlossanlagen mit Ehrenhof erinnert.

Für die Stadt Baden-Baden baute Krohmer 1767 auch das Promenadehaus, das heute noch im Kern vorhanden ist und 1822 von Weinbrenner in den Neubau des Konversationshauses miteinbezogen wurde.

Auch der Entwurf Krohmers für den „herrschaftlichen Frucht Speicher“ in Rastatt, dessen Entwurf[11] er im April 1788 als sein letztes bekanntes Werk anfertigte, zeigt trotz der ökonomischen Bestimmung des Gebäudes die Verwendung von Formen aus dem Herrschaftsbereich. Dazu gehören das Mansarddach, ein durch einen geringeren Abstand zwischen den Fassadenachsen akzentuierter Mittelteil und Blendfelder mit Rauputz als Dekorationselemente. Die Ausführung der Planung wurde wohl durch die Unruhen der Französischen Revolution vereitelt.

## *Vom Spätbarock zum Frühklassizismus – die stilistische Entwicklung anhand der Wandgestaltung*

Der Rastatter Getreidespeicher markiert zugleich das Ende einer Entwicklung in der spätbarocken und frühklassizistischen Wandgestaltung, die zunehmend flächig wurde. Dementsprechend tritt der Mittelteil des Speicherbaus nicht mehr risalitartig hervor und gliederte Krohmer den Bau nicht mehr mit Wandvorlagen wie Pilastern oder Säulen, sondern nur noch mit Fenstern und vertieften Feldern. Die Wand wird stärker betont und als Raumgrenze deutlich gemacht, was zur geforderten Klarheit des in Süddeutschland um 1770 aufkommenden, frühen Klassizismus passt.

Der Übergang vom späten Barock zum Klassizismus macht sich in der Fassadengestaltung zunächst auch in der Einbindung der runden Elemente in eine übergeordnete, orthogonale Gliederung bemerkbar.[12] Dabei werden die barocken Rundungen durch Blendfelder „abgefangen“ und durch deren gerade Seiten in das rechtwinklige Gliederungssystem übersetzt. Diese „Übersetzung“ wurde von Krohmer in den Kirchenbauten von Ötigheim (1776) oder Forbach (1788) angewandt. Dazu treten als Merkmale einer frühklassizistischen Wandgestaltung eine zunehmende Rustizierung der Fassaden, deren Rustika mit betontem, tiefliegendem Fugenschnitt versehen wird, wie sie auch die Entwürfe Krohmers für einen Neubau der Pfarrkirchen in Weisenbach von 1778[13] und Baden-Baden-Haueneberstein von 1781[14] zeigen.

## *Bauten außerhalb der Markgrafschaft*

Dass Krohmer als Architekt in der Markgrafschaft anerkannt war, steht fest, denn er wurde 1781 zu einem Wettbewerb für den Rathausneubau von Winterthur in der Schweiz hinzugezogen. Der baden-badische „Hofmechanicus“ und Rechnungsrat Johann Sebastian von Clais, der seinen Wohnsitz nach Winterthur verlegt hatte, vermittelte ihn dorthin. Für den Rathausneubau hat sich im Stadtarchiv Winterthur ein signierter Grundrissplan von Krohmer erhalten, der nicht realisiert wurde.

*Würdigung*

Im Jahr nach seinem letzten Entwurf für den Fruchtspeicher in Rastatt starb Krohmer als angesehener Hofbeamter, der die Kammerjungfer der Markgräfin Elisabeth Augusta von Baden-Baden geheiratet und mit ihr sieben Kinder, von denen drei überlebten, gezeugt hatte. Mitglieder der markgräflichen Familie und des Hofes bezeugten als Paten die Taufe seiner Kinder. Nach seinem Tod hinterließ der *„architectus aulicus et rei aed.(ifici)"* eine *„modellmäßige Behausung und kleine Hoffraith"* in unmittelbarer Nähe des Rastatter Schlosses in der heutigen Herrenstraße Nr. 9.

Er hinterließ ein Werk, das in seiner Vielseitigkeit von Schlossbaulichkeiten über Kirchenbauten bis zu Gefängnissen und zum Vermessungswesen reicht. Es läßt sich nicht vergleichen mit dem Werk eines Nicolas de Pigage, Pierre Michel d'Ixnard oder Franz Ignaz Michael Neumann, also gleichzeitiger Architekten, die in Paris ausgebildet wurden und die in Frankreich wurzelnden Neuerungen in der Baukunst unmittelbar in ihre Bauten einbringen konnten. In seiner regionalen Bedeutung jedoch ist das Werk Krohmers nicht aus der Baugeschichte und Kulturlandschaft des Oberrheins wegzudenken und verdient – wenn es noch existiert – bewahrt zu werden.

**Anmerkungen**

1 GLA Karlsruhe, G Rastatt 5.
2 GLA Karlsruhe, Rentkammerprotokoll vom 12.07.1745
3 GLA Karlsruhe, G Rastatt 7a.
4 Entwurf: GLA Karlsruhe, G Rastatt 9.
5 GLA Karlsruhe, G Rastatt 34.
6 TSCHIRA, Arnold: Orangerien und Gewächshäuser. Ihre geschichtliche Entwicklung in Deutschland, Berlin 1939, S. 80.
7 GLA Karlsruhe, 220/64.
8 BRINKMANN, Jens-Uwe: Südwestdeutsche Kirchenbauten der Zopfzeit, Köln 1972, S. 32.
9 GLA Karlsruhe, G 1, 2-4.
10 GLA Karlsruhe, G Ettlingenweier 1-10.
11 GLA Karlsruhe, 220/76.
12 WÖRNER, Hans Jakob: Architektur des Frühklassizismus in Süddeutschland, München/Zürich 1979, S. 278.
13 GLA Karlsruhe, G Weisenbach 2.
14 GLA Karlsruhe, G Haueneberstein 3.

# Repräsentation als erstes Ziel

## Die Baugeschichte des Schlosses Rastatt

**von Wolfgang Stopfel**

*"... wie dann die Newe gedancken ... aufs Papier gebracht, welche von Einer solchen Simitri und Magnificentza, daß ich mir getrawe mit unt[er]th[änig]stem Respect zue sagen, daß es auf diesem Spacio keiner nicht besser würdt finden khönnen ..."* und *"... so es zum Standt khommet, die gantze Welt apropieren und sagen würdt, daß dießes nicht allein in Teutschland, sondern auch in Italiam eines von den schönsten Gebäwen seye ..."*[1]. So lobt Domenico Egidio Rossi in einem Brief an den Markgrafen Ludwig Wilhelm vom 9. März 1700 seinen endgültigen Entwurf für die Ausführung der Mittelgruppe aus Treppenhaus und Hauptsaal für das Schloss in Rastatt. Er reagiert damit auf einen Vorschlag des Markgrafen, im Mittelbau des Schlosses Hauptsaal und Treppenhaus nebeneinander, nicht hintereinander anzuordnen und damit die Symmetrie für den repräsentativsten Teil des Schlosses aufzugeben.

Dagegen setzt Rossi seinen großartigen symmetrischen Entwurf. Dass das Lob seiner Erfindung berechtigt ist, beweist der Vergleich mit anderen süddeutschen Barockschlössern.[2] Die Rastatter Lösung mit den zwei symmetrischen Treppenhäusern hatte Rossi bereits im kleineren Maßstab in seinem Gartenpalais Liechtenstein in Wien geplant. Dort allerdings führen die beiden Treppen direkt in den Saal, während sich in Rastatt die beiden Treppenhäuser in einem großzügigen Vorsaal vereinigen. Die allein der Repräsentation dienende Rastatter Raumgruppe umfasst nicht nur die fünf Achsen des erhöhten Mittelbaues, sondern auch die drei jeweils anschließenden Achsen, bei denen die Fenster des Erdgeschosses in Rundbogenblenden liegen. Das sind insgesamt elf von den 23 Achsen der gesamten Fassade.

### *Errichtung des Jagdschlosses*

Die Baugeschichte des Rastatter Residenzschlosses begann bereits 1697 mit der Planung für ein viel bescheideneres Jagdschloss. Die vor allem wegen der kaum vorstellbar kurzen Planungs- und Bauzeit so erstaunlichen Daten für das Rastatter Schloss sind in einer ganzen Reihe von Publikationen bereits zusammengetragen worden. Sie sollen hier nicht alle wiederholt werden. Die Dissertation von Hans-Detlef Rösiger "Durlach und Rastatt" und die von Gerhard Peters, ergänzt durch die schon früher erschienene Quellenpublikation durch Karl Lohmeyer und vor allem durch Günter Passavants "Studien über Domenico Egidio Rossi ..." und die Bearbeitung der Pläne zum Gartenpalais Liechtenstein durch Hellmut Lorenz und Georg Rizzi haben ein höchst umfangreiches Plan- und Quellenmaterial zugänglich gemacht, das mehreren Führern zum Rastatter Schloss als Grundlage diente.[3]

Im Winter 1696/97 hielt sich Markgraf Ludwig Wilhelm mit seiner Gattin in Wien auf. Bei dieser Gelegenheit muss er wohl den Bologneser Quadraturmaler und Architekten D. E. Rossi kennengelernt haben. Dessen von Passavant veröffentlichte Skizzenblätter und Entwurfspläne waren vielleicht Gegenstand damals geführter Besprechungen. Rossi war zu diesem Zeitpunkt an vielen Projekten tätig, aber die Ausmalung eines Gartensaales für einen Grafen Czerny, zu der er sich vertraglich verpflichtet hatte, war noch immer nicht weitergeführt worden. Als Graf Czerny ihn deswegen verklagte, verschwand Rossi aus Wien. Den *"wort-, glaubens- und kontraktbrüchigen derzeit flüchtigen Rossi"* hatte der Markgraf von Baden abgeworben, was der Graf Czerny sicher sehr gut wusste.

*Die 1699 entstandene Karte von Rastatt und Umgebung zeigt das Jagdschloss, den projektierten Schlosspark und die Umrisse der geplanten Festungsanlage.*

Bereits im Dezember 1697 erscheint der Name des Baumeisters Rossi zum ersten Mal in den Rastatter Hofkammerprotokollen; im März 1698 kommt er mit seinem Bauführer Mazza in Rastatt an. Sie sollen ein Jagdschloss errichten, als nördlichen Eckpunkt eines Tiergartens, den der Markgraf plante und der einen erheblichen Teil seiner Markgrafschaft umfasste, der durch den Krieg weitgehend verwüstet und entvölkert war. Auch der Marktflecken Rastatt, wo das neue Jagdschloss entstehen sollte, war im Jahre 1689 weitestgehend zerstört und wohl nur Weniges in den zehn Jahren bis zum Baubeginn des Jagdschlosses wieder aufgebaut worden.

Für die Errichtung eines Schlosses war die Topografie dieses Platzes besonders geeignet, denn die Ortschaft lag am Rande des Hochgestades, einer Geländestufe, die, wenige Meter hoch, die hier von der Murg durchflossene feuchte Rheinebene begrenzte. Auf dieser Geländestufe des Hochgestades sollte das Schloss errichtet werden, also etwas höher gelegen als der Ort, der seinen baulichen Schwerpunkt entlang der Straße hatte, die unterhalb des Hochgestades verlief. Eine sehr große farbige Karte von Rastatt und seiner Umgebung, die sicher in das Jahr 1699 datiert werden kann, zeigt deutlich die topografische Situation und den Umriss des wohl gerade begonnenen Jagdschlossbaues mit seinen Nebengebäuden. Das Schloss ist ein freistehender rechteckiger Bau mit zwei Eckrisaliten, die an der Vorder- und Rückseite hervortreten. Es wird begleitet von winkelförmigen Nebengebäuden, die sich in zwei langen schmalen Trakten noch über den Rand des Hochgestades hinaus fortsetzen, also eine Verlängerung des Grundstücks durch eine Geländeauffüllung voraussetzen. Zusammen mit dem Schlossbau begrenzen sie einen großen, nahezu quadratischen Platz. Wir ahnen hier schon die Gestalt des späteren Rastatter Residenzschlosses, und tatsächlich sind dessen beide Flügelbauten diejenigen des Jagdschlosses, natürlich erheblich verändert.

Hinter dem Schlossgrundriss ist, axial auf das Schloss bezogen, eine riesengroße rechteckige Fläche ausgewiesen, offensichtlich ein erster Plan für einen Schlosspark. Links vom Schloss ist, ebenfalls auf dem Hochgestade, die vielleicht schon wieder benutzbare Kirche des Ortes eingezeichnet. Eine ganze Gruppe von Häusern oder deren Ruinen auf dem Areal des geplanten Schlosses musste wohl erst abgebrochen werden. Markiert sind schon die freigeschlagene Schneise, die die Mittelachse der Schlossanlage nach Westen und Osten fortsetzt, und die Umrisse einer Festungsanlage, die Gemeinde und Schloss umzieht, von der aber nur kleine Teile als vielleicht schon begonnen charakterisiert sind.

Detaillierte Grundrisse des Jagdschlosses selbst, die in der Plansammlung der Kunsthalle Karlsruhe aufbewahrt werden, zeigen, dass der Bau einen Mittelsaal besaß, der nur über eine äußere Freitreppe zu erreichen war, der eine umlaufende Empore aufwies und über dem Dach mit einem pavillonartigen Aufbau endigte, durch den der Saal wohl auch Licht erhielt. Diese Gestaltung war sicher nicht ohne Einfluss auf die Gestaltung des Mittelsaales des Schlösschens Favorite durch Johann Michael Rohrer, den Nachfolger Rossis.

Die Ansicht des Jagdschlosses ist nur in einem Kupferstich überliefert, den es in Karlsruhe ohne Schrift, in Fano mit einer Beschriftung gibt. Rossis Entwurf, den er als Kupferstich – nachträglich – mit Stolz zur Veröffentlichung bestimmte, war das Ergebnis einer sehr ausgedehnten und weit ausholenden Entwurfstätigkeit. Passavant hat die Skizzenblätter und Plansätze, die sich erhalten haben, akribisch untersucht und gedeutet. Sie beweisen, dass der Bologneser Malerarchitekt Rossi eine große Kenntnis der zeitgenössischen Architekturen in Wien, aber auch der – mindestens durch Stiche vermittelten – Schloss- und Palastbaukunst in Italien – in Rom, in Bologna, in Turin – und wohl auch in Frankreich besaß. Seine teilweise riesigen geplanten Anlagen wären allerdings für ein Jagdschloss erstaunlich aufwendig gewesen. Aus diesem Grunde hat man sie auch mit der Bewerbung des Markgrafen um die polnische Königskrone in Verbindung gebracht, die erst mit der Wahl des sächsischen Kurfürsten im Juni 1697 endgültig gescheitert war. An das ja auch erst später zum Residenzschloss bestimmte, als Jagd- und Lustschloss geplante Schönbrunn hat man ebenfalls gedacht.[4] Rossi schrieb einmal von der Möglichkeit, in Schönbrunn einen Auftrag für Malerei zu erhalten.

Jedenfalls spricht die schiere Größe und der Aufwand, der im Zusammenhang mit der Rastatter Planung getrieben wurde, für den kaisernahen Anspruch des Reichsfürsten Ludwig Wilhelm für sein geplantes Schloss.

Aus all den Studien Rossis entstand ein recht origineller Entwurf für das Jagdschloss Rastatt. Nur den eigentlichen Hauptbau stellt der Kupferstich dar. Die Kenntnis der Ansichten der für die Nutzung des Schlosses unentbehrlichen Nebengebäude musste aus der Zusammenschau der Grundrisse mit den überlieferten Detailskizzen Rossis und den im heutigen Bau erhaltenen Altbauteilen gewonnen werden. Das Jagdschloss hatte nur ein Voll-

*Kupferstich des Jagdschlosses von Domenico Egidio Rossi. Exemplar aus Fano mit Beschriftung.*

und ein Mezzaningeschoss, ein flaches oder jedenfalls hinter einer Balustrade nicht sichtbares Dach, eine große Freitreppe auf ovalem Grundriss, einen pavillonartigen Dachaufbau über dem Mittelsaal und zwei (oder vier?) kleinere Pavillons über den jeweils äußeren beiden Achsen des Baues, die auf der Vorder- und Rückseite als betonte Risalite vorspringen. Die Nebengebäude, mit dem Hauptbau nicht verbunden, waren einstöckig vorgesehen mit platten Dächern. Zwei langgestreckte, einander gegenüberliegende Flügelbauten, wohl mit einer vorgesetzten Kolonnade, die in der Flucht des Hauptbaues vom Schloss weg nach außen geknickt waren, führten zu relativ umfangreichen Nebenbauten, die um kleine Höfe angeordnete ebenerdige Apartements enthielten. Die beiden Enden der Flügelbauten waren mit Pavillonpaaren besetzt, die den Pavillons auf dem Hauptbau in kleinerem Maßstab entsprachen: Es war eine luftig-freundliche, in Einzelbauten aufgegliederte Schlossanlage in Art einer italienischen Villa. Sie sollte die neu anzulegende Stadt Rastatt bekrönen. Mit den ausgedehnten, zu flachen Dächern war sie allerdings wohl nicht ganz gut für das Klima nördlich der Alpen geeignet.

Nach dem Baubeginn im Frühjahr 1698 waren die Bauarbeiten am Jagdschloss sehr zügig vorangegangen, obwohl die äußeren Umstände in der von vielen Kriegsereignissen heimgesuchten und entvölkerten kleinen Markgrafschaft Baden-Baden für die planmäßige Ausführung eines so großen Bauvorhabens alles andere als günstig waren. Es fehlte sicher an qualifizierten Handwerkern, und die insgesamt nur etwa tausend verfügbaren fronpflichtigen Bauern konnten und wollten niemals die von Rossi in seine Kalkulation eingestellten Fronarbeitstage leisten. Rossi soll – wofür noch keine schriftliche Quelle nachgewiesen werden konnte – viele Arbeiter aus Italien nach Rastatt geholt haben. Für die Ziegelbrenner hat Martin Walter dafür die Nachweise geliefert.[5] Nur durch die Verwendung von Ziegelsteinen als Baumaterial war das rasante Bautempo überhaupt möglich. Der ortsübliche Bruchsteinbau hätte viel länger gedauert. Jedenfalls waren nach knapp einem Jahr Keller und Erdgeschoss des Schlosses einschließlich der mittleren sala terrena fertig. Auch das halbe Obergeschoss war im Rohbau vollendet, ein Appartement in einem der Flügelbauten bereits bis zum Dach gediehen, so dass der Markgraf schon plante, im nächsten Frühjahr zeitweilig dort Wohnung zu beziehen. Rossi hielt es für möglich, bis zum Ende des Jahres 1699 alle Gebäude unter Dach zu haben.

Etwa aus diesem Jahr stammt das zweite kleine Plänchen, auf dem der Grundriss des Jagdschlosses überliefert ist. Das aquarellierte Blatt ist eine Kopie, vermutlich nach einer Vorlage von Rossi. Auf ihm sind die fertiggestellten Teile des Baues markiert, das ganze Erdgeschoss des Hauptbaues und die Appartements im Gartenflügel, die der Markgraf zu beziehen gedachte, dazu ein Stallgebäude für die damaligen "Verkehrsmittel". Alles Übrige ist nur ganz schematisch angegeben – nun auch die mit dem Schloss anzulegende Planstadt. "Reguliertes" Bauen war schon seit mindestens 1698 auch für Rastatt angeordnet: Ein Dekret des Markgrafen vom 6.8.1698 gewährt demjenigen, *"so in diesen dreyen Oertern, Baaden, Ettlingen und Rastatt, allwo Unsere Residenz, und respective Jagdhauß seyn werden"*, ihre Häuser in Stein nach dem gemachten Modell innerhalb von drei Jahren errichten, Abgabefreiheit und Gratis-Bauholz. Eine Stube und Kammer müssen sie aber für Hofbediente mietfrei vorhalten. Sich dieser Sache anzunehmen, bittet der Markgraf seinen Architekten Rossi in einem Brief vom April 1701.[6] Dieser hatte schon im März 1699 eine *"pianta della fabbrica di Rastatt e di tutta la nuova città"* überschickt. Der barocke Stadtplan mit den schräg vom Schloss ausgehenden Straßen stammt also wohl von ihm.

Der Grundriss des Jagdschlosses auf dem nach Rossi kopierten Plan ist mit einer Fläche umrandet, die breiter und länger ist als das Schloss und unmittelbar an die Flügelbauten anschließt. Diese auch zur Datierung des Planes nützliche Schemazeichnung führt uns zurück zur weiteren Baugeschichte des Schlosses von Rastatt.

### *Bau des Residenzschlosses*

Sein Ziel, alle Gebäude des Jagdschlosses bis Ende 1699 unter Dach zu haben, hatte Rossi bereits erreicht oder er stand kurz davor, als er im Dezember zum Markgrafen nach Schlackenwerth beordert wurde. Das Ergebnis der Besprechung wurde im Januar in Rastatt bekannt. Größere Holz- und Ziegellieferungen mussten ausgeschrieben werden, die Ämter wurden ermahnt, die Organisation der Frondienste mit mehr Eifer zu betreiben, weil das herrschaftliche Gebäude erweitert werden müsste. Das Wort "Erweiterung" entspricht jedoch nicht der ganzen Wahrheit. Es war keineswegs an eine Erweiterung des schon weitgehend fertiggestellten Jagdschlosses gedacht, sondern ein ganz neues Schloss sollte errichtet werden, ein Residenzschloss, denn der Markgraf hatte beschlossen, seine Residenz nach Rastatt zu verlegen. Residenzschloss und Residenzstadt sollten befestigt werden. Es heißt, im Jahre 1700 seien 1500 Soldaten und 300 Seegräber, also Tiefbauarbeiter, beim Festungsbau um Rastatt beschäftigt gewesen. Vielleicht halfen sie auch beim Bau des Schlosses mit, der ja gleichzeitig anlief. Für das neue, größere Residenzschloss lieferte Rossi sogleich Pläne, die im März 1700 bereits so weit gediehen waren, dass er seinen Bau dem Markgrafen mit dem ganz zu Beginn dieses Beitrags zitierten Brief vorstellen konnte. Von den teilweise fantastisch großen, vielfach gegliederten und schmuckreichen Entwürfen auf den früheren Skizzenblättern war nun nicht mehr die Rede; Rossi lehnte sich nun in der blockhaften Gestaltung des Hauptbaues und in der zentralen Raumgruppe von Treppenhaus und Saal sehr stark an seinen Entwurf für das Gartenpalais Liechtenstein an – allerdings natürlich in der einem Residenzschloss angemessenen Vergrößerung. Mit der Übernahme der Flügelbauten des Jagdschlosses war wenigstens zeitweilig auch eine Nutzung von Räumen während der Bauzeit möglich; der Baugrund des Schlosses war ohnehin vorbereitet. Dort setzte also mit Beginn des Jahres 1700 ein Rückbau ein; das im Rohbau fertige Jagdschloss wurde abgetragen. Dabei wurden offensichtlich Bauteile, vor allem aus Sandstein, wie Fensterumrahmungen und -bekrönungen, vielleicht auch Gesimsteile und Konsolen, die bereits

*Entwurf der Ehrenhoffassade des Schlosses Rastatt von Domenico Egidio Rossi.*

versetzt oder vorbereitet waren, ausgebaut und wiederverwendet. Während der letzten Restaurierung konnte festgestellt werden, dass am Residenzschloss bei vielen Fenstern nur einige Teile wirklich aus Sandstein bestehen, der Rest der Rahmen und Bekrönungen aber in Stuck ergänzt wurde.[7] Die in der Literatur zu findende Angabe, dass alte Fundamente weiterverwendet worden seien, kann nicht zutreffen, weil der Bau nach allen vier Seiten hin vergrößert wurde. Die heute vorhandenen, mit gemauerten Stützbögen versehenen Fundamente wurden also für den bestehenden Bau neu gelegt. Erhalten vom Jagdschloss sind dessen Keller samt den Zugangstreppen. An der Ausdehnung der Kellerräume lassen sich noch recht gut die Dimensionen des Jagdschlosses ablesen. Mit den Kellerzugängen war allerdings das Erdgeschossniveau des Jagdschlosses auch für den vergrößerten Bau bindend. Der geplante Anschluss der vorhandenen Flugel legte auch die Raumhöhe für das Erdgeschoss fest. Beides waren sicher zusätzliche Erschwernisse für die Entwurfsarbeit.[8] Abtrag des alten und Aufbau des neuen Schlosses gingen so nahtlos ineinander über, dass Rossi im Oktober 1700 bereits ankündigen konnte, vor dem Winter die Hälfte des Gebäudes unter Dach zu haben, die andere Hälfte innerhalb von zwei Monaten im nächsten Frühjahr. Das ist ein nahezu unglaubliches Bautempo. Natürlich war auch das wieder ein Backsteinbau.[9] Die ursprünglichen Zimmerdecken des Rossi-Baues waren die in Wien üblichen Dübeldekken aus eng aneinanderliegenden Balken, die durch Dübel verbunden waren. Für diese Art von Decken war sehr viel mehr Holz erforderlich als für Einschubdecken aus weit verlegten

Balken und dazwischen eingeschobenen Brettern. Neben wiederverwertbarem Holz aus dem Jagdschlossbau waren für das viel größere Residenzschloss natürlich wiederum große Mengen von Holzbalken notwendig. Sie ablagern zu lassen, fehlte die Zeit, denn der Markgraf drängte beständig auf Beschleunigung des Baues. Schon wenige Jahre nach dessen Fertigstellung allerdings stellten sich Bauschäden ein, die auch auf die Verwendung nicht abgelagerten Holzes zurückgeführt wurden. Noch gravierender aber wirkte sich das Bestreben Rossis aus, dem Schloss das Ansehen eines Flachdachbaues zu geben. Aus diesem Grunde ließ er das Gebäude ganz mit Steinplatten decken, nur über den eigentlichen Zimmerfolgen wurden sehr flache Walmdächer angeordnet, die von der Dachbalustrade für die Sicht von unten verborgen waren. Die Plattendächer waren nie dicht; ständig drang Wasser in das Gebäude ein und führte zur Verrottung der Balkendecken. Einen solchen gravierenden Baufehler kann man sicher nicht dem geforderten Bautempo anlasten. Zu Rossis Entlastung aber muss gesagt werden, dass das Ideal eines mit einer figurenbekrönten Balustrade gerade abgeschlossenen Gebäudes auch anderswo zum schadenträchtigen Versuch führte, die Dächer so zu gestalten, dass sie die ideale Ansicht nicht stören würden.[10]

Der Hauptbau des Rastatter Schlosses war spätestens Ende 1702 unter Dach. Die Ausbauarbeiten im Innern hatten aber schon viel früher begonnen. Die markgräfliche Familie und der Hofstaat hatten bereits 1701 ihren Wohnsitz in Rastatt genommen, sicherlich in den Appartements der nördlichen Flügelbauten. 1702 wich der Hof wegen der Bauarbeiten noch einmal in das inzwischen wiederhergestellte Schloss von Baden-Baden aus, um 1705 endgültig die Residenz Rastatt zu beziehen. Im Januar 1707 starb der Markgraf Ludwig Wilhelm, kurze Zeit später räumten die deutschen Truppen die Stollhofer Linien, die Franzosen besetzten Rastatt, und die Markgräfin wich mit ihrer Familie in ihr Schloss Ettlingen aus.

Erst nach dem Friedensschluss von 1714 kehrte sie endgültig nach Rastatt zurück. Der Architekt D. E. Rossi war schon 1707 zurück nach Italien gegangen. Sein Nachfolger, Michael Ludwig Rohrer, war auch in Abwesenheit der Markgräfin mit Bau- und auch schon Instandsetzungsarbeiten am Rastatter Schloss betraut. Ganz kurz nach Rossis Weggang wurden schon die ersten Feuchtigkeitsschäden am Holzwerk festgestellt. Eine zusammengerufene Kommission befand, dass sie auf Baufehler des italienischen Architekten zurückzuführen seien, und man wollte ihn deshalb zum Schadenersatz verpflichten. Dazu ließ man ihn in Italien verhaften; über Weiteres ist nichts mehr überliefert.

Sein Bau aus dem ersten Jahrzehnt des 18. Jahrhunderts und damit das früheste unter den großen süddeutschen Barockschlössern ist in einem erstaunlichen Umfang in seiner ursprünglichen Baugestalt erhalten. Noch heute ist es möglich, seine ursprüngliche architektonische Gestalt in ihrer speziellen Ausprägung und in ihrem offensichtlichen Ziel zu erkennen, ein sehr repräsentatives, in seiner Großartigkeit die Zeitgenossen beeindruckendes Monument zu schaffen. Repräsentation war sicherlich das erste Ziel des Baues, Nutzbarkeit oder gar Bewohnbarkeit wohl von sekundärer Bedeutung.

### *Bauliche Veränderungen vor 1771*

Die nicht sehr gravierenden, aber doch einigermaßen umfangreichen Korrekturen an der Architektur des Schlosses in der Zeit bis zum Übergang der Regierung an Baden-Durlach 1771 sind in schriftlichen Quellen kaum belegt. Beobachtungen am Bau selbst können zwar eine Aussage über Art und Umfang der Baumaßnahmen liefern, diese Maßnahmen aber nur schwer zeitlich einordnen.

Die Verlängerung des Residenzschlossbaues gegenüber dem Jagdschloss und das Vorschieben seiner Westwand bis an die östlichen Pavillons der Hofflügel vom Jagdschloss machte deren Veränderung notwendig; ihre Ostwände wurden in die Außenwand des corps de logis integriert. Im Erdgeschoss und in der Beletage verbanden Türen nun den neuen Hauptbau mit den ehemals freistehenden Flügelbauten. Die in Rossis großem Fassadenriss zusammengezeichnete Ansicht der Flügelpavillons mit der Front des Hauptschlosses sieht harmonischer aus als die Wirklichkeit: Die in die Hauptbaufassade eingebundenen, ehemals zierlichen Pavillons der Seitenflügel erscheinen nun unangenehm eingeklemmt. Aus formalen Gründen sicherlich ausgeschlossen wäre es gewesen, die nun an das hohe Schloss angehängten Flügel einstöckig zu belassen. Sie hatten vorher nur an der Rücksei-

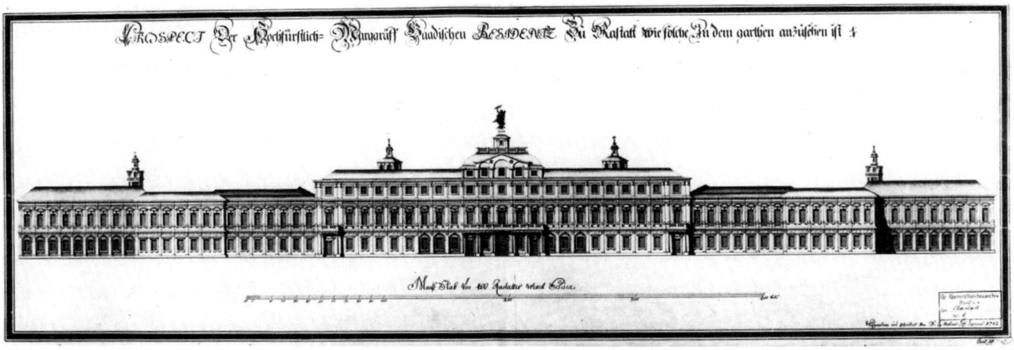

*Gartenfront des Schlosses Rastatt. Idealansicht, gezeichnet von Franz Ignaz Krohmer.*

te ein niedriges Erdgeschoss und ein niedriges Mezzaningeschoss, die zusammen nur die Höhe des Vollgeschosses an der Hofseite erreichten. Nun blieben zwar die Pavillonpaare wohl vorläufig bestehen, sie begrenzten jetzt aber die 14 Achsen breite Front mit einem zweiten Vollgeschoss, das vielleicht auch schon nicht mehr mit Platten gedeckt, sondern mit einem Satteldach versehen wurde. Diese Aufstockung der Flügel könnte noch zu Rossis Zeit geschehen sein – ein Datum dafür gibt es nicht; auf seinem Fassadenplan ist davon nichts zu sehen. Er zeigt den Ansatz einer Terrasse hinter den Pavillons; nicht einmal die Kolonnade vor den Flügeln ist dargestellt. Wie der westliche Abschluss der Hofflügel und des aufgeschütteten Hofes gegen die Stadt zu Rossis Zeiten aussahen, wissen wir nicht. Jedenfalls wurde schon 1701 im Erdgeschoss an der Westfront des südlichen Hofflügels ein Appartement fertiggestellt. Die Ausnutzung der Geländestufe des aufgeschütteten Hofes für die langgestreckten Räume für die Schlossgarde, wie wir sie heute vorfinden, schlug Rossi schon 1701 in einem Brief dem Markgrafen vor. Aber erst 1721 wurden sie mit Steinplatten eingedeckt und erhielten die Balustrade mit den Figuren.[11] Kein sicheres Datum gibt es für die Aufstockung aller einstöckigen Bauten der sehr ausgedehnten, um mehrere Höfe gruppierten Gartenflügel rechts und links des Hauptbaues. Der nördliche Teil, Sibyllenbau genannt, wird in dem Reisebericht Uffenbachs 1712 als fertig, aber wie das Schloss unmöbliert geschildert als die "Gemächer der Markgräfin", also ihr Witwenflügel. Damit können wohl nur Räume im Obergeschoss, nicht im alten Erdgeschoss gemeint sein.[12] Sicherlich fertig und längst bewohnt war das Appartement der Markgräfin im Nordflügel des Sibyllenbaues, als 1719–21 scala santa und Schlosskirche errichtet wurden, die ja in unmittelbarer Verbindung zu diesem Appartement stehen sollten.

Die Aufstockung aller Gebäude der beiden Gartenflügel veränderte natürlich die von Rossi geplante Ansicht eines kompakten Hauptbaukörpers, umgeben von lose angeordneten, vor- und zurückspringenden niedrigeren Nebenbauten. Es entstand die zwar in sich gegliederte, aber insgesamt einheitliche, um die 200 m lange Gartenfront, die Franz Ignaz Krohmer 1742 als Idealansicht aufzeichnete.[13]

1709 legte der Baumeister Rohrer einen Plan für die Arbeiten am Schloss vor, dessen Inhalt im Einzelnen nicht bekannt ist, dessen Ausführung aber mit der Konservierung des kostbaren Gemäldes an der Decke des Ahnensaales beginnen sollte. Unmittelbar darüber lag ja die plattenbelegte Terrasse, die nicht dicht war. Die Balken der Dübeldecke über dem Saal waren an beiden Enden so angefault, dass man sie absägen musste. Die verkürzten Balken, an denen unten ja die Bohlen befestigt waren, die Stuckdecke und Gemälde tragen, wurden an einem Balkenrost befestigt, dessen Hölzer, wie die Dendrochronologie nachwies, im Jahre 1708/09 geschlagen wurden. Die Deckenfresken des Ahnensaales haben diese Operation offensichtlich relativ gut überstanden. Oberhalb der Sicherung der Ahnensaaldecke wurde im Zusammenhang mit dieser Maßnahme die Dachterrasse mit einem niedrigen Saal überbaut, dessen Höhe die Differenz zwischen der Decke des Ahnensaales und derjenigen des Hirschsaales von etwa 3,25 m ausglich, so dass annähernd ebene Deckenbalkenlagen über die gesamte Gebäudetiefe entstanden. Darüber wurde nun ein gemeinsames Dach mit gerundeten Sparren errichtet, darauf ein Altan mit einer Balusterbrüstung und einem pavillonartigen Aufsatz, zuerst bekrönt von einer großen Vase, ab 1728 von der aus Bronzeblech getriebenen, vergoldeten überlebensgroßen Statue eines blitzeschleudernden Jupiter.

Ähnliche Schäden wie an der Decke des Ahnensaales gab es an nahezu allen Raumdecken, nicht nur über der Beletage, sondern sogar über dem Erdgeschoss. Jedenfalls mussten bei nahezu allen Raumdecken im Schloss die verfaulten Auflager der Dübeldecken abgesägt und der Rest der ja stuck- und gemäldetragenden Decken an Überzügen aufgehängt werden. Auch bei den beiden hintereinander angeordneten Dächern auf dem Schloss versuchte man, das Eindringen von Wasser zu verhindern. Zuerst wurden sie zur Traufe hin verbreitert und ohne Walm an den mittleren Aufbau herangeführt, dann über die ganze Fläche des Gebäudes gezogen und schließlich 1901 durch ein Blechdach zu einem einheitlichen Dach vereinigt. Dabei kam natürlich der First immer höher, zuletzt um ca. 2,5 m: Das Dach bestimmte immer mehr die Ansicht des Schlosses. Die zur Belichtung der Treppen errichteten Türmchen versanken immer tiefer im Dach, so dass sie ab 1901 erhöht werden mussten und heute überhaupt kein Licht mehr in die Treppenhäuser der Ovaltreppen bringen.

Im Innern des Hauptbaues waren die Veränderungen an der Architektur geringer. Man glaubt aber eine gewisse Tendenz zu spüren. Stärkere Abtrennung und Differenzierung der Räume, etwa in heizbare und nichtheizbare, traten an die Stelle der Absicht Rossis, alle Räume zu einem Ensemble zu vereinigen, von solcher Symmetrie und Magnifizenz, dass es die ganze Welt bewundern müsste, wie er es mit ähnlichen Worten dem Markgrafen vorstellte. Das untere Vestibül, zugänglich durch zwei Türen, und das große Tor öffneten sich wie heute in drei Durchgängen zur sala terrena. Zwischen den Durchgängen befanden sich jedoch zwei Kamine, die benützt wurden. Die sala terrena war dreischiffig; mit je zwei Säulen waren seitliche Kompartimente abgetrennt, die Mitte als tieferliegende Durchfahrt ausgebildet. Die Sala öffnete sich gegen den Garten in zwei Türen, einem Tor und zwei Fenstern. An Nord- und Südwand befanden sich die noch heute erhaltenen Kamine. Vom Vestibül führten die beiden riesigen Treppenhäuser in den Vorsaal, der zum Ahnensaal drei Türen besaß. Zwischen den Türen befanden sich wiederum (benützte!) Kamine. Je zwei Türen in den Schmalseiten öffneten sich in die Staatsappartements der Gartenfront und in die zwei kurzen, vom Treppenhaus her beleuchteten Flure, die zu den höchst sehenswerten freitragenden Ovaltreppen ins Obergeschoss führten, deren Steigungsverhältnis übrigens demjenigen der Haupttreppenhäuser entspricht. Im Obergeschoss mündeten diese Treppen in eine Dreiraumgruppe aus dem allseitig durchfensterten Hirschsaal und den beiden durch die Öffnungen über den Treppenhäusern auf eine Galerie reduzierten Zimmern. Diese waren gegen den Mittelgang, gegen die ovalen Bodenöffnungen und gegen den Hirschsaal in großen Arkaden geöffnet. Vom Hirschsaal wiederum führte eine repräsentative zweiläufige, allerdings hölzerne "Freitreppe" auf die Dachterrasse, über deren Ausgestaltung wir nichts wissen.

Offensichtlich versuchte man diese nach allen Seiten geöffnete und trotz der vielen Kamine natürlich keineswegs heizbare Raumfolge später etwas aufenthaltsfreundlicher zu gestalten. Öffnungen wurden geschlossen oder verkleinert. 1721/22 kamen die riesigen Kachelöfen in die beiden Audienzzimmer, in den 1740er Jahren auch die großen eisernen Öfen in das nördliche Hofappartement.[14] Ob Wasserschäden auch der Grund für den völli-

*Sala terrena des Schlosses Rastatt, heutiger Zustand mit dem nachträglich eingezogenen Ziegelsteingewölbe.*

gen Umbau der sala terrena waren, lässt sich nicht mehr feststellen. In sie wurde ein völlig neues Ziegelsteingewölbe eingezogen, das auf massiven Vormauerungen vor alle vier Wände ruht. Dabei wurden die zwei Fenster der Parkseite vom Gewölbe verdeckt, das auch die Türbekrönungen überschneidet. Die Säulenstellung wurde beseitigt, die Dreischiffigkeit zugunsten eines breiten, eher niedrigen Raumes aufgegeben. Ein Ziegelgewölbe besitzt im Gegensatz zu den Holzdecken in allen übrigen Zimmern auch das südlich anschließende Vorzimmer des Gartenappartements.

Alle die zukünftigen, teilweise durchaus unangemessenen Nutzungen des Corps de logis des Rastatter Schlosses auch nach Beendigung seines Residenzcharakters 1771 haben die architektonische Gestalt wenig verändert. Das ist bei den umfangreichen Nebenbauten ganz anders. Bei ihnen wurde vor allem im 19. Jahrhundert erheblich in den Baubestand eingegriffen. Die Nutzung für Wohnungen, aber auch für Schulen und Büros zwang zu vielfältigen inneren Umbauten, allerdings in der Regel unter Erhaltung der äußeren Gestalt.

Im Südflügel konnten ursprüngliche Raumdispositionen in jüngster Zeit durch den Umbau für die Nutzung durch das Wehrgeschichtliche Museum teilweise wiederhergestellt werden. Im Sibyllenbau wurden durch den Umbau zum Finanzamt, das allerdings den Bau längst wieder verlassen hat, vielerlei entstellende spätere Anbauten entfernt, durch die Überdachung des Hofes und seine Umwidmung zum Treppenhaus allerdings auch eine völlig neuartige architektonische Situation geschaffen.

Im Sibyllenbau und im nördlichen Hofflügel haben sich eine ganze Reihe von höchst wertvollen Stuckdecken erhalten. Sie liegen teilweise noch über abgehängten Decken verborgen. Offen zu sehen sind sie aber zum Beispiel in dem noch aus der Rossi-Zeit stammenden Aufbau über der ehemaligen Eingangsarkade des Sibyllenbaues, im kirchennahen Appartement der Markgräfin und in den ehemals als Kapelle dienenden Räumen am Ostende des nördlichen Hofflügels.

**Anmerkungen**

1 Abschrift bei PASSAVANT, Günter: Studien über Domenico Egidio Rossi und seine baukünstlerische Tätigkeit innerhalb des süddeutschen und österreichischen Barock, Karlsruhe 1967, S. 209 f.

2 In Würzburg war im Laufe der Planung ein solches, noch viel größeres doppeltes Treppenhaus vorgesehen. Der Plan wurde aufgegeben.

3 PASSAVANT (1967); RÖSIGER, Hans-Detlev: Durlach und Rastatt. Ein Beitrag zur Geschichte des Städtebaus in Deutschland, Dissertation, Karlsruhe 1924 (ND Karlsruhe 1974); LOHMEYER, Karl: Beiträge zur Baugeschichte des Rastatter Schlosses, in: ZGO, NF XXVII (1912), S. 269-307; PETERS, Gerhard: Das Rastatter Schloß (= Heimatblätter „Vom Bodensee zum Main“, Nr. 27), Karlsruhe 1925; LORENZ, Hellmut/RIZZI, Wilhelm Georg: Domenico Egidio Rossis Originalpläne für das Wiener Gartenpalais Liechtenstein. In: Wiener Jahrbuch für Kunstgeschichte XXXIII (1980), S. 177-179.

4 WAGNER-RIEGER, Renate: Rezensionen. Günter Passavant: Studien über Domenico Egidio Rossi ... In: Kunstchronik, 1970, S. 35-39, hier S. 39. – LORENZ, Hellmut: Johann Bernhard Fischer von Erlach, Zürich 1992, S. 99.

5 Walter, Martin: Die italienische Kolonie in der Markgrafschaft Baden-Baden. In: Badische Heimat, 2005, S. 516-547, hier S. 537-541. Ein Antonio Rusca, reicher Ziegeleibesitzer aus Rastatt, wurde in Wien Kaiserlicher Oberhofziegelinspektor und besaß 1755 das meist als „Kavalierhaus“ bezeichnete „Rossi-Haus“ in der Herrenstraße in Rastatt.

6 Alle Briefe abgedruckt bei Passavant (1967), S. 212-216.

7 Für die vielen Beobachtungen zur Bautechnik, die bei der letzten Restaurierung angestellt wurden, vgl. Stopfel, Wolfgang: Beobachtungen und Entdeckungen bei der Restaurierung des Schlosses in Rastatt. In: Landkreis Rastatt. Heimatbuch 7 (1980), S. 196-214.

8 Rossi stellte die neue Schlossfassade in einer großen, sorgfältig lavierten Ansicht dar. Fünf von den nun 23 Achsen bildeten einen Mittelrisalit mit einem säulengetragenen Balkon. Im Zentrum befindet sich eine Durchfahrt. Nur ganz schwach als Risalit ausgebildet sind die beiden äußersten Achsen hinter den Hofflügeln. Wegen der Anbindung an die Flügel gibt es keinen Sockel, sondern ein ungewöhnlich hohes Erdgeschoss. Hauptgeschoss und Mezzanin sind über die ganze Länge einheitlich mit ganz feinen Differenzierungen gestaltet. Über dem Mittelrisalit steht ein anderthalbgeschossiger Saalaufbau, der mit einem halben Geschoss und einem eigenen Dach den Bau überragt. Er war nur wenig tief vorgesehen, seine Rückwand stieß an den oberen Teil des Ahnensaales, über dem nur eine Terrasse lag; die Gartenseite besaß also keinen Dachaufbau. Eine Balustrade mit Vasen und Figuren schloss den Bau oben eben ab.

9 Die Wände aus Ziegelsteinen im Format 18 x 14 x 6 cm sind zweischalig aufgemauert und nicht immer gut verzahnt. Im Mezzaningeschoss ist das Ziegelmauerwerk durch ein regelloses Mischmauerwerk ersetzt. Zusammengehalten und versteift werden die Außenwände durch ein System eiserner Zuganker auf den Umfassungswänden und in Abständen von ca. 10,50 m quer durch das Gebäude.

10 Auf vielen Stichen des 17. und 18. Jahrhunderts sind Schlösser und Paläste mit einem solchen waagerechten Abschluss abgebildet, obwohl Architekt und Stecher genau wussten, dass man die dahinter befindlichen Dächer sehen konnte (übrigens sind auch im 20. Jahrhundert häufig Gebäudeansichten veröffentlicht worden, auf denen die Dachaufbauten, nun aber Lüftungen und Fahrstuhlüberfahrten, „vergessen“ wurden.)

11 Peters (1925), S. 67.

12 Das Fehlen jeder Gliederung an der Nordfassade des corps de logis hinter dem Verbindungsgang zum Sibyllenbau legt nahe, dass dieser bereits mit dem Hauptbau zusammen angelegt wurde. Das würde bedeuten, dass der Sibyllenbau von Anfang an zweistöckig angelegt war. Diese und viele andere Beobachtungen am Bau hat Herr Dipl.-Ing. Hans Zelter, Berlin, ehemals Baden-Baden, in einem unveröffentlichten Manuskript festgehalten.

13 Der Krohmersche „Prospect der … Residenz zu Rastatt, wie solche in dem Garthen anzusehen ist“, deckt sich nicht mit dem tatsächlichen Zustand. Der Sibyllenbau hat drei mittlere Rundbogenöffnungen statt der gezeichneten durchgehenden Fensterreihe, und die dem Sibyllenbau entsprechende Fassade vom südlichen Gartenflügel ist als einzige einstöckig geblieben. – Keinesfalls den Intentionen Rossis entspricht der den tatsächlichen Zustand wiedergebende Aufbau über den mittleren Achsen des corps de logis an der Gartenseite. Seine Errichtung hängt unmittelbar mit den bereits erwähnten Wasserschäden zusammen.

14 1721 erlaubten über den Treppen eingezogene hölzerne Gänglein den Zutritt zu den Flügeln, ohne dass man den Ahnensaal benutzen musste. Sie mussten eingezogen werden, als durch den Umbau der sala terrena der Ahnensaal eine Zeitlang als Zugang zu den Appartements nicht mehr dienen konnte, erwiesen sich aber dann wohl als sehr praktisch.

# Gemälde, Möbel, Kostbarkeiten

## Ein Rundgang durch das Rastatter Schloss am Ende der Residenzzeit

**von Sandra Eberle**

Am 21. Oktober 1771 hörte die Markgrafschaft Baden-Baden auf zu bestehen: Mit 65 Jahren starb August Georg, ihr letzter Landesherr. Der Erbe, der in Karlsruhe regierende Markgraf Karl Friedrich von Baden-Durlach, stand schon in den Startlöchern: Wegen der absehbaren Übernahme war er zusammen mit seiner Frau Karoline Luise – sehr zu deren Leidwesen – bereits vier Wochen zuvor vorzeitig von einer Parisreise zurückgekehrt. Noch am Todestag August Georgs machte er sich nach Rastatt auf und übernahm das finanziell nicht mehr gerade gut gestellte Land mitsamt seiner Gebäude und Kunstsammlungen.[1]

Nun galt es zunächst zu sichten, was zum neuen Besitz gehörte. In 41 Inventaren wurde der Inhalt der baden-badischen Schlösser und Jagdhäuser erfasst, darunter auch all das, was im Rastatter Schloss vorhanden war: Möbel, Gemälde und Textilien, die Bestände des Marstalls, der Bibliothek, des Naturalien- und Münzkabinetts, der Schatzkammer, der Schlosskirche und weiterer Räume.[2] Die prächtige Einrichtung, die die markgräflichen Angestellten im August 1772 bei der Inventarisation in der einstigen Residenz vorfanden, ging insbesondere auf den Wohlstand und Kunstsinn Sibylla Augustas zurück. Denn während Stuck und Malereien beim Tod des Türkenlouis 1707 vollendet waren, war das Mobiliar damals noch lückenhaft. Erst nach dem Ende des Spanischen Erbfolgekriegs 1714 hatte die Regentin die Räume vervollständigt. Seit der Regierungsübernahme durch ihren ältesten Sohn Ludwig Georg 1727 waren Ausstattung und Kunstsammlungen dann nochmals dem Zeitgeschmack entsprechend ergänzt worden.

Das 1772 aufgenommene Inventar hat 1955 bereits Gerda Franziska Kircher ausgewertet und Teile daraus publiziert.[3] Einen noch authentischeren Eindruck des Schlosses zur damaligen Zeit gibt jedoch das vollständige Original-Dokument. Nicht nur der einstige Prunk der Staatsappartements wird darin deutlich, sondern auch die beträchtliche Anzahl an Räumen in der Residenz. Auch abseits der Beletage – im Erdgeschoss des Hauptbaus, in den beiden Ehrenhofflügeln und den winkelförmig angeschlossenen Trakten an der Gartenseite – befanden sich Zimmer, die als Privaträume für die Familie oder Gäste dienten, aber auch für Bedienstete und zur Präsentation der fürstlichen Sammlungen. Von der Einrichtung allerdings ist nur noch ein Bruchteil erhalten bzw. zu identifizieren, denn das Aussterben der baden-badischen Linie hatte für das Schloss zweierlei Folgen: Einerseits wurde das Gebäude niemals modernisiert. Die Stuckaturen und Fresken italienischer

Künstler sind original erhalten. Mobiliar und Sammlungen dagegen wurden zerstreut und sind in großen Teilen unwiederbringlich verloren.

Was war geschehen? Besonders wertvolle Objekte hatte die streng katholische Regentin Sibylla Augusta vor ihrem Tod zum Hoffideikommiss und damit zum unverkäuflichen, nicht teilbaren Familienbesitz erklärt. So hatte sie das Wichtigste aus ihrem Erbe dem späteren Zugriff der protestantischen Baden-Durlacher entzogen. August Georg vermachte die 1771 bereits unmoderne Sammlung an Kaiserin Maria Theresia, die sie 1775 durch einen Straßburger Händler in Offenburg versteigern ließ. Schmuck und Edelsteine, repräsentative Gebrauchsgegenstände, aufwändige Kabinettstücke, Bilder und Figuren, Uhren und Silbermöbel gehörten dazu. Die übrige Ausstattung übernahm, mit Ausnahme der an August Georgs Witwe Maria Victoria abgegebenen Stücke, Markgraf Karl Friedrich. Einen Teil der Sammlungen ließ er nach Karlsruhe bringen, Familienporträts in das Neue Schloss Baden-Baden. Mitte des 19. Jahrhunderts wurden auch Möbel, Tapisserien und weitere Bestände aus dem Rastatter Schloss entfernt – manches kam ins Depot, anderes, wie die Türkenbeute, ins Karlsruher Schloss. Mit dem Ende der Monarchie ging 1918 ein Teil der Schätze an das Land über, das Übrige blieb im Privatbesitz der Familie und wurde teilweise im Zuge der Sotheby's-Auktion 1995 in Baden-Baden vom Land Baden-Württemberg zurückgekauft. Erhaltene Einrichtungsgegenstände, die einst im ganzen Schloss verteilt waren, sind heute in der Beletage konzentriert – als letzte Zeugnisse der

*Karl Friedrich von Baden, seit 1806 Großherzog, Porträt von Franz Joseph Zoll aus Schloss Mannheim, 1808.*

einst ungleich prächtigeren historischen Ausstattung. Wie aber sah diese aus? Was hatten Karl Friedrich und seine Beamten vorgefunden, was war das Erbe der baden-badischen Herrschaft in Rastatt?[4]

*Vom Vestibül zum Ahnensaal*

Wer den Hauptbau des Schlosses betrat oder sogar mit der Kutsche direkt in den Gartensaal gefahren wurde, erlebte die zentralen Räume des Erdgeschosses im Jahr 1772 wie heute: das Vestibül, die Eingangshalle, mit den Stuckaturen aus der Erbauungszeit und daran angrenzend die Sala Terrena, der Gartensaal, mit den Rokokodekorationen des Wessobrunner Meisters Johannes Schütz.[5] Zu den durch Schütz und seine Werkstatt um 1750 modernisierten Räumen im Schloss zählten auch die auf beiden Seiten der Sala Terrena im Erdgeschoss gelegenen Appartements. Heute gehören sie zum Wehrgeschichtlichen Museum und zur Erinnerungsstätte für die Freiheitsbewegungen in der deutschen Geschichte. Von der Sala Terrena aus sind diese Zimmer in der Regel daher nicht unmittelbar zu erfassen – über ihre historische Einrichtung an späterer Stelle mehr. Der Weg hinauf in die repräsentativen Räume der Beletage führt über die beiden eindrucksvollen, von Domenico Egidio Rossi entworfenen Treppenhäuser, in denen besonders der Blick durch die Deckendurchbrüche nach oben lohnt: Bereits hier – und das war um 1700 noch relativ neu – begann durch Stuck und Malerei die übliche Verherrlichung des Hausherrn durch Motive aus Geschichte und Mythologie.[6]

Von der durch Schütz stuckierten Antisala im ersten Obergeschoss gelangt man in den Ahnensaal. Während im angrenzenden Markgrafenappartement wie im Treppenhaus noch Paolo Manni, der früheste Rastatter Maler, gearbeitet hatte, stammt das Deckenbild des Saals mit der Aufnahme des Herkules in den Götterhimmel von Giuseppe Roli. Er war der Kopf einer nach Mannis Tod seit 1704 engagierten Künstlertruppe und zweifellos der bessere (und teurere!) Maler. Ähnlich wie es Ludwigs Wilhelms Vetter und Mitstreiter im Türkenkrieg, Prinz Eugen, in seinem wenige Jahre zuvor begonnenen Stadtpalais in Wien getan hatte, präsentierte sich der Hausherr hier durch die Gleichsetzung mit Herkules als „Retter der Welt".[7] Auch die plastischen Figuren gefesselter Türken nehmen darauf Bezug. Ebenso wird Ludwig Wilhelms Rolle als Landesherr verbildlicht: Das Hauptfresko umgeben Sinnbilder fürstlicher Tugenden, die Ahnenporträts an den Wänden belegen seine weit zurückreichende fürstliche Abstammung. In die Rahmen eingefügt hatte man die Gemälde allerdings erst im Zuge der späteren Modernisierungen, zu denen auch die Stuckaturen von Schütz über Türen und Kaminen gehören.[8]

Dort, über den Kaminen, hingen einst auch zwei große Bildnisse mit den Familien Ludwig Wilhelms und Ludwig Georgs. Das Inventar von 1772 notierte deren Motive nur kurz, doch Carl von Beust beschrieb sie 1854 genauer: Ludwig Wilhelm war demnach

*Die Aufnahme des Herkules in den Olymp, Detail des Deckenfreskos von Giuseppe Roli im Ahnensaal, um 1704.*

auch hier, im Kreis seiner Familie, als Feldherr dargestellt, Sibylla Augusta saß in einem Sessel und trug ein Kleid aus Goldbrokat und Diamantenschmuck. Als Regentin und Mutter charakterisiert, lehnte sie an einem Tischchen mit Fürstenkrone, mit der Rechten deutete sie auf ihre drei Kinder. Auf der Lehne des Sessels saß ein „weißer Papagei" – wohl ein Kakadu, wie er auch auf erhaltenen Rokoko-Gemälden im Schloss zu sehen ist. Das zweite Bild zeigte den damaligen Markgrafen Ludwig Georg in einem „reich in gold und gelbem Damast gestickten Unterkleide" und einem „goldgestickten Überrock von Scharlach". Auch seine Frau, Maria Anna, war in „reiche, buntfarbig gestickte Stoffe gekleidet" und ihre „Brust besät mit blendenden Perlen". Von einer Platte, die ein schwarzer Diener hielt, gab sie ihrer Tochter Elisabeth Auguste eine Traube, während diese ihr einen Blumenstrauß reichte. Der kleine Sohn, vermutlich Karl Ludwig Damian (1728–1734)[9], war militärisch gekleidet und hatte einen Papagei und einen kleinen Hund bei sich.[10]

### *Das Staatsappartement des Markgrafen*

Links und rechts des Festsaals beginnen an der Gartenseite die Staatsappartements. Was die „Inventarisations Commission" hier vorfand, mag ihr vielfach altmodisch vorgekommen sein. Zwar hatten in den Jahrzehnten zuvor auch Möbel und Gemälde im Stil des Rokoko – das 1772 bereits wieder seinem Ende zuging – vielfach im Schloss Einzug gehalten, diese beschränkten sich jedoch auf die Privatzimmer und in den Repräsentationsräumen auf Sitzgelegenheiten und Einzelstücke. Wesentliche Gestaltungselemente wie die Wandbehänge, Betten und Silbermöbel dagegen entsprachen noch der ersten, barocken Raumausstattung.[11]

Die ausladenden, vielfach vergoldeten Stuckzonen von Giovanni Battista Artario, die Mannis Deckengemälde prunkvoll umrahmen, machen noch heute den besonderen Reiz des Markgrafenappartements aus. Den Raumeindruck bestimmte einst jedoch wesentlich stärker als heute auch die Einrichtung. Die großen Brüsseler Wandteppiche mit Motiven der Kriegskunst hatte noch Ludwig Wilhelm zur eigenen Repräsentation gekauft. Zusammen mit passenden, auf Leinwand gemalten Ergänzungen müssen sie die Wände der beiden ersten Zimmer weitgehend bedeckt und so eine für den heutigen Geschmack – und auch für den des Jahres 1772 – ziemlich unruhige Raumwirkung hervorgerufen haben.[12] Neben diesen gewirkten Tapisserien gehörten im Vorzimmer zwei grün-goldene Konsoltische zur Ausstattung, darüber hingen Spiegel mit geschliffenen Glasrahmen und Wandleuchter, als Sitzgarnitur gab es Lehnstühle mit rotem Samtbezug. Der große, weiß glasierte Fayence-Ofen mit goldener Dekoration war um 1750 von Ludwig Georg in Straßburg bestellt worden.

Im Anschluss folgte das für offizielle Empfänge und Staatsgeschäfte genutzte Audienzzimmer in Grün und Silber. Der Thronbaldachin bestand aus Silberstoff, besetzt mit grünen Samtstreifen und üppig mit Pflanzenmotiven, Früchten und Vögeln bestickt. Auch die Bezüge der beiden Sessel, der achtzehn Lehnstühle und des Kaminschirms waren „von Silber und Seide mit Figuren und Blumen gewirkter Arbeit", Tür- und Fenstervorhänge passend dazu in Grün gehalten. Ein funkelnder Blickfang, insbesondere bei Kerzenschein, waren sicher die beiden großen Spiegel mit breiten Silberrahmen, die silbernen Wandleuchter und die von einer Erdkugel bekrönte „Weltenuhr": Gehäuse und Zifferblatt waren mit massiv silbernen Figuren und Laubdekorationen, Türkisen und farbigen Glassteinen besetzt. Zwischen den Ziffern befanden sich kleine Figuren aus Silber und Emaille, die verschiedene Völker darstellten. An den Seiten waren in das vergoldete Laubwerk Miniaturbilder mit den Tageszeiten eingebunden.

Die Wände des angrenzenden Paradeschlafzimmers schmückten Streifen aus rotem und dunkelgrünem Velours ciselé mit samtenen Blütenmotiven auf goldenem und weißem Grund. Die heute nachgewebte Tapete bildete einst den kostbaren Rahmen für die Ausstattung mit silbernem Mobiliar: Ein zwölfarmiger, mit Figuren geschmückter Kronleuchter, ein großer Spiegel, Wandleuchter, Gueridons (Ständer für Kerzenleuchter) und eine Musik spielende Uhr in Form einer Monstranz gehörten dazu, außerdem zwei wertvolle Tische.

Während die Platte des einen dem Inventar zufolge aus massivem Silber gewesen sein soll, war die andere in der aufwendigen Boulletechnik verziert. Solche ornamentalen Einlegearbeiten aus verschiedenen Materialien, von André Charles Boulle (1642–1732) am Hof des Sonnenkönigs zu besonderer Kunstfertigkeit gebracht, hatte man auch im Umkreis des Wiener Hofs damals äußerst geschätzt. Der in Rastatt belegte Tisch besaß Einlagen aus Perlmutt, Messing und Schildpatt, dem gefleckten, im Barock häufig für Kunsthandwerk benutzten Horn der Karettschildkröte. Sitzbezüge und Vorhänge waren erneut in Grün und Silber gehalten, die textilen Behänge des im reich stuckierten Alkoven (Bettnische) aufgestellten Paradebetts dagegen in Rot, Silber und Gold.[13]

Die mit Spiegeln und kleinen Konsolen durchsetzten Wandpaneele des Porzellankabinetts, des letzten, besonders kostbar ausgestatteten Raums für Zusammenkünfte im kleinen Kreis, glänzten damals wie heute in Weiß und Gold. Einem überdimensionalen Setzkasten gleich waren hier auf den Wandkonsolen mehr als hundert Vasen, Becher, Fläschchen und Figuren aus europäischem und asiatischem Porzellan, Fayence und böhmischem Glas aufgestellt, dazu hingen federgezeichnete Landschaften an den Wänden. Auf dem seit der Regierungszeit Ludwig Georgs aufwendig gestalteten Ornamentparkett standen Hocker mit

*Blick ins Audienzzimmer des Markgrafen mit Stuckaturen von Giovanni Battista Artario und Tapisserien aus der Kriegskunstserie (Brüssel, um 1700).*

Bezügen aus gelbem Taft. Die üppige Blumenmalerei der Decke, die plastische vergoldete Putten ergänzen, schuf Pietro Antonio Farina, der zum Künstlertrupp Giuseppe Rolis gehörte. Zusammen mit Giuseppe Antonio Caccioli hatten beide ab 1704 auch die Fresken in den Appartements der Markgräfin auf der anderen Seite des Saals gemalt.

### *Das Staatsappartement der Markgräfin*

Die Räume der Markgräfin standen denen ihres Gemahls in nichts nach. Kunstvoll ist bis heute die Quadraturmalerei an den Zimmerdecken – eine illusionistische Architekturdarstellung, in der auch der Baumeister Rossi, der die drei Künstler vermittelte, in Bologna ausgebildet worden war. Die von gemalter Scheinarchitektur umrahmten Szenen wiesen auf Sibylla Augustas Rolle als Ehefrau des Markgrafen und Mutter des zukünftigen Herrschers hin – im Vorzimmer mit dem antiken Liebespaar Bacchus und Ariadne, im Audienzzimmer mit Alkmene, die ihren Sohn Herkules erzieht. Wie im Vorzimmer des Markgrafen war auch hier der erste Raum mit kostbaren Tapisserien, Sesseln und einem Fayence-Ofen ausgestattet. Den Raumeindruck der beiden nachfolgenden Zimmer prägte noch stärker als heute das dunkle Rot in Kombination mit Gold und Silber. Im Audienzzimmer bestanden Thronbaldachin, Sitzbezüge und die Bespannung des Kaminschirms aus rotem Samt mit goldenen aufgestickten Blumen und Fransen. Vergoldete Konsoltische gehörten ebenfalls zur Ausstattung. Prächtigstes Stück des Raumes war eine große Prunkuhr mit Globus, Apothekerkästen und Spieluhr, die mit silbernen Figuren, Schildpatt und Steinen verziert war – ihre Beschreibung nimmt im Inventar von 1772 allein drei Seiten ein.

Im Schlafzimmer der Markgräfin gab es erneut Silbermöbel. Zusammen mit den vergoldeten Stuckdekorationen und den aufwendigen Textilien schufen sie eine kostbare Atmosphäre, zu der auch das Prunkbett im Alkoven beitrug: ein „Lit à la duchesse“ mit frei schwebendem, über die ganze Länge reichendem Baldachin und Vorhängen aus Silberstoff und rotem, mit Silber und Gold besticktem Samt. 1772 war das Bett schon nicht mehr in bestem Zustand – ein Teil der Fransen war abgeschnitten – und hat sich ebenso wie das des Markgrafen nicht erhalten. Einen Eindruck vom Charakter des originalen Bettes vermittelt Sibylla Augustas ebenfalls mit reich bestickten Textilien verziertes Paradebett in Schloss Favorite. Auch das heute in der Residenz aufgestellte Exemplar entspricht demselben Grundtypus, besitzt jedoch Behänge aus hellgelbem Seidendamast. Wenn auch die Dekorationen des Raumes mit der ruhenden Venus im Deckengemälde und der vergoldeten Stuckfigur des Hypnos, dem Gott des Schlafes, ganz darauf ausgerichtet sind, so hat man in einem solchen Bett nie wirklich geschlafen – es diente ausschließlich repräsentativen Zwecken.[14]

Das angrenzende kleine Kabinett, an dessen Decke Malerei und Stuck zu einer Einheit verschmelzen, hatte Ludwig Georg zum Miniaturenkabinett umgestalten lassen. 143 kleine Gemälde in geschnitzten vergoldeten Rahmen bedeckten die Wände, die meisten von

*Blick ins Schlafzimmer der Markgräfin mit dem Prunkbett im Alkoven.*

ihnen auf Pergament gemalt: mythologische und religiöse Motive, Schlachtenbilder und Porträts, aber auch Landschaften und Blumenstücke waren dabei.

*Die Privatappartements*

Durch Ofennischen mit Rokokostuck und den Einbau von Holzpaneelen mit eingelassenen Spiegeln und Gemälden hatte man um 1750 auch in die drei Privaträume der Markgräfin neue Gestaltungselemente gebracht. Insgesamt war die Farbigkeit hier an der Hofseite der Beletage heiterer als in den barocken Staatsappartements: Die Wandbespannungen aus edlen, in sich gemusterten Damast- und Moiré-Stoffen waren, wie auch heute wieder, mittelgrün, gelb und gelb-rot-gestreift, die übrigen Textilien darauf abgestimmt. Dazu bestimmten die Holztöne und die Vergoldungen der geschnitzten Spiegelrahmen und Konsoltische den Raumeindruck. Erhalten haben sich im gelb-roten Zimmer die beiden Gemälde mit Allegorien der göttlichen und weltlichen Musik, die schon 1772 hier als Supraporten über

*Supraporte mit Allegorie der weltlichen Musik von Joseph Wolfgang Hauwiller, 1770.*

den Türen hingen. Erst zwei Jahre zuvor für Maria Victoria beim damaligen Hofmaler Joseph Wolfgang Hauwiller in Auftrag gegeben, gehörten sie zu den modernsten Stücken im Schloss. Das gegenüber liegende Privatappartement des Markgrafen erweckte am Ende der Residenzzeit kaum den Anschein repräsentativer Wohnräume. An den Wänden hingen Tapisserien, Möbel gab es nur noch wenige. Dass sich in beiden Privatappartements 1772 keine Betten befanden, zeigt, dass zum eigentlichen Wohnen und Schlafen andere Räumlichkeiten im Schloss benutzt wurden.

In den sechzehn Zimmern im Erdgeschoss des Hauptbaus befanden sich 1772, sofern sich das anhand der vagen Beschreibungen erschließen lässt, Möbel unterschiedlichen Stils, Alters und verschiedener Qualität. Ähnlich war es in den angrenzenden Seitenflügeln. Dies zeigt sich zum Beispiel bei den Betten: Da waren Himmelbetten wie das „Lit à la duchesse", das man im Barock gerne als Paradebett genutzt und, mit dem Kopfende an der Wand, in den Raum hineinragend aufgestellt hatte. Daneben gab es auch „Lits à la tombeau" – wohl sofaähnliche Ruhebetten mit schrägem Baldachin aus der Rokoko-Zeit. Einfache „Bettladen" ohne Himmel waren vermutlich für Bedienstete gedacht.[15] Fast alle Privaträume waren erneut in Rot, Gelb und Grün ausgestattet. Anders als in der Beletage verwendete man hier jedoch häufig alle drei Töne innerhalb eines Raumes – vielleicht hatte man die Möblierung aus älteren Stücken kombiniert.

Im nördlichen Gartenflügel befand sich, um zwei Binnenhöfe gruppiert, seit etwa 1710 im Obergeschoss ein weiterer privater Wohnbereich, der von Sibylla Augusta und später von den Gemahlinnen ihrer Söhne genutzt wurde.[16] Ein wichtiges Charakteristikum all dieser Räume abseits der Beletage: Sie waren voll von Gemälden. Zahlreiche Porträts von Mitgliedern der Familie und anderen Fürsten waren darunter, so je ein Bildnis von Sibylla Augusta und ihrer Schwiegertochter Maria Anna, die sich in Kostümen der Jagdgöttin Diana präsentierten – ein Motiv, das auf die Freude barocker Fürsten an Maskeraden und an der Jagd verweist.[17]

*Die markgräflichen Sammlungen*

Im gesamten Schloss hingen 1772 rund 1100 Bilder – und das, obwohl gerade Sibylla Augusta kaum Gemälde gesammelt hatte. Die Bestände speisten sich aus vielfältigen Quellen: Erbstücke der beiden Familien, Bilder, die das Paar 1693 für Schloss Schlackenwerth gekauft hatte, Tierdarstellungen des Hofmalers Heinrich Lihl (1690–1757), die die Jagdleidenschaft Ludwig Georgs illustrierten, Supraporten mit Früchtestillleben und eine große Zahl von

*Zimmer im Privatappartement mit gelber Damasttapete, an der Wand Porträts der Maria Josepha von Bayern und ihrer Mutter Maria Amalie.*

Porträts. Nur 38 Werke aus dem Besitz Ludwig Wilhelms und Sibylla Augustas lassen sich nach den Forschungen von Nina Trauth noch heute eindeutig in den Beständen der Karlsruher Kunsthalle nachweisen. Vor allem altdeutsche Malereien, darunter mehrfach von Lucas Cranach (1472–1553), sowie niederländische Barockstücke sind darunter.[18] Ein großer Teil der Gemälde hing 1772 im Rastatter Schloss in Bildersälen im ersten Obergeschoss des südlichen Seitenflügels. Auch Münzen und Bücher waren in den letzten Regierungsjahren August Georgs dort untergebracht worden, und nicht zuletzt die „Türkische Kammer", ein Raum mit 326 größtenteils osmanischen Stücken aus der Kriegsbeute des Türkenlouis und weiterer Familienmitglieder. Waffen und Reitzubehör, Gebrauchsgegenstände und Textilien wurden hier präsentiert – auch zum Gedenken an den berühmten Vater, dessen Rüststücke ebenfalls zu sehen waren.[19]

Neben den Sammlungen befanden sich in diesem Teil des Schlosses weitere Wohnräume und ein großer, mit rotem Damast ausgekleideter Saal mit Billard- und Spieltisch. An seinen Wänden war die komplette Verwandtschaft – einschließlich der Baden-Durlachischen – in Bildnissen zu sehen. Einige von ihnen haben sich erhalten: Die beiden großen Porträts Augusta Maria Johannas und ihres Gemahls Louis d'Orléans in ihren prächtigen Rahmen mit französischer Königslilie zum Beispiel, und aus der Werkstatt von George Desmarées ein Bildnis der Kaisertochter Maria Josepha von Bayern, der zweiten Ehefrau Ludwig Georgs. Heute hängen diese Gemälde einige Räume weiter in der Beletage. Zusammen mit rund 260 weiteren Ausstattungsstücken erinnern sie an Rastatts Zeit als Residenz, die mit der Übernahme des Schlosses durch Karl Friedrich nach 66 Jahren zu Ende gegangen war.

**Anmerkungen**

1 Borchardt-Wenzel, Annette: Karl Friedrich von Baden. Mensch und Legende, Gernsbach 2006, S. 134–159.

2 GLA Karlsruhe, 46/4464. Möbel, Gemälde und Textilien in Band 14.

3 Kircher, Gerda Franziska: Die Ausstattung des Rastatter Schlosses im Jahre 1772. Ein Beitrag zur Kulturgeschichte der deutschen Residenzschlösser der Barockzeit, Karlsruhe 1955. Bei der Bezeichnung der Bauteile sind im Inventar „rechts" und „links" jeweils vom Hauptbau aus gesehen, es wird also z.B. der Südflügel („Bibliotheksbau", heute WGM) als linker Flügel bezeichnet. Wo die Nummerierung im jeweiligen Flügel beginnt, ist nicht immer nachvollziehbar. Kircher hat die Bezeichnungen links und rechts in ihrer Zusammenstellung wegen der besseren Verständlichkeit umgedreht.

4 Zum Hoffideikommiss und früheren Inventaren vgl. Renner, Anna Maria: Die Kunstinventare der Markgrafen von Baden-Baden, hrsg. v. der oberrheinischen historischen Kommission (= Beiträge zur Geschichte des Oberrheins, Bd. 1), Bühl 1941 und Grimm, Ulrike: Das erste Rastatter Inventar. Zur Geschichte von Schloss Rastatt und seiner Ausstattung, in: Denkmalpflege in Baden-Württemberg 29/2000, S. 138–143. Ausgerechnet das früheste Inventar („Inventar über weisszeug, herrschaftliche mobilien", 17./18. Januar 1707), das noch Renner beschrieb, aber nicht wörtlich wiedergab, ist inzwischen verschollen.

5 Schütz starb 1752, kurz vor Ende der Arbeiten, nach einem Sturz vom Gerüst in der Baden-Badener Stiftskirche, wo er auch am Epitaph des Türkenlouis arbeitete. Von diesem posthumen Grabmal hat

sich im Erdgeschoss des Schlosses eine große Rötelskizze erhalten, die Schütz vor Vollendung der Räume (heute Erinnerungsstätte) an die Wand zeichnete.

6 Ausführlich zu den Dekorationen vgl. GRIMM, Ulrike: Die Dekorationen im Rastatter Schloß. 1700–1771, Dissertation, Karlsruhe 1978, S. 17–36 und zusammenfassend EBERLE, Sandra: Schloss Rastatt. Führer der Staatlichen Schlösser und Gärten Baden-Württemberg, München 2010.

7 Zu den Dekorationen im Stadtpalais Eugens (heute österreichisches Finanzministerium) vgl. SEEGER, Ulrike: Herkules, Alexander und Aeneas. Präsentationsstrategien der Türkensieger Prinz Eugen, Ludwig Wilhelm von Baden-Baden und Max Emanuel von Bayern, in: Bourbon – Habsburg – Oranien: konkurrierende Modelle im dynastischen Europa um 1700, hrsg. v. Christoph KAMPMANN, Köln/Weimar/Wien 2008, S. 182–195.

8 Vgl. GRIMM (1978), S. 56–66.

9 Der zweite Sohn des Paars, Ludwig Georg, wurde 1736 geboren und starb bereits 1737.

10 BEUST, Carl von: Beschreibung des Großherzoglichen Schlosses in Rastatt mit einer ausführlichen Darstellung des Lebens und der Thaten seines berühmten Erbauers, des Markgrafen Ludwig Wilhelm von Baden, Rastatt 1854. Beide Gemälde sind seit 1918 verschollen.

11 Vgl. GRIMM (2000), S. 140.

12 Vgl. GRIMM, Ulrike: Schloss Rastatt – Einführung, in: Tapisserien. Wandteppiche aus den staatlichen Schlössern Baden-Württembergs, Weinheim 2002, S. 182–189 und der anschließende Katalogteil, S. 190–193, hier S. 185. Die gemalten Pfeiler- und Eckstücke waren demnach wohl nicht von Anfang an vorhanden und gingen später wieder verloren. Sechs der sieben Tapisserien sind noch erhalten, heute befinden sich zwei davon im Badischen Landesmuseum Karlsruhe und vier im Schloss Rastatt, davon eine als Leihgabe des BLM. Alle weiteren von einst rund 40 in Rastatt vorhandenen Tapisserien haben sich nicht erhalten.

13 Die Behänge des heutigen, neu hergestellten Bettes wurden aus Stoffresten des 18. Jahrhunderts, jedoch anderer Herkunft, angefertigt.

14 Zur Form und Funktion höfischer Betten des Barock vgl. SPRENGER, Michael H.: Das höfische Bett. Überlegungen zu einer bedeutenden Möbelgruppe in der fürstlichen Repräsentation der Frühen Neuzeit, in: Barockberichte. Informationsblätter des Salzburger Barockmuseums zur bildenden Kunst des 17. und 18. Jahrhunderts Bd. 48/49, Salzburg 2007, S. 162–175.

15 Neben wertvollen Möbeln gab es immer wieder auch einfache Tischchen aus Tannenholz, die mit Stoff umkränzt und deren Platte bisweilen mit Wachstuch bedeckt war. Im Schwetzinger Schloss sind solche (rekonstruierten) Tische und Dienerbetten heute noch zu sehen, letztere häufig auch zusammenklappbar.

16 Im Inventar 1772 wird der Bau als „hinteres Schlossgebäude rechter Hand“ aufgeführt. Zur Aufteilung und Veränderung der Räume im Sibyllenbau vgl. KIRCHER (1955), S. 29–40.

17 Vgl. dazu auch dasselbe Motiv unter den Kostümbildern Sibylla Augustas in Schloss Favorite.

18 Von 39 weiteren wird ihre baden-badische Herkunft vermutet. Vgl. TRAUTH, Nina: Der Gemäldebesitz der Markgräfin Sibylla Augusta von Baden-Baden, in: Extra Schön. Markgräfin Sibylla Augusta und ihre Residenz, Ausstellungskatalog, hrsg. v. den Staatlichen Schlössern und Gärten Baden-Württemberg, Petersberg 2008, S. 93–99 und DIES.: Gemälde aus dem Kunstbesitz der Markgräfin Sibylla Augusta in der Staatlichen Kunsthalle, in: Extra Schön, S. 194 f.

19 Vgl. DIE KARLSRUHER TÜRKENBEUTE. Die “Türckische Kammer” des Markgrafen Ludwig Wilhelm von Baden-Baden, die “Türckischen Curiositaeten” der Markgrafen von Baden-Durlach, Sammlungskatalog des Badischen Landesmuseums Karlsruhe, bearb. v. Ernst Petrasch, München 1991, S. 21–31. 70 Stücke gingen in späterer Zeit verloren. Die Bestände sind der Hauptbestandteil der heutigen „Türkenbeute“ im Karlsruher BLM.

# Triumph des Glaubens

## Heilige Stiege und Schlosskirche Zum Heiligen Kreuz an der Rastatter Residenz

**von Sigrid Gensichen**

Wer über die Schlosskirche Zum Heiligen Kreuz der Markgräfin Sibylla Augusta (1675–1733) mit dem großartigen Deckenfresko der Kreuzauffindung durch die heilige Helena schreibt, sollte sich nicht auf eine schlichte Darstellung von Bau und Ausstattung beschränken. Um dieses Werk zu verstehen, ist es wichtig, sich auf eine Welt der Frömmigkeit einzulassen, die uns Heutigen nicht mehr ohne weiteres zugänglich ist. Religion und Kirche prägten damals die Lebenswelt viel stärker als heute. Vor allem nach den Glaubenskämpfen der Reformation bildeten sie die wesentliche Legitimation adliger Herrschaft: Sie galt als von Gott gegeben.

Mit diesem Selbstverständnis war auch die junge Prinzessin Franziska Sibylla Augusta in der böhmischen Herrschaft Schlackenwerth an der Eger (heute Ostrov nad Ohří) aufgewachsen. Die Enkelin des Konvertiten Julius Heinrich von Sachsen-Lauenburg wurde in Frömmigkeit erzogen im von der Großmutter aus der katholischen Hochadelsdynastie der Lobkowitz gestifteten Piaristenkloster. Sie selbst übte sich schon früh als fromme Stifterin zweier Kapellen, die den Bereich um das Kloster zu einem heiligen Bezirk typisch böhmischer Prägung ausweiteten.[1]

Die Lebenswelt der Prinzessin und seit 1690 Gemahlin des Markgrafen Ludwig Wilhelm von Baden-Baden war aber nicht nur geprägt durch dieses erzkatholische Milieu, sondern auch durch die kunstsinnige Schlackenwerther Residenz mit prächtigem Park nahe der Kaiserstadt und Kunstmetropole Prag. Geschult an der kostbaren Innenausstattung des Schlosses und seiner Sammlungen, arbeitete sie sogar selbst mit an der Austattung des dortigen Weißen Schlosses.

Beide Erfahrungsbereiche, die Frömmigkeitskultur ihres Heimatlandes und dessen habsburgisch geprägte Kunstformen, hat sie in ihre angeheiratete Residenz Rastatt übertragen. Nach dem Tod des markgräflichen Gemahls ließ sie in und um Rastatt nach dem böhmischen Muster der heiligen Bezirke eine ganze sakrale Landschaft einrichten. Es entstanden eine Maria Einsiedeln- und eine Loretokapelle, die Eremitage im Park des Lustschlosses Favorite, eine Schmerzhaften Muttergotteskapelle im Witwentrakt des Schlosses.[2] Die meisten von der Markgräfin beauftragten Künstler waren auch schon in Schlackenwerth tätig gewesen: Michael Ludwig Rohrer aus Schlackenwerth, Architekt der Schlosskirche und des Lustschlosses Favorite, Franz Pfleger, ein künstlerisches Multitalent, der Altarbildmaler Josef Onghers, Johann Hiebel, der Freskant der Schlosskirche, und andere.

Die Maria Einsiedelnkapelle bezeugt die aus der böhmischen Heimat mitgebrachte Neigung der Markgräfin zur Marienverehrung – immerhin war ihre Urgroßmutter die Stifterin des weithin berühmten Loreto-Heiligtums in Prag (Weihe 1717). Aber bereits hier finden wir auch die Anfänge eines Kultes der Passion und des Kreuzes Christi, wie die Kopie der Geburtsgrotte von Bethlehem im Untergeschoss dieser Kapelle zeigt, in der ein Engel mit einem Kreuz auf die spätere Passion des heiligen Kindes verweist.[3] Die Gründe für diese Zuwendung zur Passion lagen anfangs wohl vor allem in dem geballten Unglück, das die Markgräfin getroffen hatte: Nur drei Kinder aus neun Schwangerschaften lebten, sie war seit 1707 Witwe und hatte die neue Rolle der Regentin in einem kriegszerstörten Land zu bewältigen.

*Kult des heiligen Kreuzes*

Was aber hatte sie bewogen, dem Kreuz Christi eine Heilige Stiege und prächtige Schlosskirche zu weihen – und an der Decke die heilige Helena so prominent darstellen zu lassen?

Von Böhmen her war sie vertraut mit dem dort allgegenwärtigen Kreuzkult. Auch im Kaiserhaus pflegte man diesen Kult und ebenso den der heiligen Helena. Eine Kirche musste auf jeden Fall gebaut werden, nicht nur weil die alte Hofkapelle nicht mehr genügte, sondern vor allem, weil die Markgräfin ein Gelübde ihres verstorbenen Gemahls zu erfüllen hatte.[4]

Mit Sicherheit haben die Jesuiten am Hof sie darauf hingewiesen, dass sie mit dem Kult des heiligen Kreuzes Frömmigkeit und Machtanspruch zugleich eindrücklich demonstrieren konnte: das Kreuz als Zeichen des Leidens, aber auch des Triumphs über Heidentum und Ketzerei. Die Initialzündung zum Rastatter Kreuzkult gab die jesuitische Missionskampagne im Jahr 1717 mit abschließender Bußprozession in Rastatt, an der die Markgräfin als Büßerin teilnahm, und die ebenfalls jesuitisch initiierte „Creutztragende Versammlung", deren Versammlungsort die spätere Schlosskirche werden sollte. Bereits in der Gründungsrede dieser frommen Vereinigung wird die Markgräfin als neue Helena und ihr Sohn als Konstantin angesprochen. Die Pilgerreise zu den heiligen Stätten Roms im Jahr 1719 gab weitere religiöse Impulse für die nun wohl schon angedachte Heilige Stiege und Kirche und bereicherte den heimischen Reliquienschatz um umfangreiche päpstliche Schenkungen.

Der neue Kreuzkult war ein deutliches Zeichen für die Absage der Markgräfin an die bisherige tolerante Religionspolitik und ihren wesentlich schärferen Kurs gegen Protestanten und Juden. Das machte die Ankündigung des Weihefestes für die Heilige Stiege 1720 den Zeitgenossen klar, eine Zwangseinladung mit der Vorschrift, dass Andersgläubige „sich denen Catholischen gleichstellen" mussten, bei angedrohtem Verlust von „Gnade und Dienste(n)".[5] Sogar die Prozessionierenden, die feierlich die Reliquien in die Heilige Stiege überführten, hatten sich dem Symbol der Christenheit zu fügen und in Kreuzform aufzustellen.

*Am oberen Ende der auf den Knien zu ersteigenden Heiligen Stiege verehrten die Gläubigen in der Kapelle des Leidens Christi zahlreiche in Wandnischen unter Glas zur Schau gestellte Reliquien.*

Den Aufgang der Heiligen Stiege, auf der Pilatus den dornengekrönten Christus dem Volk von Jerusalem übergeben hatte, mussten die bußfertigen Pilger auf den Knien bewältigen.[6]

*Ausgestaltung der Schlosskirche*

1723 konnte die von Hofarchitekt Michael Ludwig Rohrer errichtete Kreuzkirche geweiht werden, auch sie ein Wallfahrtsort, in dem man die Anbetung der sieben heiligen Stätten Roms nachvollziehen und dafür Ablass bekommen konnte. Die Bauherrin, die den Bürgern die versprochene Pfarrkirche am Marktplatz verweigert hatte, bot den Gläubigen statt dessen einen Buß- und Wallfahrtsort nach römischem Muster – und das in direkter Nähe ihres Appartements.

Im unter der Leitung von Franz Pfleger ausgestatteten Inneren zieht die hohe Chorbühne mit den geschwungenen seitlichen Treppenaufgängen, dem Hochaltar mit der Figur des Gekreuzigten und der hinterlichteten Glorie sofort den Blick auf sich, eine für Wallfahrtskirchen typische Anlageform. Auf dieses Zentrum sind die Seitenaltäre von Josef Onghers hingeordnet. Das Altarprogramm atmet den Geist der Gegenreformation: Die Initiatoren des Rastatter Kreuzkultes, die Jesuiten, waren mit den Altären ihrer Ordenspatrone Ignazius und Franz Xaver beteiligt. Der Altar des böhmischen Landesheiligen Nepomuk stand für die Herkunft der Markgräfin, und für ihre Romtreue das Altarbild, auf dem Petrus, der erste Papst, die Schlüssel aus der Hand Jesu empfängt. Nahe am Hauptaltar auf der Chorbühne sind die weiblichen Vertreter der heiligen Familie versammelt: Der Marienaltar trägt ein kostbares Gemälde der italienischen und derjenige der Anna Selbdritt ein kleines Bild der nordalpinen Renaissance. In Analogie zu Christi Kreuzestod und Erlösung ist der heilige Joseph im Moment seines Sterbens dargestellt. Unter der Chorbühne verbirgt sich hinter vergoldeten Gittern ein heiliges Grab, ausgekleidet mit vielfarbigen Ornamenten in kostbarer Scagliola, einer Einlagetechnik aus Stuckmarmor. Damit ähnelt der Aufbau der Chorbühne den „Kulissenheiliggräbern", prächtigen, aber nur für die Karwoche gefertigten Konstruktionen aus Holz und bemalter Leinwand mit einem heiligem Grab und bunter Beleuchtung.[7] Auch der Altar in der Schlosskirche wurde Weihnachten, Ostern und an anderen hohen Kirchenfesten feierlich in Szene gesetzt. In jeder der hohlen Alabastersäulen des Hochaltars konnte man mehrere kleine Öllämpchen entzünden und mit einer Winde hochziehen – die kleinen Apparate sind glücklicherweise komplett erhalten.

Die Wände waren ebenfalls in das Theatrum sacrum einbezogen: Die mit Stickerei und Bandelwerk-Applikationen geschmückten meterhohen Textilbehänge an den Pilastern konnten ausgetauscht werden wie Theaterkulissen. Es gab drei Garnituren dieser Behänge; erhalten ist glücklicherweise die kostbarste, die Festtagsgarnitur. Dank des Kirchenkalenders ist der liturgieabhängige „Szenenwechsel" genau nachvollziehbar, eine äußerst seltene Überlieferungskonstellation.[8] Diese Textilien sind von unschätzbarem Wert und europäischem Rang: Es scheint weithin die einzige so umfangreich erhaltene großformatige Textildekoration in einer barocken Kirche zu sein.

So war in der Gesamtanlage von Heiliger Stiege, schmerzhafter Muttergotteskapelle und Kreuzkirche auf engem Raum die ganze Passion veranschaulicht: Die Pilatustreppe für die Szenen der Geißelung und Übergabe Christi ans Volk, der Hochaltar für die Kreuzigung, die schmerzhafte Muttergotteskapelle nahebei für das Leiden Mariä um den Sohn unterm Kreuz und unter der Chorbühne schließlich das Grab Christi. Der Chor der Kirche bildet das heilige Zentrum des Ganzen – und in der Osternacht wird die Gemeinde mit der Markgräfin zusammen den zarten Schein der leuchtenden Säulen als Hinweis auf die Erlösung durch den auferstandenen Christus mit Freude begrüßt haben.

*Schlosskirche zum Heiligen Kreuz, Blick nach Südosten zur Chorbühne. Zwischen den beiden Treppen verdeckt der später eingefügte Altar des heiligen Calasanz das ehemalige heilige Grab.*

*Deckenfresko mit der heiligen Helena*

Das Deckenfresko von Johann Hiebel aber gab dem Kreuzpatrozinium eine ganz spezielle Bedeutungsrichtung: Hiebel verzichtete hier auf die illusionistischen Kunststücke, in die ihn sein Lehrer Andrea Pozzo eingeführt hatte und erzählte in seinem lebendigen Stil, wie Helena, die Mutter des Kaisers Konstantin, der unter dem Zeichen des Kreuzes seine Gegner besiegt hatte, das heilige Kreuz auf dem Hügel Golgatha fand, es ausgraben ließ und verehrte. Über dem Hochaltar malte er in den satten Farben des böhmischen Barock das zentrale Geschehen der Legende in dramatischer Ballung: Auf Befehl der heiligen Kaiserin wird der dortige heidnische Tempel in Trümmer gelegt – eben reißt man mit beträchtlichem Kraftaufwand die bereits kopflose Venusstatue vom Sockel, Amors Bogen ist zerbrochen. Links davon steht schon die neue, von Helena errichtete, überkuppelte Kirche. An der gegenüberliegenden Seite drückt eine bunte Menge mit lebhaften Gesten Staunen und Freude über das Wunder der Kreuzauffindung aus. Mit diesen Bildern hatte die Markgräfin ihr religiöses Programm veranschaulicht: eine jesuitischen Konzepten folgende, deutlich gegen alle Abweichler von der reinen römischen Lehre gerichtete und der Mission verpflichtete Bildwelt.

Sie ging aber noch einen Schritt weiter: Die Gesichtszüge der Helena im Fresko sind erkennbar die der Markgräfin selbst. Sie wollte sich hier also in der Rolle der Kaisermutter, Kreuzfinderin, Heidenvertreiberin und Bauherrin bedeutender Kirchen feiern lassen. Mit der heiligen Helena hatte sie die ideale Identifikationsfigur für ihre glaubensgeleitete Herrschaft gefunden, die unter dem Kreuz, dem mächtigsten Symbol der Christenheit, Frömmigkeit und höchste Macht vereinigte und zugleich Nähe zum Kaiserhaus und Treue zum Papsttum demonstrierte.[9]

*Deckenfresko Kreuzauffindung und Kreuzerhöhung, Johann Hiebel 1722. Die heilige Helena, mit Krone und Hermelin und mit den Gesichtszügen der Markgräfin, kniet vor dem Kreuz (untere Bildmitte).*

**Anmerkungen**

1 GNIRS, Anton/GNIRS, Anna: Topographie der historischen und kunstgeschichtlichen Denkmale in dem Bezirke Karlsbad. Hrsg. v. Collegium Carolinum. Besorgt von Anna Gnirs. Prag 1933. Neuaufl. München 1996 (Handbuch der sudetendeutschen Kulturgeschichte. Hrsg. v. Vorstand des Collegium Carolinum, Forschungsstelle für die Böhmischen Länder 8), S. 115.

2 GENSICHEN, Sigrid, Die böhmische Heimat. In: Extra Schön. Markgräfin Sibylla Augusta und ihre Residenz, Ausstellungskatalog, hrsg. von Staatliche Schlösser und Gärten Baden-Württemberg, Stuttgart 2008, S. 11-25, hier S. 19-25.

3 STOPFEL, Wolfgang: Bethlehem in Rastatt. Eine Nachbildung der Geburtsgrotte im Andachtsstättenensemble der Markgräfin Sibylla Augusta (1675–1733). In: Kremer, B. M. (Hrsg.): Kunst und geistliche Kultur am Oberrhein. Festschrift für Hermann Brommer zum 70. Geburtstag. Lindenberg 1996, S. 165-176. In der 1718 errichteten Eremitage im Schlosspark des Lustschlosses Favorite bilden das heilige Grab und die das Kreuz verehrende Maria Magdalena das Zentrum der achteckigen kapellenartigen Anlage.

4 Er hatte eine Pfarrkirche gelobt für die Geburt eines männlichen Erben. Dass seine Witwe das Gelübde umdeutete zur repräsentativen Schlosskirche, hatte wohl auch den Sinn, die Kirche besser gegen eine eventuelle spätere Umwidmung zur evangelischen Kirche zu sichern, als das bei einer Pfarrkirche möglich war. GLA Karlsruhe, 220623b.

5 Die Markgräfin handelte sich mit ihrer Einschränkung der Religionsfreiheit sogar eine kaiserliche Ermahnung zur Einhaltung der Bestimmungen des Westfälischen Friedens ein, GLA Karlsruhe, 61/385, ZEPF, Markus, Markgräfin Sibylla Augusta als Regentin. In: Extra Schön (wie Anm. 2), S. 26-41, hier S. 32.

6 Zum Reliquienkult der Markgräfin: STEIGELMANN, Helmut: Die Rastatter Reliquienprozession von 1720. In: Seifenblasen. Festschrift zum 125. Stiftungsfest, hrsg. v. Verband Alter Herren der Pennäler-Verbindung Teutonia 1842 zu Rastatt, Rastatt 1967, S. 59-80.

7 STOPFEL, Wolfgang: Die Magdalenenkapelle in Favorite und die Andachtsstätten der Sibylla Augusta. In: Aquae 1993, S. 25–48.

8 GLA Karlsruhe, 220/697, Inventar 1768; 235/33799 Steigerungsprotokoll der „alten Tapeten“ 1823; GENSICHEN, Sigrid, L'iconographie de l'église de la Sainte Croix de la Résidence de Rastatt: le rôle des textiles dans le «Gesamtkunstwerk». In: Art Sacré, *Cahiers de Rencontre avec le Patrimoine Religieux*, n 27, „Tapisseries et broderies : relectures des mythes antiques et iconographie chrétienne“ (Actes du colloque d'Angers, 4-6 octobre 2007), Limoges 2009, S. 136-153, hier S. , S. 142-145.

9 GENSICHEN, Sigrid, Die Heilige Stiege und die Schlosskirche Zum Heiligen Kreuz an der Rastatter Residenz. In: Extra Schön (wie Anm. 2), S. 75-89; hier S. 86-88.

# Kunstwerk, Exerzierplatz, Bürgergarten

## Zur Geschichte des Rastatter Schlossgartens

**von Reinhard Molt**

Die Geschichte des Rastatter Schlossgartens beginnt mit der markgräflichen Absicht, Rastatt als Residenzstadt auszubauen. Und diese Geschichte beginnt in einer Dimension, die weit größer ist als die Planungen zum eigentlichen Stadtgrundriss. Dies dokumentiert sehr anschaulich der sogenannte Ur-Plan von Rastatt, der sich im Generallandesarchiv Karlsruhe befindet (siehe Beitrag Wolfgang Stopfel, ‚Repräsentation als erstes Ziel' in diesem Band). Dieser Plan vermittelt in beeindruckender Weise die gewaltige Dimension des ursprünglich projektierten Schlossgartens und der geplanten gigantischen Achse Richtung Ettlingen. Zeitlich einzuordnen ist er sicherlich kurz nach der Entscheidung, aus der bereits vorhandenen Jagdschlossanlage nebst Tierpark[1] einen repräsentativen Residenzbau zu realisieren, das heißt in das Jahr 1699.

Der unmittelbar im Anschluss an das Jagdschloss geplante riesige Barockgarten dominiert das Gesamtbild. Die Stadt, besser noch der „trostlose" Rest des Marktfleckens Rastatt, erscheint dagegen winzig. Der Verfasser widmet sich in Detaillierungsgrad und konzeptioneller Struktur vorrangig dem Garten bzw. dem „Thierpark-Projekt".

Gleichzeitig mit dem Umbau des Jagdschlosses in eine befestigte Residenz ab 1700 wurden auch Pläne zur Umgestaltung des Gartens gefertigt: Es waren Entwürfe für einen modernen Barockgarten, der sich mit dem Schloss und dessen Symmetrie direkt auseinandersetzt.

Allerdings kann in diesem Zusammenhang ein Vorgängerentwurf nicht unerwähnt bleiben, der eindeutig auf die Initiative des Markgrafen Ludwig Wilhelm zurückgeht. Dieser Plan, der sogenannte Markgrafen-Plan, zeigt einen barocken Stadtgrundriss, allerdings ohne die markanten Eigenschaften wie „patte d'oie"[2] und kleiner Gartenanlage, jedoch mit einer sehr markanten und ausgeprägten Stadtbefestigung. Doch woher kommt der Sinneswandel des Markgrafen, woher seine Sehnsucht nach den modernen Dimensionen und nach der neuen Großzügigkeit?

### *Parallelbeispiel Versailles*

Zum besseren Verständnis müssen wir nach Frankreich blicken, genauer nach Versailles. Die dortige Residenz Ludwigs XIV., des Taufpaten von Ludwig Wilhelm von Baden, verdient als Anlage eine genauere Betrachtung. Die Prinzipien der Perspektive und das Gestaltelement des „patte d'oie" finden in Versailles sowohl auf der Stadt- als auch auf der

Parkseite Anwendung. Besonders die drei Kilometer lange zentrale Achse der barocken Parkanlage, die mit ihrem Fluchtpunkt in der Ferne verschmilzt, verleiht Versailles bis heute eine fast unendliche Dimension. Die Verwandtschaft zu Rastatt ist nicht zu leugnen.

Für die Pläne des Sonnenkönigs, nämlich die Umgestaltung von Paris nach den barocken Prinzipien, reichte das Geld nicht aus, deshalb entschied man sich, den Hof nach draußen in die Natur zu verlegen. Als Residenz Ludwigs XIV. gilt die Gesamtanlage von Versailles als Abbild der absolutistischen Staatstheorie. Bereits kurz nach Antritt seiner Regierung begann Ludwig XIV. mit ihrem Ausbau. Im Jahre 1682 wurde Versailles zum offiziellen Sitz des französischen Hofes. Durch die erhabene Lage des Schlosses erschließen sich dem Betrachter beinahe unendliche axiale Bezüge nach Osten und Westen. Die freie, weitgehend unbebaute Landschaft um Versailles ließ sich bestens nach den Prinzipien der Regelmäßigkeit und der Symmetrie entwickeln.

An Stelle einer Stadt baute Ludwig XIV. einen Park, in dem sich die notwendigen Elemente, die für die Funktion einer Residenz unabdingbar sind, dem Ganzen unterordnen. In ihrer Großzügigkeit hat die Anlage bis heute eine nicht zu übertreffende Dimension. Dem Gartenbaukünstler André Le Nôtre kommt dabei die zentrale Rolle des Schöpfers von Park *und* Stadt zu. Diese seinerzeit modernste, prunkvollste und bekannteste Residenz spiegelt sicherlich auch die Sehnsucht von Markgraf Ludwig Wilhelm wider. Deshalb wurde im Jahre 1705, neben dem Schlossarchitekten Domenico Egidio Rossi, auch Monsieur Le Maire als Gartenbauinspektor nach Rastatt berufen. Eine Darstellung (aus dem Jahr 1705) des ersten, wahrscheinlich von Le Maire gestalteten Schlossgartens ist in der Sammlung Weinbrenner erhalten. Aus dieser Zeit stammt auch die imposante Perspektive über einen geplanten, großartigen Schlossgarten hinweg Richtung Ettlingen.

Beim Tod des Markgrafen Ludwig Wilhelm im Jahr 1707 waren die Pläne Rossis und der Barockgartenentwurf Le Maires nur in Teilbereichen umgesetzt. Folgende barocke Merkmale waren allerdings bereits herausgearbeitet und ablesbar:

- die gesamte Gartenanlage ist durch parallele Baumreihen in drei Längsstreifen aufgeteilt,
- der Boskettgarten[3] besteht aus architektonisch und ornamental angelegten Heckenpflanzungen,
- die oberen Enden der Seitenteile enthalten offene Gartenpavillons mit zahlreichen Springbrunnen,
- die Aufteilung der Gesamtanlage erfolgt nach dem „französischen Vorbild", jedoch wird wegen des durch die Wallanlagen begründeten Platzmangels auf ein „Salvatico"[4] verzichtet.

Bei der anschließenden Zerstörung der Rastatter Befestigung durch die Franzosen entstand auch am Schlossgarten beträchtlicher Schaden. Nach dem Fortgang Rossis und Le Maires stellte er sich nach zeitgenössischen Berichten lange Jahre als ein *„großer und wüster Platz"* dar.

*Pläne und Umgestaltungen im 18. Jahrhundert*

Nach dem Tod Ludwig Wilhelms am 4. Januar 1707 übernahm Markgräfin Sibylla Augusta die Regentschaft. Sie setzte das begonnene Werk ihres Mannes fort. Hierfür wurde von ihr der böhmische Architekt Michael Ludwig Rohrer verpflichtet. Er fertigte auch mehrere neue und realistische Pläne zur Gestaltung des Gartens, doch sind diese Projekte nach heutigen Erkenntnissen nicht verwirklicht worden.

In den nächsten Jahrzehnten wurden mehrere Alternativen von verschiedenen Verfassern erarbeitet, von denen ebenfalls keine vollständig umgesetzt werden konnte. Als einzige bauliche Maßnahme entstand 1738 ein von Johann Peter Ernst Rohrer, dem Bruder von Michael Ludwig Rohrer, entworfenes Orangeriegebäude. Ein überlieferter Plan, der vermutlich auf Josephus Wimber zurückgeht, zeigt die Stadt Rastatt in dem Zustand um 1765, nach dem sie im Wesentlichen gebaut wurde. Die Schlossachse Richtung Ettlingen wird hier über die Gartenanlage hinaus verlängert. Über den trockenen Graben führt eine Brücke auf das Festungsglacis. Durch eine Baumallee akzentuiert wird die Achse bis zum Planrand fortgesetzt, allerdings ohne verkehrstechnische Bedeutung. Der Schlossgarten erstreckt sich nach Nordwesten bis zum Gestadebruch.

Auf Michael Ludwig Rohrer geht auch der Wasserleitungsplan zurück: Der Stadt- und Schlossgartengrundriss enthält die explizite Darstellung der Wasserversorgung von Schloss und Wasserspielen im Park. Bezeichnend ist, dass mit hohem Aufwand die markgräfliche Residenz mit Brunnenwasser versorgt wurde, während die bürgerliche Stadt keinen Anschluss an die Wasserleitung besaß. Hier waren nur einige gemauerte Brunnen vorhanden,

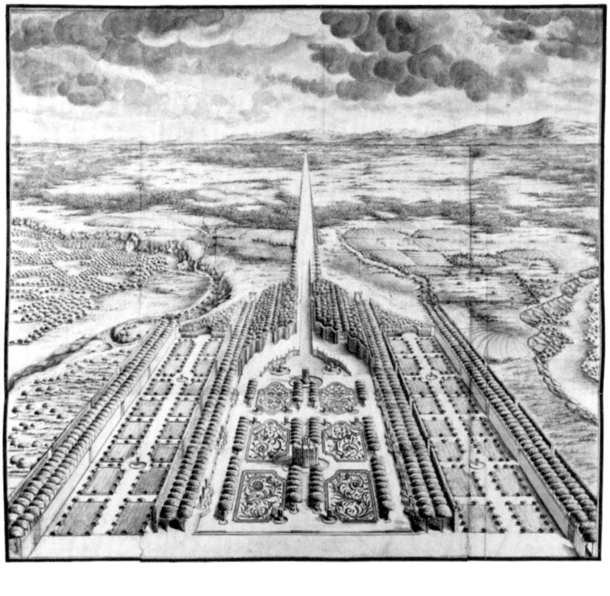

*Diese Vogelperspektive um 1715 zeigt die imposante Planung eines großartigen Schlossgartens hinweg Richtung Ettlingen.*

die die Bevölkerung mit Wasser versorgten. Ebenfalls zu erkennen sind jenseits der Murg das von Rohrers Vater Michael Anton erbaute Brunnenhaus am Murgkanal, das für die Wasserversorgung des Schlosses und der Brunnenanlagen im Schlossgarten diente. Der Plan zeigt gewisse Parallelen zum in Schlackenwerth gebauten „Garten der hundert Brunnen" von Julius Heinrich.

Erst nach dem Ende des Baden-Badener Geschlechts 1771 wurde auf Geheiß des Durlacher Markgrafen Karl Friedrich der Schlossgarten nach Plänen von Franz Ignaz Krohmer neu ausgeführt. Bemerkenswert dabei ist, dass das Grundschema der Anlage von Le Maire noch immer Bestand hatte. Ein seitlicher Orangerie-Garten und ein kleiner Garten im englischen Stil kamen erst später hinzu. Bereits zwölf Jahre danach musste die Gartenunterhaltung wegen der immensen Kosten komplett eingestellt werden. Die Fläche wurde privat weiterverpachtet – wenn auch unter Beibehaltung des barocken Rechteckschemas.

### *Die Zeit der militärischen Nutzung*

Mit dem Bau der Bundesfestung ab 1842 fiel der Schlossgarten in staatliche Verwaltung, die militärische Geschichte des Ortes nahm ihren Lauf. Auf dem nordöstlichen Teil des Schlossgartens entstand die Ludwigsfeste, das sogenannte Fort B. Von jetzt an galten für die gesamte Stadt militärische Prioritäten. Fast die Hälfte seiner ursprünglich zugedachten Fläche wurde dem Schlossgarten genommen (rund 4 ha) und dem Festungsgelände zugeschlagen, der Rest wurde gerodet und hauptsächlich als Exerzierplatz genutzt. Wiederum erscheint der Schlossgarten als wüste und öde Fläche direkt am dominierenden Rastatter Schloss. Von diesem Zeitpunkt an bis heute war somit mehr als die Hälfte des ursprünglichen Rastatter Schlossgartenareals nicht mehr als solches erkennbar bzw. benutzbar.

Eine gut erhaltene Bestandsaufnahme des Schlossgartens von 1860 versetzt uns in die Zeit der Bundesfestung. Auf dieser Karte sind die kleine englische Gartenanlage und die Orangerie zu erkennen. Allerdings wurden einige Gebäude für militärische Zwecke umfunktioniert und ergänzt, so beispielsweise das Orangeriegebäude zum „Bauhof der Bundesfestung". Zum Schlossgarten hin entstanden in prominenter Lage neu das militärische Mehlmagazin und die dazugehörige Bäckerei.

Infolge der Auflassung der Bundesfestung ab dem Jahre 1890 konnten der neue Rastatter Bahnhof und die Bahnhofstraße angelegt werden. Für diese verkehrspolitisch bedeutende Neuerung musste der komplette südöstliche Teil der Ludwigsfeste abgebrochen werden, damit der direkte Weg zwischen Stadt und neuem Bahnhof geschaffen werden konnte.

Im Februar 1892 kaufte die Stadt den größten Teil der aufgelassenen Bundesfestung und begann gleichzeitig, wichtige infrastrukturelle Entwicklungen anzugehen. In Zeiten großer finanzieller Belastung des städtischen Haushaltes und angesichts zurückgehender Steuereinnahmen aufgrund stagnierender Bevölkerungszahlen und des Truppenabzugs aus der

Bundesfestung bedurfte es hierzu großer Überzeugungskraft, Weitsicht und Mut aller politischen Entscheidungsträger. Bereits im April 1892 beauftragte die Stadt den Karlsruher Professor Reinhard Baumeister mit dem Entwurf zur Stadtentfestigung bzw. zur Stadtentwicklung.

Der Festungskaufvertrag und eine Karte zum Festungskaufvertrag von 1892 mit der Darstellung der Flächen für die Stadt bzw. „Flächen für die Stadtgemeinde vorbehalten" definiert die von der Stadt erworbenen Areale parzellenscharf. Allerdings waren die neu erworbenen Flächen weder unmittelbar bebaubar noch standen diese den möglichen Ansprüchen potenzieller Bauwilliger zur Verfügung. Zuvor mussten mit erheblichem Aufwand und weiterem finanziellen Risiko die Festungsanlagen beseitigt, Erschließungsstraßen gebaut und Infrastrukturanlagen geschaffen werden, damit eine geordnete städtebauliche Entwicklung eingeleitet werden konnte. Dies galt insbesondere für das Fort B, die ehemalige Ludwigsfeste.

Auf dieser Vertragsgrundlage übernahm die Stadt im Jahre 1907 große Teile der Ludwigsfeste, um auf diesem Gelände für die Militärverwaltung Kasernen zu bauen, die wiederum dem Militär überlassen werden sollten. In den Jahren 1910–12 wurden die neuen Gebäude für das Infanterieregiment 111 ausgeführt. Die Bauten wurden in einer an den barocken Vorbildern orientierten Formensprache gestaltet. Auf die dominierende Symmetrie des Schlosses und der Rastatter Stadtanlage wurde allerdings nicht in ausreichendem Maße reagiert. Die Anordnung der Gebäude folgte offensichtlich und ausschließlich militärischen Belangen. Aus städtebaulicher Sicht wurde nur das umgebende Quartier und nicht der gesamtstädtische Kontext des Rastatter Stadtgrundrisses bedacht. Hierbei unterscheidet sich die städteplanerische Vorgehensweise kaum von derjenigen der Festungsbauingenieure. Im Juni 1912 konnte die Stadtgemeinde die neue Ludwig-Wilhelm-Kaserne der Militärverwaltung im Mietverhältnis übergeben.

## *Nutzungen der Zwischenkriegszeit*

Nachdem Rastatt und die gesamte Oberrheinregion nach 1919 in der entmilitarisierten Zone lagen, ergab sich ein Nutzungsvakuum bezüglich der 111er Kaserne. Nach Auflösung des Mietvertrags im April 1921 wurde das Mietobjekt an die Stadt zurückgegeben. Die Stadt musste nun für die Kasernenbauten eine neue Verwendung finden. Schon bald waren Überlegungen im Gange, die an die heutige Konversion von ehemaligen militärischen Liegenschaften erinnern.

Frei verfügbare und bereits erschlossene innerstädtische Flächen und eine anhaltende Wohnungsnot führten zur pragmatischen Überplanung der 111er Kaserne durch einen Entwurf des Stadtbauamtes Rastatt um 1927. Neue, moderne Wohnungen im Geiste der Zeit sollten anstelle der Kaserne entstehen. Vor diesem Hintergrund wurde im Jahr der

Weltwirtschaftskrise 1929 entlang der „Ludwigsfeste“ die noch aus der Festungszeit bestehende Reduitkaserne des Forts B abgebrochen. An deren Stelle sollte eine moderne und sehr massive Blockrandbebauung mit anschließenden Hausgartenparzellen errichtet werden. Eine Auseinandersetzung mit der barocken axialen Stadt und ehemaligen Gartenstruktur fand nicht statt. Aus städtebaulicher Sicht war es im Nachhinein betrachtet vielleicht sogar gut, dass das Projekt in dieser Form nicht verwirklicht wurde.

Denn es kam alles anders: In Teilen der Mannschaftsgebäude wurde die schnell wachsende Rastatter Mittelschule untergebracht. Für den notwendigen Schulsport wurde anschließend die Exerzierhalle hergerichtet. Dieses imposante Hallenbauwerk wurde später auch für kulturelle und vereinsspezifische Veranstaltungen genutzt. Andere Bauten wurden für Wohn- oder gewerbliche Zwecke verkauft bzw. vermietet.

Nachdem der verbleibende Gartentorso 1920 der Stadt zur Anlage eines „Volksparks“ überlassen worden war, wurde in den Jahren 1922–24 ein Entwurf von Professor Max Laeuger umgesetzt. Max Laeuger war ein am Oberrhein und in Deutschland bekannter Gartenbauarchitekt. Als Professor an der Karlsruher Kunstgewerbeschule hatte er bereits Jahre zuvor in Baden-Baden die sogenannte „Gönneranlage“ an der Oos gestaltet, 1925 folgte ebenfalls in der Kurstadt die berühmte Wasserkunstanlage „Paradies“.

Sein Plan für Rastatt sah eine bescheidenere Gartenanlage im Sinne einer zurückhaltenden barocken Grundstruktur mit verschieden hohen Wuchsebenen und Heckeneinfassungen vor. Die Anlage ist symmetrisch auf das Schloss und die Stadtanlage ausgerichtet. Zwangsläufig endet die Anlage „An der Ludwigsfeste“. Ein gestalterischer Bezug soll mittels Bäumen entlang der dominierenden Reduitkaserne hergestellt werden.

Doch akuter Geldmangel, galoppierende Inflation und politisch turbulente Zeiten ließen keine großartigen Gestaltungswünsche zu. Im Wesentlichen blieb der Schlossgarten ein durch Heckeneinfassungen und Bäume gefasster, großer symmetrischer Platz. Auch

*Das Kasernenareal und die Schlossgartenfläche als Postkarte. Um 1912 vom Luftschiff Schwaben aus fotografiert.*

die Konversion der Ludwigskaserne kam nicht zustande, da im März 1936 nach der NS-Machtergreifung bereits wieder Soldaten in die Kasernengebäude einzogen. Rastatt war somit wieder Garnisonsstadt.

Das Militär und dessen Prioritäten dominierten erneut die Stadt. Marschieren und Exerzieren war angesagt. Geld für Gestaltung und Gartenbaukunst war nicht vorgesehen. Die Gartenanlage blieb weiterhin nur eine leere Fläche und wurde nicht als Garten, schon gar nicht als Barockgarten, wahrgenommen. Vielmehr war der Schlossgarten ein großer Exerzierplatz. Weiter nördlich wurden auf dem Kasernenareal durch das Naziregime weitere Bauten verwirklicht. 1936 wurde die Achse, nach Abbruch der Reduitkaserne, in Richtung Ettlingen nicht verlängert, sondern durch ein neues Mannschaftsgebäude wieder verbaut.

## *Zurück zum Garten*

Nach dem leidvollen Ende des 2. Weltkrieges übernahmen die französischen Streitkräfte die Kaserne und benannten sie nach dem Maréchal Canrobert. Weitere Bautätigkeiten unter der Regie der alliierten Streitkräfte fanden auf dem Kasernenareal statt. Aufgrund der bereits vorgefundenen Ausprägung der Gebäude wurden die hinzukommenden Baukörper lediglich nach funktionalen Erfordernissen ergänzt und positioniert. Eine gestalterische Auseinandersetzung mit der historischen barocken Achse blieb aus nachvollziehbaren Gründen aus.

Bis in die achtziger Jahre war Rastatts Schlossgarten im Wesentlichen durch die Planungen von Max Laeuger geprägt. Seine heutige Gestalt bekam der verbleibende 4,6 ha große, nunmehr im Besitz des Landes Baden-Württemberg befindliche Garten in den achtziger Jahren. Unter Federführung des Landes sollte der Schlossgarten in seinen gestalterischen Grundideen nach barocken Vorbildern neu angelegt werden. Ziel war es, den Rastatter Schlossgarten zu einem Bürgergarten zu machen. Das Konzept des schwedischen Gartenarchitekten Gunnar Martinson, damals Professor an der Universität Karlsruhe, zur modernen Umsetzung barocker Gestaltungsideen wurde verwirklicht und kann heute besser denn je erlebt werden.

Folgende barocke Prinzipien wurden dabei im Jahr 1987 von Gunnar Martinson aufgegriffen:

- axiale Ausrichtung,
- Gesamtkonzeption Stadt-Schloss-Garten und barocke Achse orientiert nach Ettlingen,
- Anstieg der Wuchshorizonte unter Ausbildung einer Baumkulisse,
- nördliche und südliche Kastanienallee sowie
- ein Rosen-Museum,
- die Errichtung von modernen Stahlpavillons
- und endlich wieder: Wasserspiele.

Sein Gesamtcharakter hat sich jedoch grundlegend gewandelt: Im Barock diente der Garten zur visuellen Erbauung und Repräsentation („begehbares Kunstwerk“), er wurde betrachtet, seltener betreten, aber in jedem Falle nicht „benutzt“. Heute erfährt er eine wesentlich stärkere Nutzung: als Naherholungsfläche, zum Aufenthalt sowie als alternative Wegeverbindung von der Innenstadt in Richtung der nördlichen Stadtteile und zum Bahnhof.

*Konversion des Kasernenareals*

1994 wurde das Kasernenareal von den französischen Streitkräften freigegeben. Zwei Jahre später lobte die Stadt Rastatt einen zweistufigen städtebaulichen Ideenwettbewerb aus mit dem Ziel, der Stadt und dem Schloss in nördlicher Richtung endlich ihre Barockachse und die ursprünglich geplante Größe des Barockgartens zurückzugeben bzw. diese zu realisieren. Der Stadt gelang es, nach zähen Verhandlungen die zentralen Entwicklungsflächen vom Bund zu erwerben, so auch „Canrobert“. Seit 2006 wird das Quartier wieder „Ludwigsfeste“ genannt.

In krassem Gegensatz zur Zeit der Bundesfestung, als die Stadt von ihrer Umgebung regelrecht abgenabelt war, orientiert sich Rastatt heute insbesondere nach außen – ins Umland. Die Erneuerung und Erweiterung Rastatts erfolgen unter besonderer Berücksichtigung des größten Kapitals dieser Stadt, nämlich der Einzigartigkeit der Stadtanlage und ihrer Geschichte.

Eine Reihe von Rahmenbedingungen für das ehemalige Quartier Canrobert können aus der jüngsten Stadtgeschichte abgeleitet werden: der Bereich zwischen Schloss und Bahnhof bzw. Gewerbegebiet mit seinem Kernstück, dem Areal der Kaserne Canrobert, war und ist teils heute noch Rastatts wichtigster Entwicklungsbereich, dies insbesondere vor dem Hintergrund einer identitätsstiftenden Entwicklung der Stadt Rastatt. Die besondere Bedeutung des Gebietes im städtischen Gesamtgefüge ergibt sich dabei aus *formalen* wie *funktionalen* Gründen.

*Formal:* An dieser Stelle liegen vier für Rastatt prägende und somit planungsrelevante Strukturen übereinander (analog zu den historischen Epochen): die barocke Achse (durch den Schlosspark nach Ettlingen), eine ehemalige Festungsbastion, eine neuere militärische Anlage (Ludwig-Wilhelm-Kaserne) sowie die auf dem geschleiften Bastionsgürtel entstandene „Bahnhofsanlage“ mit wesentlichen Gestaltpotenzialen.

*Funktional:* Das Quartier bietet den kürzesten Weg von der Innenstadt zum Bahnhof; an den neuen Rändern des im Kern freigestellten Quartiers befinden sich gesamtstädtisch bedeutsamste Einrichtungen: Schloss, Bahnhof, Schulen, Kindertagesstätte, kulturelle Einrichtungen, Krankenhaus. Eine bessere Verbindung durch die einst „undurchschreitbaren“ Grenzen des ehemaligen Schlossgartens und späteren Festungs- und Kasernengeländes, einschließlich der Verknüpfung des Gewerbegebiets über den Bahnhof bot sich förmlich an.

*Blick über das Canrobert-Areal bis zum Schloss, das Landratsamt im Bau, im Vordergrund die noch nicht sanierte Reithalle und die neue Kindertagesstätte.*

Nicht zuletzt ist Rastatt Sitz des Landratsamtes und somit Verwaltungsmittelpunkt für rund 230.000 Einwohner verteilt auf 23 Städte und Gemeinden am Oberrhein. Seit Langem litt das Rastatter Landratsamt an Raumnot, durch die Verwaltungsreform im Jahr 2005 ergab sich dann weiterer akuter Handlungsbedarf. Im Zuge der Integration der neuen Fachbereiche und ehemaligen Landesbehörden ins Landratsamt wurde ein Neubau dringend notwendig. Wo gab es einen besseren Platz dafür als im ehemaligen Kasernengebiet Canrobert? So liegt diese wichtige öffentliche Einrichtung heute tatsächlich am Übergang von der Stadt zum Landkreis. Immer noch mitten in Rastatt gelegen und hervorragend mit allen Verkehrsmitteln erreichbar. Ein neues, modernes Landratsamt im historischen Dialog zur benachbarten Reithalle und zum Bahnhof!

*Fazit*

Der einst dominierende Schlossgarten hat in seiner wechselvollen Geschichte eine sehr bewegte, wechselvolle und bedeutende Entwicklung hinter sich: vom barocken Schlossgarten über das Festungsfort B zur ehemaligen Kaserne Canrobert. Eine gewisse militärische Dominanz des Stadtquartiers ist nicht von der Hand zu weisen. Deshalb kann die jüngste

Konversion, die Wiederherstellung der barocken Achse gepaart mit zentralen öffentlichen und privaten Einrichtungen, nach Auffassung des Verfassers als besonders gelungen bewertet werden. Es bleibt zu wünschen, dass nach dem skizzierten bewegten Entwicklungsprozess über mehr als drei Jahrhunderte hinweg dieser für den Rastatter Stadtgrundriss so herausragende Ort seine dauerhafte zivile Bestimmung gefunden hat.

### Anmerkungen

1 Heute würde man dieses Areal als Jagdrevier bezeichnen.

2 Auf Deutsch: Gänsefuß, dreistrahliges Alleensystem, bei dem diese in einem Punkt zusammenlaufen.

3 Als Boskette werden regelmäßig gezogene Hecken und Buchspflanzungen bezeichnet.

4 Salvatico ist eine die Gesamtanlage abschließende Waldkulisse.

### Quellen und Literatur

BAUMGÄRTNER, Iris (Red.): Aus langem Festungsschlaf erwacht. Die moderne Entwicklung Rastatts nach der Entfestigung 1890–1914, Ausstellung des Stadtmuseums in Zusammenarbeit mit dem Stadtarchiv, Rastatt 2009.

BAUMGÄRTNER, Iris (Red.): Rastatt 1933 bis 1945. Ausstellung des Stadtmuseums und Stadtarchivs, Rastatt 1994.

ESSER, Saskia (Red.): Leben und Werk der Markgräfin Franziska Sibylla Augusta, Ausstellungskatalog, Rastatt 1983.

HIMMELEIN, Volker (Hrsg.): Planstädte der Neuzeit. Ausstellung, Badisches Landesmuseum Karlsruhe, Karlsruhe 1990.

HIRSCH, Fritz: Rastatt, Schloß und Stadt, Heidelberg 1923.

MOLT, Reinhard: Canrobert, ehemalige französische Kaserne im städtebaulichen Kontext, Kaiserslautern 1996.

NEININGER, Albert: Rastatt als Residenz, Garnison und Festung, Rastatt 1961.

PASSAVANT, Günter: Studien über Domenico Egidio Rossi und seine baukünstlerische Tätigkeit innerhalb des süddeutschen und österreichischen Barock, Karlsruhe 1967.

REINBORN, Dietmar: Städtebau im 19. und 20. Jahrhundert, Stuttgart 1996.

RENNER, Anna Maria: Baugeschichte des Rastatter Schlosses. In: ZGO 48 (1935).

STADTARCHIV RASTATT: A 3730 (Bau-Rayon-Regulativ für die Landesfestungen Ulm und Rastatt v. 21.4.1847); A 1190 (Festungskaufvertrag Feb. 1892; Protokoll der Festungsübergabe Feb. 1892)

STOPFEL, Wolfgang E.: Domenico Egidio Rossi. Der Architekt des Rastatter Schlosses, Rastatt 1986.

# Schloss Rastatt als Denkmal

## Bauunterhalt und Restaurierung – Aspekte des Denkmalschutzes

**von Johannes Wilhelm**

Die Schlösser in Rastatt nehmen in der Wertung der Denkmalpflege unter der Vielzahl der Residenz- und Herrschaftssitze am Oberrhein einen besonderen Rang ein. Sie heben sich durch ihren Erhaltungszustand heraus und sind bedeutende Dokumente sowohl für das Land durch die Situation ihrer Entstehung wie auch durch ihre Stellung in der europäischen Architektur- und Kunstgeschichte.

### *Das Schloss Rastatt als Denkmal*

Die Verlagerung der Residenz der Markgrafen vom Stammsitz in Baden-Baden in das 1689 durch die Franzosen fast völlig niedergebrannte Rastatt bezeugt den Willen des Herrschers des ungefähr 70.000 Seelen umfassenden Territoriums, den Anschluss an die Führungselite Europas zu suchen. Markgraf Ludwig Wilhelm von Baden-Baden vollzieht damit 1699 als erster Herrscher der Region den Schritt von der Höhenlage hinaus in die Rheinebene, eine Entwicklung, die wohl dem zeitgemäßen Raumanspruch weitläufiger Park- und Alleeanlagen Rechnung trug. In der Folge dieser Entwicklung stehen die Neugründung von Karlsruhe im Jahr 1715 durch Karl Wilhelm von Baden-Durlach und die Verlegung der Kurpfälzischen Residenz durch Carl Philipp von Heidelberg nach Mannheim 1720. Der Schlossbau in Rastatt steht für den Beginn der einzigartigen Schlosslandschaft am Oberrhein.

Ludwig Wilhelm, der ein weltgewandter Bauherr mit weit reichenden Beziehungen war, konnte für sein Bauvorhaben auf neueste Entwicklungen wie auch auf qualitätvolle Künstler zugreifen. So ist es nicht überraschend, dass bei der Einordnung in die europäische Kunst- und Architekturgeschichte der Rastatter Schlossbau sich auf der Höhe der Zeit zeigt. Domenico Egidio Rossi, der mit den Baumaßnahmen des Markgrafen einen nicht unbedeutenden Abschnitt seines Schaffens hinterlassen hat, zeigte sich den Anforderungen seines Auftraggebers gewachsen. Obwohl ihm die Wiener Architekturmode bekannt war, verzichtete er bei den Aufträgen im Badischen auf Zitate oder direkte Übernahmen. So schuf er ein stilistisch eher unabhängiges Werk, dessen Rolle für die weiteren Schlösser noch nicht abschließend gewürdigt sein dürfte.[1]

Der Einfluss seines Bauherrn wird man für etliche Eigenheiten heranziehen müssen. So schlug sich das Selbstbild Ludwig Wilhelms auch in der Ikonographie der Ausstattung nieder. Die Verherrlichung seiner Person nicht nur als Landesfürst, sondern als verdienter Kriegsheld im Heer des Kaisers wurde hier thematisiert. Im Festsaal des Hauptbaus, der wie der ehemalige Festsaal der alten Residenz in Baden-Baden als Ahnensaal konzipiert war, verweist das Deckenfresco Guiseppe Rolis mit der Apotheose des Herkules auf die streitbare Kraft des Hausherrn, im Audienzzimmer des Markgrafen verklärt die Brüsseler Tapisserie über die Kriegskunst dessen martialische Vergangenheit. Die Residenz als Denkmal seiner Person für den künftigen Anspruch seines Geschlechts kommt darin zum Ausdruck.[2]

Aber nicht nur dieser Anspruch oder die qualitätvolle, sich in die Kunstgeschichte Europas durchaus auf hohem Niveau einordnende Ausführung definiert den Denkmalwert des Rastatter Schlosses, sondern auch die Rolle der Anlage für die Entwicklung der Region.

*Jupiter-Figur, gefertigt 1723 vom Augsburger Goldschmied Johann Jakob Vogelhund. Das Original, ursprünglich auf der Hauptkuppel, befindet sich jetzt im Treppenhaus von Schloss Rastatt.*

*Der Erhaltungszustand des Schlosses Rastatt*

Das Rastatter Schloss zeichnet sich gegenüber den übrigen Anlagen am Oberrhein dadurch aus, das es nur wenige Umbauten hinnehmen musste und entgegen den übrigen Residenzen am Oberrhein von den kriegerischen Zerstörungen im 20. Jahrhundert weitgehend verschont blieb.

Markgraf Ludwig Wilhelm konnte sich nach dem Einzug in das Corps de logis 1705 nicht mehr lange seiner neuen Residenz erfreuen, da er bereits 1707 einer seiner alten Kriegswunden erlag. Seine Witwe Sybilla Augusta entließ nach dem Tode ihres Mannes die italienischen Künstler, führte aber die Fertigstellung und die Ausstattung der Residenz unter der Leitung von Johann Michael Ludwig Rohrer energisch fort. Unter ihr wurde ab 1710 der sogenannte Sybillenflügel und 1720 die Schlosskirche im Norden mit der Scala Santa errichtet. Das in sehr kurzer Zeit errichtete Schloss erfuhr erst ab den 1740er Jahren Veränderungen unter der Leitung von Franz Ignaz Krohmer. Er war auch 1762 für den Anbau des Südflügels und des Schlosstheaters verantwortlich. Nach dem Aussterben der Linie Baden-Baden im Jahre 1771 fielen Herrschaft und Schloss an Baden-Durlach.

Eine Veränderung des Gesamterscheinungsbildes erfuhr das Schloss im Jahre 1780, als der gesamte Bau einen neuen Anstrich erhielt. Dabei wurde zwar der einheitlich durchgehende rote Anstrich übernommen, jedoch verzichtete das Bauamt auf die ursprüngliche weiße Absetzung der bekrönenden Dachplastiken und auf die „reichliche Vergoldung des herrschaftlichen Wappens über dem Mittelportal und der beiden Kuppeln über den Treppentürmchen“[3]. Diese Reduktion dürfte nicht nur der inzwischen eingetretenen Bewertung des Baustils, sondern auch dem Verlust der Residenzfunktion geschuldet sein.

Noch einmal war das Schloss Ort historisch bedeutender Ereignisse, als in den Jahren 1797 bis 1799 hier die Verhandlungen zwischen dem Reich und dem revolutionären Frankreich stattfanden. Nach 1806, als das Großherzogtum Baden über eine Mehrzahl von Schlossanlagen verfügte, fiel dem Rastatter Standort keine besondere Rolle mehr zu. Spätestens zu diesem Zeitpunkt wurden auch alle wertvollen Ausstattungsbestände aus den Räumen entfernt und ausgelagert. In den Flügelbauten und im Erdgeschoss des Corps de Logis wurden Ämter, Schulräume und Wohnungen eingerichtet. Mit dem Festungsbau ab dem Jahr 1844 installierten sich hier die Baudirektion mit den Bau- und Zeichenbüros sowie die Festungskasse.[4] Mit der zeitweise einsetzenden militärischen Nutzung des Schlosses als Kasino wurden auch die Räume des Corps de Logis verändert, die bis zum Jahr 1854 quasi als Fiktion einer herrschaftlichen Nutzung erhalten geblieben waren. Die Nutzungsanforderungen fügten sich aber zumeist in den Grundriss der Bauten ein und beachteten weitgehend die durch die Stuckdecken vorgegebene Gliederung. Ausgenommen davon blieb der Bau des Hoftheaters am Südflügel, welcher im 19. Jahrhundert seine Funktion und seine anscheinend baufällige Technik verlor.[5] Bereits 1925 war dieser Bau durch kleinteilige Grundrisse verbaut[6] und auch im 20. Jahrhundert erfuhr er weitergehende Veränderungen.

Nach der großen Schlossrenovierung in den Jahren 1901 bis 1906 wurde ein Heimatmuseum im Südflügel eingerichtet. Die 1912 in Angriff genommene Filialgalerie der Karlsruher Kunsthalle wurde dagegen nie abgeschlossen. Nach dem Zweiten Weltkrieg wurde das von Beschädigungen weitgehend verschonte Rastatter Schloss von der französischen Besatzung in Beschlag genommen und diente als Sitz des Obersten Gerichts für Kriegsverbrechen und ab 1950 als Oberstes Rückerstattungsgericht für die französische Zone, bevor es 1960 an die baden-württembergische Verwaltung zurückgegeben wurde.[7]

Grundlegende Strukturänderungen der Anlage wurden bislang für die meist zeitlich begrenzten Anforderungen nicht für notwendig erachtet, so dass trotz der Zweckentfremdung der repräsentativen Bauten eine Zerstörung der Substanz weitgehend unterblieb und sich der Bestand des 18. Jahrhunderts bis heute in großen Teilen erhalten hat.

## *Der Bauunterhalt und die Restaurierungen des Schlosses*

Nicht nur die Errichtung eines so weitläufigen Gebäudekomplexes erfordert eine immense Aufwendung. Auch der laufende Bauunterhalt eines solchen Bauwerks bindet Kräfte und Mittel.

Da nach dem Entschluss der Residenzverlegung von Baden-Baden nach Rastatt das dort im Bau befindliche Jagdschloss für die erweiterten Ansprüche und Funktionen umgerüstet werden musste, stellt das Schloss keine so homogene Bausubstanz dar, wie man erwarten würde. Das Jagdschloss war zu diesem Zeitpunkt bereits weit gediehen und musste in seinem Hauptteil umgeplant werden. So wurde das ursprünglich frei stehende Corps de Logis abgebrochen und auf fast die doppelte Größe erweitert. Die Arbeiten wurden mit sehr großer Eile vorangetrieben, was zur Folge hatte, dass weder der Baugrund genügend erkundet und vorbereitet worden war noch die verwendeten Hölzer ausreichend gelagert gewesen waren. Diese Umstände führten dazu, dass die Gebäude durch die aufsteigende Feuchtigkeit wie auch durch die Schwundvorgänge im Holzwerk bereits 1708 erhebliche Schäden zeigten.[8] Neben Regressforderungen an den Baumeister Rossi begann man mit den Reparaturarbeiten. Sybilla Augusta hatte 1712 im Ahnensaal, wo die Decke große Schäden aufwies, *„das gewölb renovieren und stärker machen lassen, so daß es des bauens halben sehr wüst aussah"*[9]. Eine eigens eingerichtete Schlossbaukommission koordinierte und leitete die Maßnahmen in der Folgezeit. Es lag wohl in der Natur der Sache, dass die Unterhaltsmaßnahmen nach dem Erlöschen der Linie Baden-Baden im Jahre 1771 und damit nach dem Wegfall der Residenzfunktion reduziert wurden.

Im 19. Jahrhundert beschränkten sich die Maßnahmen anscheinend auf das Notwendigste und das für die wechselnden Nutzungen Erforderliche. Erst in den Jahren 1901 bis 1906 erfolgte eine große Schlossrenovierung, die gleichzeitig mit den Baumaßnahmen am Schloss Bruchsal durchgeführt wurden. Im Allgemeinen wird als Motivation für die Anstrengungen der badischen Staatsbauverwaltung, den Zustand der beiden großen Schlossanlagen zu verbessern, die zunehmende Wertschätzung der barocken Architektur zu Beginn des 20. Jahrhunderts gesehen. Die museale Nutzung wird zwar in diesem Rahmen nicht im vollen Umfang umgesetzt, jedoch konnte dem weiteren Fortschreiten des Verfalls Einhalt geboten werden. So verbesserte man die Dachkonstruktionen, da die Grabendächer über dem Hauptbau eigentlich seit der Errichtung nie ganz die erforderliche Dichte erreichten. Diese Konstruktion, bei der ein Dachstuhl mit dem Querschnitt eines Satteldaches gleichsam entlang der Außenwand geführt wird und sich in der Mitte des Gebäudegrundrisses ein Graben ausbildet, war von den Architekten des 18. Jahrhunderts gewählt worden, um die Höhe des Dachkörpers gegenüber der Masse des Gebäudeblocks zu vermindern und damit das Erscheinungsbild eines italienischen Palastblockes zu erreichen. Die Witterung nördlich der Alpen war dieser Konstruktion, bei der das Wasser aus dem Dachgraben über innen liegende Rinnen abgeführt werden musste, nicht zuträglich. So schloss man bei der Renovierung vor 1905 diese Dachgräben mittels einer Überdachung aus Metall, was zwar die notwendige Abdichtung gewährleistete, aber die Lichtführung der beiden Treppenhauskuppeln erheblich reduzierte. Auch wurde die vergoldete Jupiterfigur von der Bekrönung der Hauptkuppel des Schlosses geborgen und durch eine Kopie ersetzt. Das Original der

*Dach mit Gloriolenturm vor der Veränderung der Dachkonstruktion und heutiger Zustand, bei dem der Turm weitgehend unter dem neugestalteten Dachkörper verschwindet.*

Figur des Augsburger Goldschmieds Johann Jakob Vogelhund wurde zunächst in die Staatliche Sammlung nach Karlsruhe transferiert.[10] Außer diesen auffälligen und konstruktiven Veränderungen wurde bei dieser großen Maßnahme auch der Außenputz weitgehend erneuert und alle Schlossbauten erhielten einen dunkel-rostroten Anstrich. Im Innern wurden störende Beschädigungen ausgebessert, wobei sich die Renovierung eher auf einzelne Abschnitte konzentrierte und kein Gesamtbild gab.

In der Zeit zwischen den Weltkriegen ruhten die Maßnahmen am Schloss wohl aus wirtschaftlichen Gründen. Das Schloss erfuhr auch im Zweiten Weltkrieg fast keine Schäden durch Luftangriffe, so dass es fast selbstverständlich war, dass die französische Besatzung den repräsentativen Bau in Beschlag nahm. Die Einrichtungen der Besatzung waren eher provisorisch und noch 1960, als die Bauten dem Land zurückgegeben wurden, waren die Büros durch eingestellte Öfen beheizt, deren Ofenrohre durch die Fenster geführt waren.[11]

Im Jahr 1966 begann eine Schlossrenovierung, die weitgehend den heutigen Zustand herbeiführte. Die vielfältigen Maßnahmen zielten nicht nur darauf ab, den bestehenden Zustand zu erhalten oder Nutzungen einzurichten, sondern suchten die zum Teil mehrfach überdeckten Oberflächen des 18. Jahrhunderts freizulegen und instand zu setzen. Durch Nachforschungen konnten auch Ausstattungsteile, die an andere Orte verlagert waren, wieder an ihre angestammten Orte zurückgebracht werden. Dadurch wurden die Kabinette und die Zimmerfolgen der Beletage wieder hergestellt.

Der Stadt wurde die Nutzung des Ahnensaals für kulturelle Veranstaltungen eingeräumt. Dazu musste der Durchgang, der im 19. Jahrhundert durch die Sala Terrena geführt wurde, geschlossen werden, um eine Klimatisierung zu ermöglichen. Die Auseinandersetzung um die Heizbarkeit führte wegen der Labilität des Stucks und der Gemälde zu einer Divergenz mit der Denkmalpflege, die jedoch eher zu Gunsten der Nutzer gelöst wurde.

Für Nutzungen mussten jedoch zusätzliche Treppenhäuser eingerichtet werden, die insbesondere im Bereich des Nordflügels und des Sybillenbaus heute durch die nüchterne und rein technisch-funktionale Gestaltung als Fremdkörper empfunden werden. Insbesondere im Sybillenbau zeigen sie mit all ihrer Dürftigkeit eine gewisse Ratlosigkeit, was die Art der Einfügung neuer Teile in den Bestand anbelangt. Die Fassaden erhielten wieder eine völlige Überarbeitung, wobei man sich weitgehend an den Befundresten orientierte, die wohl auf die Fassung des Jahres 1780 zurückgingen.

In diese Phase fiel auch die Einrichtung des Freiheitsmuseums, das auf Wunsch des Bundespräsidenten Gustav Heinemann in den Jahren 1972 bis 1974 im Erdgeschoss des Nordflügels realisiert wurde. Die Eröffnung, die noch in der Amtszeit des Bundespräsidenten stattfinden sollte, erforderte ein rasches Vorgehen. Die für die Renovierung erforderlichen Vorarbeiten konnten daher nicht vollständig durchgeführt werden. So wurden die meisten Flächen – wie auch die Stuckdecken – überfasst, damit der originale Bestand durch die Dringlichkeit der Ausführung nicht verfälscht und für künftige sorgfältige Renovierung bewahrt werden würde.

*Die Instandsetzung der Schlosskirche „Zum Heiligen Kreuz"*

Die im Jahre 1719 auf den Beschluss der Markgräfin Sybilla Augusta innerhalb von drei Jahren durch Johann Michael Ludwig Rohrer errichtete Schlosskirche „Zum Heiligen Kreuz" besitzt heute in ihrem Bestand und mit ihrer einzigartigen Ausstattung innerhalb des Schlosskomplexes eine Sonderstellung. Diese spiegelt sich in den Anforderungen wider, die hier an eine Restaurierung gestellt sind. Die Kirche, die gemeinhin als „von späteren Restaurierungen weitgehend verschont geblieben"[12] eingeschätzt wird, gilt als am besten überlieferter Raum der Schlossanlage. Dazu gibt dieser Sakralraum einen tiefen Einblick in die Religiosität der Witwe des Markgrafen und erschließt als Dokument damit sowohl die Person als auch das zeitgeschichtliche Umfeld. Die kunstgeschichtliche Wertigkeit kennzeichnete bereits 1906 Georg Dehio im Handbuch der deutschen Kunstdenkmäler: *„Große gediegene Materialpracht, die Altäre aus buntem Marmor und stucco lustro in feiner Mosaikarbeit, die Pilaster mit Gold- und Seidenstickerei überzogen, überhaupt eine Menge eingänglichsten Kleinzierats, dabei doch dank vorzüglichster Lichtführung und harmonischen Farbenreichtums eine geschlossene Gesamtwirkung."*[13]

Die Kirche war in den sechziger Jahren des letzten Jahrhunderts – wie der ganze Schlosskomplex – in einen Zustand gekommen, der eine grundlegende Sanierung und Restaurierung dringlich erforderte. So wurde die Kirche für die Öffentlichkeit zu Beginn der großen Renovierungsphase geschlossen und war nur noch selten für Besuchergruppen zur Besichtigung zugänglich. Da man sich mit den Arbeiten zunächst auf das Corps de Logis und die Flügelbauten konzentrierte, begann man sich mit einer Reihe von Voruntersuchungen für die als Abschluss der Arbeiten vorgesehene Aufgabe der Kirchenrenovierung zu rüsten.

Bei der Renovierung der Jahre 1901 bis 1906 wurde die Schlosskirche im Dachbereich nicht einschneidend verändert, so dass sich hier noch die ursprüngliche Form des Grabendaches erhalten hatte. Die konstruktiven Schwächen dieser Dachform hatten auch hier zu Schäden geführt. Insbesondere, weil man beim Bau anstelle der zwei geplanten Wasserabflussrinnen für den inneren Dachbereich nur eine als erforderlich ansah und nur diese ausführte. Diese reichte aber bei Starkregen bei Weitem nicht aus, so dass es im Gewölbe entlang der Abflussführung zu erheblichen Wasserschäden kam. Die Konstruktion des Dachstuhls wurde ebenfalls infolge der Undichtigkeiten der originalen steinernen Rinne durch die Feuchtigkeit beeinträchtigt. Dies führte zu einem Durchhängen der Balken unter dem Dachgraben entlang der Längsachse der Kirche. Teilweise hatte man diesem Schaden dadurch abzuhelfen versucht, indem man die Balken auf den Gewölbescheitel abstützte. Dies wiederum belastete das Gewölbe über das zulässige Maß hinaus, so dass hier immer wieder Risse auftraten. Das Gewölbe selbst, welches ganz in Stein als echtes Gewölbe ausgeführt ist, erwies sich bei der statischen Prüfung auch als problematisch, da die gewählte Wölbung die Kräfte nicht in der erforderlichen Weise aufnahm. Zusätzlich zeigten sich die – durch die von Rohrer gewählte Fensterstellung sehr schmal ausgebildeten – Ecken der nördlichen Front als zu schwach.

*Schlosskirche zum Heiligen Kreuz, die Seitenaltäre des heiligen Franz Xaver und des heiligen Petrus an der westlichen Wand, zwischen ihnen zwei der kostbaren Pilasterbehänge.*

Die daraus erfolgenden Bewegungen zeichneten sich verstärkt im Rissbild ab. Zusammen bewirkten diese Schwächen über die Jahre eine Schädigung der Ausmalung wie auch eine Beeinträchtigung des Raumklimas, welche sich für den Bestand der empfindlichen Ausstattung nicht positiv auswirkte.

Die Außenfassaden der Kirche hatte man bei der umfassenden Schlossrenovierung in den Jahren 1972 bis 1974 mit überarbeitet. Auch kam es zu verschiedenen Dachreparaturen, die jedoch in keiner Weise die grundlegenden Schwächen beseitigten. In den Jahren 1984 bis 1986 wurde die Statik des Dachwerks verbessert, indem man im Gebälk die Verankerung wie auch die Auflager der Dachbalken verstärkte. Für die Wasserführung des Grabendaches wurden verschiedene Sanierungsvorschläge diskutiert, die unter anderem ein Überdach mit modernen Materialien in Betracht zogen. Der Prozess der Entscheidungsfindung zog sich auch dadurch in die Länge, dass für die Maßnahme die Finanzierung aus Landesmitteln zunächst nicht gesichert werden konnte.

Da man seit Längerem die textilen, auf Rahmen aufgespannten Seidenparamente der Pilaster, der Kanzel und der Altäre als die empfindlichsten Teile der Ausstattung einstufte, begann man ab 1999 mit einer Sicherung und damit verbunden Abnahme dieser Teile.[14] Zunächst wurden diese im Kirchenraum belassen, um sie keinen neuen klimatischen Verhältnissen auszusetzen. Mit der Abnahme wurden auch die Rahmen und die Trägerkonstruktionen verstärkt und rückseitig mit Papierwabenplatten hinterlegt. Ein Verbleib in der Kirche während der Bauarbeiten wurde jedoch so kritisch eingeschätzt, dass man für einige Jahre klimatisierte Kammern im benachbarten Marstallgebäude einrichtete, wo nun auch die Restaurierung möglich ist. So konnte ein gefährdender Transport über weitere Strecken vermieden werden. Eine Rückkehr des gesamten Bestandes wird nach den Baumaßnahmen in den klimatisch stabilen und gesicherten Kirchenraum erfolgen.

Die Vertreter der Hochbauverwaltung, der Denkmalpflege und die beauftragten Gutachter kamen zum Abschluss der vorbereitenden Untersuchungen überein, dass man die Sanierung des Grabendaches im Bestand vornehmen solle, wobei die erkannten konstruktiven Schwächen bewusst zu beseitigen seien. Unter diesen Voraussetzungen begannen im Jahre 2006 die Bauarbeiten mit der Einhausung der Kirche. Zum Schutz der Innenausstattung wurde ein Gerüst eingestellt, welches einerseits im Falle von auftretenden Schäden sofortige Sicherungsmaßnahmen an dem Stuck und an den Gewölbemalereien ermöglichen, zum Anderen auch gleichzeitig eine Nahuntersuchung für den Zustand derselben erlauben würde.

Die Arbeiten an der Dachkonstruktion verliefen günstig, da die Eingriffe gegenüber den früheren Befürchtungen geringer ausfielen. Die Statik konnte durch eine Ballastierung an den unteren Teilen den Gewölbeschale sowie durch eingesetzte verpresste Anker im Gesimsbereich der nördlichen Fassadenecken ertüchtigt werden. Die Wasserführung wurde durch eine moderne Rinne mit ausreichend dimensionierten Verwahrungen erneuert und besitzt nun gegen Vereisung im Winter die Möglichkeit einer Beheizung und für Starkregen zusätzliche Überläufe, die das Wasser sicher aus dem Gebäude führen. Die originale Steinrinne verblieb als Dokument im Dachraum. Die Dachdeckung aus Industrieziegeln der Nachkriegszeit wurde erneuert und ebenso wurden mit diesen Arbeiten auch alle Anschlüsse an den Glockenturm und die übrigen Wandteile erneuert.

Nach dem Abschluss dieser Arbeiten begann nun im Jahr 2009 die Renovierung der Gewölbezone und des Deckenbildes. Hier erwies sich, dass der Innenraum der Kirche nicht so unberührt war, wie dies allgemein vermutet wurde.

Aufgrund von Erdbebenschäden wurde in den Jahren 1854 bis 1856 unter der Betreuung des ersten Großherzoglichen Konservators August von Bayer durch den Maler F. Doxie eine Instandsetzung der Gewölbemalerei durchgeführt, bei denen durch den beauftragten Maler vor allem die Schäden im Gewölbescheitel bearbeitet wurden. Auch 1932 fand eine Renovation durch den Maler K. Wolfsberger statt, der auch über der Epistelseite darüber eine Inschrift hinterließ. Im Jahr 1962 wurden erneute Schäden im Gewölbe von P. V.

Feuerstein behoben. Bei den jüngsten Arbeiten wollte man auf eine größere Renovierung verzichten, da man bereits mit der Erfordernis einer Gesamtrenovierung rechnete. Nach den Akten waren alle Restauratoren bemüht, das Erscheinungsbild nicht zu verändern. Die derzeitigen Untersuchungen zeigen aber, dass es neben den reinen Flickstellen auch immer wieder zu flächigen Lasuren und Übermalungen kam, um eine Stimmigkeit zu erzielen. Dies gilt auch für die Fassung der Wandflächen und Architekturteile, wo die Befunde zeigen, dass die ehemals helleren und klareren Töne in der Folge dunkler eingestellt worden waren. Dies bedeutet, dass sich die Grundfarbigkeit des Kirchenraumes im Laufe der Jahre verändert hatte, eine Beobachtung, die nicht nur die gemalten Teile, sondern auch den Stuckmarmor betraf. Hier konnte an Bruchstellen nachgewiesen werden, dass der heute grünlich-graue Grundton ursprünglich einen intensiveren bläulichen Charakter hatte, ein Blau, welches sich nur in den kleinen Räumen des Heiligen Grabes im Altarunterbau erhalten hat. Ursächlich für diese Veränderung war die Lichteinwirkung in dem hellen Kirchenraum, welche ja gerade seine Qualität ausmachte.

Diese ehemalige Farbigkeit wiederzugewinnen wäre nur mit einer eingreifenden Überarbeitung der Stuckteile und mit einer Neufassung der gesamten Oberflächen bis hin zum Deckenbild zu erreichen und würde unverantwortlich mit dem Zeugnis der Handwerkskunst des 18. Jahrhunderts umgehen. In einem auf solche Weise erneuerten Raum würden die irreversibel gealterten Textilien als Fremdkörper wirken. Die erforderliche schlüssige Wirkung des Gesamtraumes lässt sich auf diesem Wege nicht erreichen.

*Ehrenhof und Corps de Logis des Schlosses Rastatt nach dem Neuanstrich der Fassade im Sommer 2010.*

Das Ziel der jetzt laufenden und sicher noch weitere Jahre beanspruchenden Renovierung ist, den Bestand zu sichern, ihn zu reinigen und durch möglichst konsequente Präventionen eine Zukunft zu geben. Dazu wird es erforderlich sein, die Lichtführung stark zu reduzieren und die Nutzung des Raumes so einzuschränken, dass plötzliche Klimaschwankungen ausgeschlossen werden können.

Auch wenn die Arbeiten in der Gewölbezone 2010 abgeschlossen sein werden, stehen neben der Sanierung des Bodens, der Fassungen der Wände, der Überarbeitung der Fenster mit einem neuen Lichtschutz noch weitere diffizile Schritte an, wie die Arbeiten an den Altären, Bildern und den zahlreichen Dekorationselementen.

Auch nach Abschluss der Sicherungs- und Restaurierungsarbeiten wird der Raum der Schlosskirche einen sehr empfindlichen Bestand darstellen, der auch künftig Sonderführungen vorbehalten sein wird. Auch die sakrale Nutzung dürfte sich wohl auf die Jahrtage der Stifterin beschränken.

### *Die Zukunft des Ensembles der Bauten der Residenz Rastatt*

Rastatt als Standort der ehemaligen Residenz des Markgrafen von Baden-Baden stellt mit seinen aus dieser Zeit stammenden Bauten – dem Residenzschloss, dem Schloss Favorite mit der Eremitage, der Einsiedeln-Kapelle, der Pagodenburg – eines der am besten überlieferten Denkmalensembles in unserer Region dar. Dieses Merkmal verdanken wir dem Umstand, dass das Schloss im 19. Jahrhundert nicht durchgreifender zweckentfremdet oder von einer bedeutenderen Institution mit eigenen Belangen belegt wurde. Auch dass die Beschädigungen des Zweiten Weltkriegs, welche die anderen großen Standorte der Oberrheinebene getroffen hatten, Rastatt erspart blieben, ist ein glücklicher Umstand.

Die Aufgabe unserer wie auch künftiger Generationen ist es, die Besonderheit des Überlieferungszustandes zu wahren und weiterzugeben. Dazu sollte das Interesse der Besucher auf die Besonderheit der Originalität gelenkt werden. Dass dies in einer Zeit schwieriger zu vermitteln ist, die den Eventcharakter der Präsentation von Kulturgütern höher einschätzt als die Wahrnehmung authentischer Zeugnisse, steht außer Zweifel. Verantwortliche sollten aber nicht nur die Besucherfrequenz als Qualitätsbeweis sehen. Dass dies auch einen sorgsamen Umgang mit dem Schloss und damit unter Umständen auch Nutzungseinschränkungen mit sich führen kann, muss man sich bewusst machen. Die gebotene Rücksicht, ein angemessener Bauunterhalt sowie die Beachtung durch die Öffentlichkeit können zusammen den Bauten jedoch eine Zukunft geben.

**Anmerkungen**

1 Rizzi, Wilhelm Georg: Domenico Egidio Rossi und Wien. In: Zwischen Sonne und Halbmond. Das Erbe des Türkenlouis: Bauen und Bewahren, Stuttgart 2006, S. 13 ff.

2 Grimm, Ulrike: Schloss Rastatt – Denkmal seit wann? In: Zwischen Sonne und Halbmond (wie Anm. 1), S. 41 ff.

3 Peters, Gerhard: Das Rastatter Schloß, Karlsruhe 1925, S. 69.

4 Wollenschneider, Rainer/Feik, Michael: Bundesfestung Rastatt, Öttigheim 1994, S. 14.

5 Freundlicher Hinweis von Frau Dr. Martina Kitzing-Bretz, Löwenstein.

6 Peters (1925), S. 68.

7 Stopfel, Wolfgang E.: Die Restaurierung des Schlosses 1966 bis 1985. In: Zwischen Sonne und Halbmond (wie Anm. 1), S. 48.

8 Peters (1925), S. 61 f.

9 Bericht des Frankfurter Ratsherrn Johann Friedrich von Uffenbach vom November 1712, zit. nach Peters (1925), S. 64.

10 Peters (1925), S. 67.

11 Stopfel (2006), S. 48

12 Planck, Dieter: Einführung in die Tagung. In: Zwischen Sonne und Halbmond (wie Anm. 1), S. 5.

13 Dehio, Georg: Handbuch der Deutschen Kunstdenkmäler, Berlin $1935^5$, S. 277.

14 Lanz, Diane: Die textile Ausstattung der Schlosskirche Rastatt – Konservierung des Istzustandes. In: Zwischen Sonne und Halbmond (wie Anm. 1), S. 111 ff.

# Favorita Serenissimae

## Die Baugeschichte von Favorite

**von Wolfgang Stopfel**

Das Lustschloss Favorite bei Förch ist Teil des Ensembles „Barockes Residenzschloss", das sich mit und um Rastatt in ungewöhnlich vollständigem Umfang erhalten hat. Nicht nur das Residenzschloss mit Park, auch die Stadt mit Kavalierhäusern und bürgerlichen Bauten, Rathaus und Stadtkirche, das herrschaftliche Brunnenhaus und das herrschaftliche Jagdzeughaus, die der Herrschaft verbundenen und von ihr angesiedelten Klöster, all das sind Teile eines barocken Herrschaftsbereiches, dessen Teile funktionell und meist auch architektonisch aufeinander bezogen sind. In einen solchen für alle Residenzstädte charakteristischen Zusammenhang gehören auch immer die Lustschlösser, in Frankreich *maisons de plaisance* genannt, die in unterschiedlicher Entfernung vom Residenzschloss errichtet wurden. Ihr gemeinsames Charakteristikum ist, dass die Herrschaft dort nicht oder nur in geringem Maße den Zwängen des Hofzeremoniells unterworfen war, sich sozusagen von ihm erholen konnte, wobei wiederum der Aufenthalt im Lustschloss, die An- und Abreise bestimmten Regeln unterworfen waren. Dabei können solche Lustschlösser entweder nur als eine Art Ausflugsziel für einen kurzen Aufenthalt eingerichtet sein oder auch für einen längeren, dann natürlich mit erheblichen Teilen des Hofstaates.

Es gibt solche auch zum Wohnen eingerichteten Schlösschen selbst in großen Schlossparks nahe dem Hauptschloss, etwa Lustheim bei Schleißheim, die Amalienburg im Nymphenburger Garten, Falkenlust bei Brühl oder die Favorite, nicht weit oberhalb des Ludwigsburger Schlosses. Unser Schloss Favorite bei Förch ist nur etwa eine gute Reitstunde von Rastatt entfernt.

### *Planung und Bau des Schlosses Favorite*

Im Jahre 1707 befand sich dort an der Nordwestecke des vom Markgrafen Ludwig Wilhelm zwischen Rastatt, Kuppenheim, Bühl und Stollhofen ausgewiesenen Wildparks („Thiergarten") eine Fasanerie, also ein eingezäunter und mit Einrichtungen zur Aufzucht von Fasanen versehener, mit Büschen oder Bäumen bestandener Bereich. Die Markgräfin Sibylla Augusta, seit dem Tod des Markgrafen im Januar des Jahres nun „Oberlandesregentin", ordnete an, dass der Hofzimmermann Rohrer die Fasanerie *„in perfecten Stand zu setzen"* habe. Im gleichen Zusammenhang wird auch über Grundstücke berichtet, die die Markgräfin von Kuppenheimer Bürgern für *„unseren Garten zu Förch"*, und zwar *„zur formierung der rondelen und graben gezogen"* erworben hatte. Es kann als sicher angenommen werden, dass zu einem solchen entfernt vom Residenzschloss anzulegenden Garten auch ein Gebäude für die kürzere oder längere Unterkunft gehören musste. Von einem solchen ist allerdings erst im Jahre 1710 die Rede, von einem „herrschaftlichen Gebäu", für dessen Bau Holz geschlagen werden muss, das im Oktober angeliefert wird, „nach der Favorita". Hier taucht also der Name zum ersten Mal auf. 1711 wird weiteres Bauholz angefordert, auch Mauersteine und Eisenwerk, unter anderem zur Aufhängung des Dachstuhls. Am 15. Juni sollen Schiefer („gute Leyensteine") zur Lieferung ausgeschrieben werden, weil der herrschaftliche Baumeister glaubte, das herrschaftliche Favoritengebäude mit 50 Riss guten Leyenstein nebst noch vorhandenen [!] eindecken zu können.[1]

Sollten die bereits vorhandenen Dachschiefer zur Eindeckung eines kleineren Gebäudes bestimmt gewesen sein? Das zu wissen wäre interessant wegen einer Besonderheit des Schlösschens, auf die später noch einzugehen sein wird.

Der Plan des Schlosses Favorite stammt von Michael Ludwig Rohrer. Von ihm signierte Grundrisse und die Ansicht der Nordfassade (eine der Südfassade fehlt) haben sich im Generallandesarchiv Karlsruhe erhalten. Über die Situation des Schlosses im Garten gibt ein einziges kleines Plänchen Auskunft, das erst um 1966 in der Graphiksammlung des damaligen Historischen Museums in Rastatt entdeckt wurde (siehe Beitrag Wolfgang Stopfel, ‚Englische Gartenkunst' in diesem Band). Der kleine Kupferstich, nur ca. 20 x 14 cm groß, war sicher für ein Buch bestimmt, das sich nicht nur speziell mit der Favorite beschäftigte; das lässt sich aus der etwas unbestimmten Beischrift erschließen. Der Plan, der auch einen

*Ansicht der Nordfassade von Favorite. Zeichung, signiert vom Architekten Michael Ludwig Rohrer.*

Aufriss des Schlosses enthält, ist aber sehr genau, und bei seiner Betrachtung wird auch klar, was die Angabe „zur Formierung der Rondellen und Graben" bedeutet. Es handelt sich um die Begrenzung des Gartens durch einen niederen Wall, der in regelmäßigen Abständen zu Rondellen ausgebuchtet ist. Hinter den Wall ist eine Allee gepflanzt, vor ihm umzieht ein Wassergraben den gesamten Garten.

Das eigentliche Schloss als Dreiflügelanlage mit vorgelagerter Freitreppe ist in seinem Grundriss gut zu erkennen; es steht auf einer Terrasse, die es heute nicht mehr gibt; weitere Bauten sind die beiden wie Seitenflügel angeordneten Arkaden hinter dem Schloss, allerdings nicht genau gezeichnet, die vier Kavalierhäuser in den Achsen der Arkaden und der Randalleen und der große Wirtschaftshof mit den Stallungen. Zur Fasanerie könnten ein Gebäude am Rand und eines inmitten des Waldgebietes gehören, ausgewiesen ist nur der dem Schloss abgewandte Teil des Wäldchens als Fasaneriegarten. Von den Kavalierhäusern wissen wir, dass sie 1716 errichtet wurden. Im gleichen Jahr wird auch von Rohrer die Einrichtung eines Ball- oder Speisesaales „mit geringen Kosten" geplant. Vielleicht handelte es sich dabei um den schlossseitigen Pavillon des langgestrecken Arkadenflügels hinter dem Schloss, der teilweise als Orangerie diente. Die gegenüberliegende gleichgestaltete Arkade oder Orangerie „gegen das Gebirge" entstand erst 1725. Das Schloss und die beiden gleichgestalteten langgestreckten Arkadenbauten mit einem mittleren Durchgang und Pavillons an beiden Enden scheinen an die Gestalt des Schlosses in Rastatt zu erinnern. Man muss sich aber klar machen, dass sie sich an der Rückseite des Schlosses befinden, also keinen „Ehrenhof" begrenzen wie in Rastatt. Die repräsentative Vorderseite des Schlosses ist die Nordfront mit der Freitreppe. Von dieser Freitreppe aus wird die Beletage des Schlösschens erschlossen. Man erreicht über sie zwei im Umfang reduzierte Appartements. Sie bestehen nur aus einem großen Vorsaal, einem Schlafzimmer und einem Kabinett, rechts für die Markgräfin-Regentin, links für den noch unmündigen Erbprinzen. Sie erstrecken sich zu beiden Seiten eines mittleren Saales in der vorderen Front des Gebäudes. Im rechten Winkel dazu sind drei weitere Zimmer entlang den Seitenfronten des Schlosses angeordnet und wiederum rechtwinklig umbiegend ein viertes, gegen den Garten gerichtetes. Diese jeweils vier Zimmer gelten als eher private Wohnräume ergänzend zu den prächtiger ausgestatteten Appartements auf der Frontseite. Auf der Garten- oder Hofseite sind alle Räume durch Flure bzw. hölzerne Dienerschaftsgänge, sogenannte *dégagements*, hinter den Bettnischen miteinander verbunden. Die Anordnung im Obergeschoss mit zwölf etwa gleichgroßen „Monats"-Zimmern und zwei Nebenzimmern ist ähnlich. Im Erdgeschoss befanden sich Wirtschaftsräume und zwei große Küchen, eine mit einem tatsächlich benützbaren Herd, eine, die nur als Schauküche diente.

Zentrum des Gebäudes ist ein gestreckt-achteckiger Saal, dessen Ecken im Erdgeschoss durch Figurennischen mit Wasserbecken ausgehöhlt sind. Im Obergeschoss sind die schmalen Verbindungsgänge zwischen den Flügeln mit Balustraden über diese Ecken geführt, denn nur so ist ein Zugang zu den seitlich dem Mittelsaal anliegenden Räumen möglich. Mit einer großen achteckigen Deckenöffnung, die von einer Balustrade umgeben ist, setzt sich der Saal noch durch das zweite Obergeschoss hindurch nach oben fort und endet in einer über das Dach ragenden durchfensterten Laterne. Vom Mittelsaal, der das Gebäude vom Erdgeschoss bis über Dach durchstößt, gibt es keine einigermaßen angemessene Verbindung zu den Wohnräumen in der Beletage. Der Zugang zu den oberen Geschossen kann nur über zwei halbrunde Nebentreppen in den Flügeln erfolgen, die hinter Türen verborgen sind.

Die merkwürdige Kombination aus einem durch alle Geschosse gehenden Mittelraum und einem unabhängig davon über eine Freitreppe zugänglichen Obergeschoss ist ungewöhnlich. Als Erklärung bieten sich Befunde am Gebäude selbst an, die allerdings keinen Niederschlag in irgendwelchen schriftlichen Quellen oder überlieferten Plänen gefunden haben. Aus ihnen ist mit Sicherheit zu schließen, dass ursprünglich ein viel kleineres Gebäude geplant und teilweise auch errichtet wurde, das in der Beletage rechts und links des Saales nur jeweils zwei Räume aufwies. Es gibt nämlich in den vom Saal abgewandten Wänden der Schlafzimmer vermauerte Fenster, die nach außen wiesen. Die Fenstergewände sind verputzt, was darauf hinweist, dass der ursprüngliche Bau schon sehr weit gediehen

*Detail der Fassade von Favorite mit Grottenputz. Aufnahme von 1999.*

war. Der noch heute unter dem Schloss liegende Keller gehört zu diesem ersten Bau, denn auch er ist um zwei Achsen kürzer als das Schloss. Er weist Schächte für Kellerfenster auf, die unter den Böden der Räume im Erdgeschoss enden. Ihre Position entspricht derjenigen der oberen Fensteröffnungen. Wahrscheinlich war der erste Bau auch nur zweigeschossig geplant. Auch für diese Annahme gibt es Befunde am Bau; auch das weit ausladende Gebälk über dem Hauptgeschoss könnte darauf hinweisen.[2] Auf jeden Fall waren die Wände um den Hof mit Ausnahme des Mittelbaues als offene zweigeschossige Arkaden ausgebildet und von einem umlaufenden Gang mit einer Balustrade bekrönt, der heute nur noch an der Giebelfassade vorhanden ist.

Ohne genaue Bauuntersuchung lässt sich die Gestalt dieses ersten Baues nicht in allen Einzelheiten rekonstruieren. Sicher ist aber, dass das erste Gartengebäude im Wesentlichen aus einem Kühlung verheißenden hohen Saal mit wenigen anliegenden Rekreationsräumen bestand, der später noch vor seiner Vollendung mit vollständigen Zimmerfolgen in einer Beletage umbaut wurde, wobei vielleicht erst dann auch die Freitreppe hinzugefügt wurde.

Mit der Entdeckung, dass es in der Baugeschichte von Favorite einen früheren Zustand gab, gewinnt auch ein schon bei Sillib abgebildetes Plänchen neues Interesse. Es stellt in sehr summarischer Vereinfachung sicher den Garten von Favorite dar. Der dort im Umriss abgebildete Schlossgrundriss hat aber mit dem des heute bestehenden Schlosses überhaupt keine Ähnlichkeit, könnte sich aber wohl auf den aufgegebenen Vorgängerbau beziehen. Zur Vorstellung, dieser habe im Wesentlichen aus einem durch große Tore in den Garten zu öffnenden, dem kühlen Aufenthalt im Sommer dienenden mehrstöckigen Saal bestanden, den nur wenige Aufenthaltsräume umgaben, passt natürlich auch der ungewöhnliche Grottenputz auf den Außenwänden des Schlosses. Dieser sogenannte Grottenputz, eine Putzstruktur mit großen eingesetzten Stein- und Tuffbrocken und Kieseln, war traditionell bestimmten Bauaufgaben vorbehalten, den Eremitagen, den Grotten und den „sala terrena" genannten, zum Garten hin geöffneten Sälen im Erdgeschoss von Schlössern. Die Anordnung der verschiedenen Steinmaterialien auf den Wänden des Schlosses Favorite ist nicht willkürlich, sondern streng gegliedert: Die Spiegel der Pilaster und der waagerechten Felder zwischen den Geschossen bestehen aus Kieselsteinen. Die Rücklagen zwischen den Pilastern haben zurückliegende Felder aus Kieselsteinen zwischen breiten Rahmen aus rotem Porphyr. Ganz aus solchen Porphyrbrocken besteht der Putz der Arkaden um den kleinen Hof der Westseite. Diese Arkaden bildeten, bevor sie zugesetzt wurden, auch in ihrer Oberfläche einen Übergang zwischen Außen und Innen. Die Grottierung setzte sich nämlich im Innern des Saales fort; die Ecknischen in den fliesenbesetzten Wänden mit ihren Wasserbecken hatten sicher einen Grottenputz, von dem sich Reste hinter einer der eingestellten Figuren erhalten haben. Darüber hinaus gibt es ein kleines Modell einer solchen grottierten Nische, das sich immer im Schloss befand und wohl hierher gehört. Ungewöhnlich für Favorite ist, dass ein solcher Grottenputz dann auch über alle Außenwände des größeren Schlosses gezogen wurde.

Die mit „M. L. Rohrer architectus" signierte Ansicht der Hauptfassade lässt in ihrer nur angedeuteten Farbigkeit nicht erkennen, wie die Farbe des Außenputzes war oder werden sollte. Die Grottenputzflächen sind heute durch Verschmutzung, die jedem Reinigungsversuch widerstand, fast einfarbig geworden. Der Farbwechsel zwischen Rot und Weiß, mit dem ja die Wandflächen zwischen den Pilastern noch einmal gegliedert waren, ist kaum noch zu erkennen. Die wenigen glattgeputzten Teile der Gliederung wurden bei der letzten Restaurierung auf der Grundlage von akribischen restauratorischen Untersuchungen in dem rötlichen Ton gefasst, der wohl der ursprünglichen Farbe entspricht. Allerdings deuten spärliche Reste auf eine zusätzliche gemalte Marmorierung hin. Die Kombination aus weißen Kieseln, roten Porphyrbrocken und Marmorimitation muss dem Bau, als er neu war, ein festliches und kostbares Aussehen gegeben haben.

Auf Rohrers Fassadenansicht ist über dem Dachgesims eine Balustrade mit Vasen eingezeichnet. Ob sie jemals ausgeführt war, wissen wir nicht. Ein zweiter erhaltener Plansatz von Rohrers Nachfolger Franz Ignaz Krohmer, 1742, zeigt sie nicht. Da bei Rohrer eine Ansicht der Rückseite des Schlosses fehlt, wissen wir nicht, welche Funktion die beiden merkwürdigen Sandsteinflächen zu Seiten des mittleren Tores auf dieser Schlossseite hatten. Bei Krohmer 1742 sind sie schon eingezeichnet. Vielleicht stehen sie in Zusammenhang mit einer geplanten, aber nicht ausgeführten Brunnenanlage.

### *Spätere Umbauten*

Während die innere Ausstattung des Schlosses sich bis ins Ende der 1720er Jahre erstreckte und sie auch vielen späteren Veränderungen unterworfen wurde, blieb die architektonische Gestalt nahezu unverändert seit der Fertigstellung des Schlosses, die wohl für die Jahre 1713/14 angenommen werden kann – 1715 heißt es in einem Visitationsprotokoll *„die favorita Serenissima recenter et eleganter exstructum"*.[3] Einzige Ausnahme ist die sich aus dem Dach erhebende Laterne des Mittelsaales. Der ohne Unterstützuung durch Wände frei über dem Mittelsaal auf den Dachbalken sitzende Aufbau war von Anfang an ein konstruktiver Schwachpunkt. Schon die Bauaufnahme Krohmers von 1742 deutet eine erfolgte Veränderung dieser Laterne an. 1773 wird berichtet, dass sie große Schäden aufweise und sich gegen den Garten geneigt habe; es bestand Einsturzgefahr. Das konnte auch ein einige Jahre vorher eingebautes Sprengwerk nicht verhindern. Die eingebaute Sicherung durch zwei Backsteinwände war 1804 schon wieder schadhaft. Die Laterne musste völlig erneuert werden. Bei dieser Gelegenheit wurde in einem eigens aufgesetzten achteckigen Gehäuse eine Uhr untergebracht. Da diese Uhr aber nur über eine außen angebrachte Leiter zu erreichen und aufzuziehen war, wurde sie wegen dieser Unbequemlichkeit später nach unten in den Giebel der Südseite versetzt. Ihr blechernes ehemaliges Gehäuse blieb aber auf dem Turm. 1890 musste man die Laterne wieder vollständig erneuern; im Innern

*Aufnahme von Schloss Favorite um 1860. Fotografie: Adolphe Braun.*

wurden Leinwände angebracht, die der Hoftheatermaler dekorierte. Im Rahmen der umfassenden Restaurierung des Schlosses zwischen 1965 und 1983 musste die völlig ruinöse Laterne wieder erneuert und ihre Auflagerung statisch verbessert werden. Dabei wurde nicht die Form von 1804 mit dem leeren Uhrenaufsatz rekonstruiert, sondern die neue Kuppel nach dem Vorbild der Ansichtszeichnung von Johann Michael Rohrer gestaltet. Der damals auf die Außenwände aufgebrachte kunstharzgebundene Kieselputz hat sich nicht bewährt. Er wurde durch einen Putz in der alten Art mit einzeln eingedrückten Kieselsteinen neuerdings ersetzt. Der gesamte Außenputz des Schlosses weist sehr viele mehr oder weniger gut gelungene Ausbesserungen auf, denn durch seine besondere Ausbildung mit den schweren eingebundenen Steinen löste er sich leicht von der Wand. Da ein Verkleben größerer Putzflächen wegen des dahinter angesammelten Staubes nicht möglich ist, müssen immer wieder einzelne hohlliegende Teile angeschraubt werden.

Stärker als das eigentliche Schloss wurden die beiden parallel angeordneten, langgestreckten Bauten verändert, die an der Südseite, also hinter dem Schloss gelegen sind. Sillib schreibt, sie würden in den Akten als Galerien, Arkaden oder Berceaux erwähnt, sucht aber die erwähnten Orangerien anderswo. Diese Galerien oder Arkaden sind aber identisch mit den in den Akten erwähnten Orangerien. Beide bestehen aus einem beidseitig in Arkaden geöffneten langen Gang mit einem durch ein Triumphbogenmotiv akzentuierten Durchgang in der Mitte. An der Seite des Schlosses ist jeweils ein rechteckiger Pavillon mit abgerundeten Ecken angebaut, am anderen Ende, den Kavalierhäusern gegenüber, ein rechteckiger Pavillon mit Fenstern und Türen, der aber wohl immer nur als Abstellraum diente. In diesem Zustand ist die ältere (1717) südliche Arkade weitgehend verblieben bzw. in ihn wieder zurückgeführt worden. Der schlossnahe Pavillon, vielleicht der mit wenig Kosten einzurichtende Ball- oder Speisesaal, war innen ausgemalt – Reste der Malerei sind erhalten – und wurde dauernd als Gartensaal von der Schlossherrschaft genutzt. Zwei Feuerstellen in der anschließenden Arkade dienten wohl der Außenbeheizung von zwei Öfen. Sie temperierten aber wahrscheinlich auch die anschließenden Teile des Arkadenganges, die im Winter sicher, wie das bei vielen Orangerien üblich war, mit Bretterwänden geschlossen werden konnten und zur Überwinterung von Orangenbäumen dienten. Auf diesen Teil der Arkade bezieht sich sicher eine Notiz aus dem Jahre 1772, in der die Bemalung der „berceaux“ erwähnt wird. Hier hat sich nämlich die Malerei erhalten. Sie stellt eine Weinlaube und Orangenbäume dar und wird heute durch ein Vorbilder des 18. Jahrhunderts kopierendes Lattengitter vor Beschädigungen geschützt. Der gegenüberliegende Arkadengang von 1725 wurde bereits früh teilweise vermauert, um Nutzräume aufzunehmen. Spätestens 1778, also nach dem Übergang auch der Favorite an Karlsruhe-Durlach, war hier die Hofküche untergebracht, sicher auch Schlafräume für die Bediensteten, ein Wachlokal für die Wachmannschaft, die die hohen Herrschaften bei ihrem Besuch beschützte und seit den 1780er Jahren hier ständig anwesend war; ja sogar Möglichkeiten für die Logierung von „Cavaliers“ und deren Bedienung sollten vorgesehen werden. Im schlossseitigen Pavillon ist heute die sehenswerte Ausstellung zur Geschichte des Parkes untergebracht.

Spätestens seit der Entwicklung Baden-Badens zur gefragten Kurstadt seit dem Beginn des 19. Jahrhunderts war das Schloss Favorite, das man durchaus besichtigen konnte, wenn die Herrschaft nicht anwesend war, ein begehrtes Ausflugsziel für die Baden-Badener Gesellschaft. In den zahlreich erscheinenden gedruckten Führern zu Baden-Baden und seiner Umgebung ist es stets erwähnt. Vielleicht eine späte Wirkung der nicht gelungenen architektonischen Kommunikation zwischen ebenerdigem Gartensaal und Beletage ist es, dass in den Führern als Zugang zum Schloss nicht die Tür in der Hauptfassade oder die Freitreppe beschrieben werden, sondern die rückwärtigen Türen – und so ist es bis heute geblieben.[4]

*Die Eremitage im Park von Favorite*

Eine Sehenswürdigkeit im Park von Favorite war bereits zur Zeit der Markgräfin Sibylla Augusta eine Eremitage, wie sie damals nicht ganz selten zur Ausstattung eines Schlossgartens gehörte. Johann Georg Keyßler hat sie 1729 gesehen: „... *rechter Hand geht man durch einen wilden Busch in die Hermitage. Das in der Mitte derselben stehende Haus ist mit lauter grossen Stücken von Baumrinde an allen äußern Wänden bekleidet. Die Thür scheinet auf alten Stämmen von Bäumen zu ruhen, inwendig siehet man nur etliche ohne grosse Kunst gearbeitete Statuen des Herrn Christi, Josephs und Mariä, ein schlechtes Bette ohne Vorhänge, einen Altar ohne Zieraten, und in den kleinen Gängen des Gartens findet man in den Ecken Vorstellungen der alten Einsiedler in Lebens-Größe von Holz und theils mit haarenen Decken bekleidet; die Höhlen, worin diese Bilder stehen, ruhen gleichsam auf alten halbverfaulten Baumstämmen.*" Danach vergleicht Keyßler die badische Eremitage mit derjenigen des bayrischen Kurfürsten Max Emanuel im Park von Nymphenburg, die gerade vollendet worden war. Sie scheint ihm sehr viel prächtiger als die im Favorite-Park, die „*ihre Annehmlichkeit der ausgesuchten Nachahmung der natürlichen Einfalt und ungekünstelten Beschaffenheit einer zur geistlichen Betrachtung bequemen Einöde zu danken hat*".

Aber selbst prächtig ausgestattete Eremitagen konnten tatsächlich der privaten Andacht des Schlossbewohners in der Abgeschiedenheit dienen, und manche solcher höfischen Eremitagen waren tatsächlich von einem Eremitenmönch bewohnt, der auch den Gottesdienst in der immer vorhandenen Kapelle versah. Die echten Eremiten konnten aber auch durch lebensgroße Holzfiguren in grottenartigen Gehäusen ersetzt werden.[5] Eine solche theatralische Staffage wurde im Barock durchaus nicht als kurios oder unangemessen angesehen. Bei den bei Keyßler erwähnten Einsiedlerhöhlen könnte es sich um die beiden „Waldhäuslein" handeln, die in Bauberichten an die Markgräfin 1720 und 1721 erwähnt werden. Am 14. Februar 1721 bestätigt der Entwerfer Franz Pfleger, dass deren Decken grottenartig („Moßaische Stucatorarbeith") ausgestattet werden sollten, und berichtet, dass der (offenbar als Schnitzer tätige) Kammerwachtmeister gestern begonnen habe, an den Eremiten auszuschneiden.

Von all diesen sicherlich aus wenig haltbarem Material errichteten Aufbauten hat sich nichts erhalten. Geblieben aber ist der Kern der Anlage, ein einstöckiger achteckiger Zentralbau von nur etwa elf Meter Durchmesser, bei dem ein zentraler Kapellenraum von zwei Gruppen von trapezförmigen kleinen Räumen umgeben ist. Die Ausstattung war nicht so spartanisch, wie sie heute erscheint, denn aus den zufällig erhaltenen Baurechnungen vom Sommer des Jahres 1718 geht hervor, dass alle Zimmer Türen, die Fenster Läden und Vorhänge hatten. Für drei Zimmer sind Betten, eiserne Öfen und Tische mit Schubladen in Auftrag gegeben, dazu 13 Stühle oder Schemel und 6 Betstühle. Eine Sakristei ist vorhanden; sie enthält einen Schrank. Die Küche ist mit einem Küchenschrank sowie mit Schüsselbänken und Fachbrettern ausgestattet. Neben einem Schrank mit 20 Schubladen für

*Die achteckige Eremitage im Park von Schloss Favorite beherbergt eine zentrale Kapelle, umgeben von kleinen trapezförmigen Räumen.*

Apothekensachen gibt es ein mit einer Tür verschlossenes *serenissimae secretum*, also wohl einen Raum für den Nachtstuhl. Die innere, wie der Mittelsaal von Favorite nur durch die Kuppel und hier durch gelb gefärbte Glasscheiben erleuchtete Kapelle besitzt auf dem Altar eine Figur der Schmerzensmutter, unter dem Altar ein Grab Christi mit einer älteren Holzfigur des Leichnams Christi. Darauf, dass diese Kapelle auch eine „Grab-Christi-Kapelle“ ist, deutet der künstlich erniedrigte Eingang, der charakteristisch für solche Heiliggrab-Nachbildungen ist. Drei plastische Darstellungen an den Seitenwänden gelten der Maria Magdalena. Sie stellen die Szenen der Fußwaschung, der Magdalena unter dem Kreuz und ihrer Begegnung mit Christus als Gärtner dar. Gemeint ist mit der Maria Magdalena in diesen Gruppen aus bekleideten Wachsfiguren sicher stellvertretend immer die Markgräfin, so wie sie sich an der Einsiedlerkapelle in Rastatt als Magd des Christkindes oder in der Schlosskirche als heilige Helena darstellen ließ. Um den Esstisch der Markgräfin in einem der kleinen Räume ist ebenfalls in Form von fast lebensgroßen Wachsfiguren die ganze heilige Familie versammelt. Als Wetterfahne auf dem zentralen Glockentürmchen der Kapelle ist die Einsiedler Madonna dargestellt – für die Markgräfin, die oft nach Einsiedeln wallfahrtete, ein bevorzugtes Objekt der Verehrung.

**Anmerkungen**

1 Die Notizen aus Archivalien des GLA Karlsruhe sind bereits mehrfach veröffentlicht worden. Soweit sie aus dem Führer zum Schloss Favorite von Sillib, aus den zuletzt erschienenen Führern zum Schloss oder aus meinen eigenen Aufsätzen stammen, werden sie nicht einzeln nachgewiesen. Silib, Rudolf: Schloß Favorite und die Eremitagen der Markgräfin Franziska Sibylla Augusta von Baden-Baden, 2. verm. Aufl., Heidelberg 1929; Gensichen, Sigrid/Grimm, Ulrike: Schloss Favorite Rastatt-Förch, 2. Aufl., Stuttgart 2006; Schwenecke, Walter/Wiese, Wolfgang: Schloßpark Favorite und Eremitage, Hrsg. OFD Karlsruhe in Verb. m.d. Staatl. Liegenschaftsamt Karlsruhe, o.O., o.J.; Gensichen, Sigrid/Grimm, Ulrike/Bechtold, Manuel/Eberle, Sandra: Schloss Favorite Rastatt mit Garten und Eremitage, München-Berlin 2007; Stopfel, Wolfgang: Schloß Favorite bei Rastatt, Bau und Restaurierung. In: Landkreis Rastatt, Heimatbuch 1983, S. 115 ff.; dass. 1984, S. 94 ff.; Stopfel, Wolfgang: Die Magdalenenkapelle in Favorite und die Andachtsstätten der Sybilla Augusta. In: AQUAE 93 (= Beiträge zur Geschichte der Stadt und des Kurortes Baden-Baden, H. 26, 1993), S. 25-48.

2 Diese und andere Beobachtungen am Bau verdanken wir Herrn Dipl.-Ing. Hans Zelter, Berlin, früher Baden-Baden.

3 Weiland, Elisabeth: Markgräfin Sybilla Augusta von Baden-Baden. Ein Beitrag zu der Geschichte eines fürstlichen Frauenlebens um die Wende des 17. Jahrhunderts, Dissertation (Masch.), Freiburg 1922, S. 72.

4 Schreiber, A. W.: Baaden in der Marggrafschaft (sic!) mit seinen Bädern und Umgebungen, Karlsruhe 1811, S. 160: „Von dem Gehölze führt eine kleine Allee zwischen zwei Arkaden auf das Schloß, welches ein … Viereck mit etwas vorspringenden Seiten bildet“ – also die Rückansicht. Beust, C. von: Das Großherzogliche Schloß Favorite bei Rastatt, Rastatt 1856, S. 12: „Der Haupteingang (früher) ist von der Seite von Kuppenheim her“.

5 Reallexikon zur deutschen Kunstgeschichte, hrsg. v. Zentralinstitut für Kunstgeschichte, Bd. V, Stuttgart 1967, Sp. 1203-1229, „Eremitage“.

# Das Porzellanschloss

## Die Innenausstattung von Favorite

**von Wolfgang Froese**

Das ab 1710 unweit der Rastatter Residenz errichtete Lustschloss Favorite ist ein barockes Gesamtkunstwerk. Markgräfin Sibylla Augusta suchte mit diesem unter widrigsten äußeren Umständen begonnenen Bauwerk zu demonstrieren, dass das von ihr geleitete Haus Baden-Baden genug Macht und Kultur besaß, um in „den Kreis der mächtigsten katholischen Fürstentümer in Deutschland" zu gehören (Ulrike Grimm). Besonders die kostbare, mit großem Kunstsinn bis ins Detail durchdachte Innenausstattung macht Favorite einzigartig – und ebenso die Entscheidung der Bauherrin, in dem Schloss ihre erlesene Sammlung von Porzellanen und Fayencen in großzügiger Form zu präsentieren. Im Innern durch drei Jahrhunderte hinweg im Wesentlichen unverändert geblieben, ist Favorite heute das älteste und einzige erhaltene deutsche Porzellanschloss.

### *Sibylla Augusta als Auftraggeberin*

Sibylla Augusta war bei der Ausgestaltung von Favorite weit über das übliche Maß einer Bauherrin hinaus tätig. Die (wenigen) erhaltenen Quellen vermitteln das Bild, dass praktisch jedes Detail von ihr mit entschieden wurde. Die gesamte Innenausstattung ist von ihren persönlichen Vorlieben, ihren künstlerischen Vorstellungen und nicht zuletzt ihren konkreten Entwurfsideen geprägt. So sehr das Schloss ein Prestigeobjekt war, so sehr achtete Sibylla Augusta auf eine ökonomische Verwendung der von ihr eingesetzten Gelder. Sie prüfte offenbar die Wahl der Materalien und der technischen Ausführung jeweils darauf, ob der Effekt den Einsatz rechtfertigte oder sich mit einer preisgünstigeren Version ein vergleichbares oder zumindest ihren Anforderungen entsprechendes Resultat erzielen ließ. Einen Plan setzte sie in jedem Fall erst um, nachdem sie sich zuvor Klarheit über die damit verbundenen Kosten verschafft hatte.

Ihre „rechte Hand" bei der Ausführung der Innenarbeiten, die sich von 1716 bis weit in die zweite Hälfte der zwanziger Jahre erstreckten, war der Maler und „Dessigneur" Franz Pfleger (um 1690–1730). Der „liebe Frantz", wie ihn Sibylla Augusta vertrauensvoll nannte, stammte wie der Architekt Michael Ludwig Rohrer wohl aus Schlackenwerth; er gilt als „bewährtes künstlerisches und organisatorisches Multitalent" (Sigrid Gensichen). Neben der Entwurfsarbeit lag seine mühevolle Hauptaufgabe darin, die (Kunst-)Handwerker anzuleiten und die Qualität ihrer Arbeiten fortlaufend zu kontrollieren. Anders als ihr verstorbener Mann, der für die Ausgestaltung des Residenzschlosses auch hochbezahlte italienische Künstler beschäftigt hatte, setzte die Markgräfin für die Favorite wohl ausschließlich auf weitgehend unbekannte böhmische Handwerker und Künstler, die zuvor in ihrer Heimat ihr Können unter Beweis gestellt hatten.

*Kostbare Innenausstattung*

Die Gesamtwirkung der Räume wird durch ihre überaus reiche (für heutiges Empfinden fast überreiche) Ausstattung bestimmt. Für die Favorite kamen eine Vielzahl unterschiedlichster Werkstoffe, Farben und Formen zum Einsatz, die phantasievoll miteinander kombiniert wurden. Die gezielte Verwendung von harten Materialien mit glänzenden Oberflächen wie Fliesen, Spiegel, Stuckmarmor, Steineinlegearbeiten, aber auch der aufgestellten Porzellane und Lackmöbel, kontrastiert dabei wirkungsvoll mit den Licht schluckenden Textilien der Wandbehänge und Fensterverkleidungen. So entstand eine zeittypische barocke Pracht mit satten Farben und kräftigen Formen, die sich am internationalen Standard der Hofkunst orientierte.

*Schlafzimmer der Markgräfin Sibylla Augusta mit Fußboden in Scagliola-Technik und kostbarer textiler Wandbespannung.*

Die Fußböden der Staatsappartements der Markgräfin und ihres Sohnes Ludwig Georg sind aus Marmor imitierendem Innenputz (Scagliola) hergestellt, die reich mit Einlegearbeiten verziert sind. Diese aus verschiedenfarbigen Stuckpasten gefertigten Böden konnten glänzend poliert werden, waren aber schwierig anzufertigen und rissen leicht, wenn der Untergrund nicht völlig plan war oder blieb. Die Wände sind an vielen Stellen mit farbenprächtigen Stoffbehängen bespannt, wobei die Ausstattung von Schloss Favorite mit kostbaren Textilien durch „eine kaum zu überbietende Vielfalt“ gekennzeichnet ist, wie Saskia Durian-Ress betont. Sibylla Augusta konnte hier wahrscheinlich noch auf große Vorräte an Seiden- und Halbseidenstoffen, Damast und Brokatell zurückgreifen, die Ludwig Wilhelm einst in Italien für die Ausgestaltung des Rastatter Residenzschlosses erworben hatte. Besonders prunkvoll sind die wertvollen Stickereien gearbeitet, die die Wände der beiden Audienzzimmer schmücken, welche den Paradeschlafzimmern vorgelagert sind. Es ist möglich, dass diese Panneaux direkt in Paris erworben wurden, wobei Sibylla Augustas Tochter, die seit 1724 verheiratete Herzogin von Orléans, als Vermittlerin tätig geworden sein könnte. Herrschen hier Blumenornamente vor, so zeigen die von reichen Stuckornamenten umrahmten Deckenfresken der Appartements im Allgemeinen Szenen der antiken Mythologie.

Markgräfin Sibylla Augusta begeisterte sich für die zeitgenössische Mode der „Chinoiserie“, bei der einerseits echte ostasiatische Objekte zur Raumausstattung herangezogen wurden, hauptsächlich aber alle nur möglichen Dekore im asiatischen Stil gestaltet wurden. Dieses exotische Flair prägt auch den Gesamteindruck von Favorite, beginnend bei der Sala Terrena, die mit blau-weißen Fliesen in Delfter Manier ausgekleidet ist, die wiederum chinesische Vorbilder nachahmen. Die gleichen, in Nürnberg produzierten Fayencen finden sich noch mehrmals im Schloss, so in den Treppenhäusern und an den Kaminen. Sehr „asiatisch“ wirken insbesondere auch die Privaträume Ludwig Georgs, wo Wandbespannungen und Deckengemälde ein fernöstliches Ambiente schaffen.

### *Die „schöne Kuchel“*

Besonders stolz scheint Sibylla Augusta auf ihre Schauküche im Erdgeschoss gewesen zu sein. „*In den untern Gewölben siehet man mit Vergnügen die treffliche Ordnung der Küche, Speis-Cammer, Apotheke, des Waschhauses, etc. und macht sich die Markgräfin eine Freude, ihre Gäste auch in diesen unterirdischen Einrichtungen herum zu führen*“, notierte der Reiseschriftsteller Johann Georg Keyßler über seinen 1729 erfolgten Besuch auf Favorite. Die Prunkküche sollte nur als Arbeitsraum wirken, wurde aber nicht zur Zubereitung von Speisen verwandt (dafür gab es eine zweite Küche). Sibylla Augusta demonstrierte hier vielmehr ihre weiblichen Tugenden als fleißige und ordnungsliebende Frau, und sie nutzte die Räumlichkeit mitsamt dem sich anschließenden „Kuchelgewölb“, um ihre bedeutende Sammlung an Fayencen, Steinzeug, Kupfergeschirr und Zinntellern zu präsentieren. Auch

*In der Prunkküche im Erdgeschoss stellte Sibylla Augusta ihre Sammlung an Fayencen aus.*

die Fülle an erlesenem Geschirr sollte den Gästen den Glanz des Hauses Baden-Baden zeigen. Die Sammlung besteht an Keramiken vorwiegend aus Stücken der frühen deutschen Manufakturen Hanau, Nürnberg und Ansbach sowie solchen aus Delft.

Ihr Sohn Ludwig Georg ergänzte diese Sammlung zwischen 1750 und 1760 um leuchtend farbige Schauessen, lebensecht gestaltete Straßburger und Höchster Fayencen in Tier- oder Pflanzenform, wie zum Beispiel Wirsing, Artischocke, Ente oder Wildschweinkopf. Sie dienten bei festlichen Anlässen als Tafelschmuck.

### *Spiegelkabinett und Florentiner Kabinett*

Die am kostbarsten ausgestatteten Räume des Schlosses sind die beiden Kabinette, die vorderen Eckzimmer der Appartements von Sibylla Augusta und Ludwig Georg. „In die Kabinette von Favorite einen Blick hineinzuwerfen, kommt dem Blick ins Innere einer

Schatztruhe gleich", hat hierzu Ulrike Grimm bemerkt. Das vornehmlich in Goldtönen gehaltene Spiegelkabinett gehört zum Appartement der Markgräfin. Sein Name rührt von den insgesamt 313 Spiegeln her, die in die vergoldeten Stuckornamente der Decke, Wände und Fensternischen eingelassen sind. Die zum Teil schräggestellten oder als Kassetten aus der Wand hervortretenden, vielfach reflektierenden Spiegelflächen verwirren das Auge mit immer neuen optischen Täuschungen. In den Fenstergewänden finden sich passend dazu Allegorien der fünf Sinne. In das Spiegelkabinett ließ Sibylla Augusta auch eine Serie von 72 gleichformatigen Kostümbildern einfügen, die in den Jahren vor dem Tod ihres Mannes entstanden und sie in wechselnden Nationaltrachten und Kostümen zeigen, zum Teil gemeinsam mit Ludwig Wilhelm und (vermutlich) Erbprinz Ludwig Georg. Die dem Maler Ludwig Ivenet zugeschriebenen Gouachen variieren das Thema Verwandlung und Selbstspiegelung auf besonders reizvolle Art. 1945 wurde ein erheblicher Teil dieser Bilder aus dem Schloss entwendet, im Jahr 2000 konnten zehn von ihnen bei einer Auktion in New York zufällig entdeckt und der damalige Besitzer zur Rückgabe bewogen werden. Seither sind im Spiegelkabinett wieder insgesamt 56 Kostümbilder zu sehen.

Auch in das Florentiner Kabinett, das zur Raumfolge Ludwig Georgs zählte, wurden große Spiegelflächen eingelassen. Seinen Namen erhielt der Raum allerdings wegen der insgesamt 758 Bildtafeln, die seine Wände bedecken. Darunter befinden sich allein 150 auf Glas gemalte Miniaturporträts, die überwiegend bedeutende Künstler nach Sandrarts „Teutsche Academie der Bau-, Bild- und Mahlerey-Künste" von 1675 darstellen, aber auch antike Herrscher und solche aus der Habsburger Dynastie. Mit der Porträtgalerie, die an die Bildnissammlung in den Uffizien zu Florenz erinnert, suchte Sibylla Augusta ihren Sohn sicherlich auf seine Regentenrolle vorzubereiten. Kunstgeschichtlich am bedeutendsten sind die 55 Commesso-Tafeln, aus geschnittenen farbigen Steinen kunstvoll zusammengesetzte Bilder, die in den Florentiner Hofwerkstätten auf Bestellung der Markgräfin entstanden sind. Dass Sibylla Augusta bei ihrem Besuch in Florenz 1719 als seltene Ausnahme gestattet worden war, eine so umfangreiche Erwerbung tätigen zu düfen, verdankte sie den engen Beziehungen zum Haus Medici, mit dem sie über ihre Schwester Anna Maria Franziska verschwägert war, aber darüberhinaus auch der besonderen Wertschätzung, die sie als Fürstin genoss.

### *Das Porzellanschloss*

Nach allem, was wir wissen, plante Sibylla Augusta von Anfang an, mit dem Bau von Favorite auch ihrer Porzellansammlung einen würdigen Rahmen zu geben. Das Sammeln von Porzellan war an der Wende vom 17. zum 18. Jahrhundert eine verbreitete fürstliche Leidenschaft, von der zahlreiche Porzellankabinette zeugen. Die Markgräfin aber wollte ein ganzes Schloss ihrer Sammlung von europäischen und asiatischen Keramiken widmen;

eine Idee, die wenig später auch August der Starke, mit dem Sibylla Augusta persönlich verkehrte, mit dem Dresdner „Japanischen Palais" in weit größerem Umfang verwirklichte. Die leicht zerbrechlichen Schalen, Schüsseln, Gefäße und Statuetten waren auf Favorite in fast allen Räumen kunstvoll auf Kaminen und Konsolen ausgestellt, sinnreich ergänzt von gemalten Porzellanen an den Decken fast aller Prunkgemächer.

Der Grundstock ihrer Sammlung von insgesamt rund 1500 unterschiedlichsten Keramiken, darunter 700 Porzellane, stammte bereits aus ihrem Schlackenwerther Erbe. Vermehrt wurde der Bestand durch Geschenke, die Sibylla Augusta in der Zeit ihrer Ehe erhielt, aber auch durch Beutestücke, die Ludwig Wilhelm aus den Türkenkriegen mitbrachte. Den größten Teil der Sammlung erwarb die Markgräfin aber wohl erst zielgerichtet für die Präsentation auf Schloss Favorite. Das blau-weiße China-Porzellan, das den Hauptbestand der Sammlung ausmacht, stammt zum Teil aus der späten Ming-Periode, in der Mehrzahl aber ist es zeitgenössische Ware, die aus China während der Regierungszeit von Kaiser Kangxi nach Europa gelangte. Die Verbindung mit dem sächsischen Kurfürsten August dem Starken schlug sich in einer bedeutenden Kollektion an frühen Meißner Porzellanen und Steinzeugen nieder. Ein kleiner Bestand an Porzellanen der französischen Manufaktur St. Cloud, die als perfekte Imitationen der chinesischen Originale hoch geschätzt waren, verdankte Sibylla Augusta wahscheinlich ihrem Schwiegersohn, dem Herzog von Orléans. Ihr weitgespanntes Netzwerk an Beziehungen half der Markgräfin bei der Verwirklichung ihres Ziels, auch mit einer herausragenden Keramik-Sammlung das Haus Baden-Baden gegenüber ihren fürstlichen Standesgenossen in bestem Licht zu präsentieren.

**Ausgewählte Literatur**

Extra schön. Markgräfin Sibylla Augusta und ihre Residenz, Ausstellungskatalog, hrsg. v. Staatliche Schlösser und Gärten Baden-Württemberg, Petersberg 2008.

Gensichen, Sigrid/Grimm, Ulrike/Bechtold, Manuel/Eberle, Sandra: Schloss Favorite Rastatt mit Garten und Eremitage, hrsg. v. Staatliche Schlösser und Gärten Baden-Württemberg, München/Berlin 2007.

Grimm, Ulrike: Favorite. Das Porzellanschloss der Sibylla Augusta von Baden-Baden, hrsg. v. Staatliche Schlösser und Gärten Baden-Württemberg, Berlin/München 2010.

Grosse, Fritz W. (Bearb.): Die blau-weißen asiatischen Porzellane in Schloß Favorite bei Rastatt, hrsg. v. Staatliche Schlösser und Gärten Baden-Württemberg, Schwetzingen 1998.

Petrasch, Ernst (Bearb.): Schloss Favorite. Amtlicher Führer durch das Lustschloß der Markgräfin Sibylla Augusta von Baden-Baden, Baden-Baden o. J. (1960).

Silib, Rudolf: Schloß Favorite und die Eremitagen der Markgräfin Franziska Sibylla Augusta von Baden-Baden, Heidelberg 1914.

# Englische Gartenkunst

## Der Landschaftsgarten Favorite

**von Wolfgang Stopfel**

Der barocke herrschaftliche Garten von Favorite, dessen Anlage wir nur aus den beiden kleinen Plänchen erschließen können, die immer wieder abgebildet wurden,[1] bestand von Anfang an aus zwei sehr unterschiedlichen Teilen, dem rechteckigen Lustgarten und dem nach Ankäufen nahezu gleichgroßen Wäldchen. Das Wäldchen diente zum größten Teil als Fasanerie, obwohl eine solche an dieser Stelle nicht einmal sehr zweckmäßig anzulegen war, weil die Fasanen und ihre Brut unter der häufig auftretenden Staunässe in dem Auwald litten. Zeitweilig waren auch Hirsche in einem abgegrenzten Bereich des Waldes untergebracht. Das bis heute ganz isoliert innerhalb der Felder stehende Wäldchen war von einem wenigstens teilweise von Wasser durchflossenem Graben umgeben. Wegen der Fasanen musste das ganze Gelände natürlich eingezäunt werden, was sehr hohe Unterhaltskosten verursachte. Trotzdem mochte die jagdlustige Herrschaft die Fasanerie nicht aufgeben; ihr Ende kam erst mit der Verwüstung durch französische Revolutionstruppen 1797, die Gebäude standen noch bis 1817.

Anders ging es mit dem eigentlichen Lustgarten. Wieweit die genannten Plänchen einer tatsächlich ausgeführten Anlage entsprachen, wissen wir nicht. Sicher angelegt wurden die beiden langgestreckten Wasserbecken in der Achse des Schlosses. Die Vertiefung für das hinter dem Schloss gelegene Becken ist ja bis heute gut zu erkennen. Nachgewiesen ist auch die Allee aus Kastanienbäumen. Die Markgräfin bekam 1725 von diesen kostbaren Modebäumen des 18. Jahrhunderts 600 Stück aus der Baumschule beim Schönbornschloss Seehof bei Bamberg geliefert. Sie wurden 1726 als Randallee an den beiden Längsseiten und an der gegen Kuppenheim gewandten Schmalseite des Gartens angepflanzt. Wieweit die ebenen Flächen des Gartens überhaupt als sogenannte *parterres* ausgeführt waren, ist nicht klar. Beide überlieferten Plänchen zeigen schmale Parterreflächen längs der Parkseiten vor dem Schloss; hinter dem Schloss zwischen Orangerien und mittlerem Wasserbecken erscheinen nur auf *einem* Plan die dort noch lange bestehenden, zu einem Laubengang (*berceau*) beschnittenen Ulmen. Auf dem anderen Plan ist eine doppelte Reihe von Bäumchen zu sehen. Hinter den Arkaden befanden sich auf beiden Seiten wohl tatsächlich die eingezeichneten, von Hecken umgebenen Baumstücke, mit Obstbäumen besetzt. Ich hatte sie als ein Zeichen für eine bereits eingetretene Vernachlässigung des Ziergartens angesehen; wahrscheinlich aber waren sie schon immer Teil der Gartenplanung.

Sicher ist, dass der Garten nach dem Rückzug der Markgräfin Sibylla Augusta nach Ettlingen und ihrem Tod 1733 trotz mehrerer Anläufe zur Verbesserung immer weiter verfiel. Die neuen Herren nach dem Besitzwechsel von 1771, die Markgrafen von Baden-Durlach,

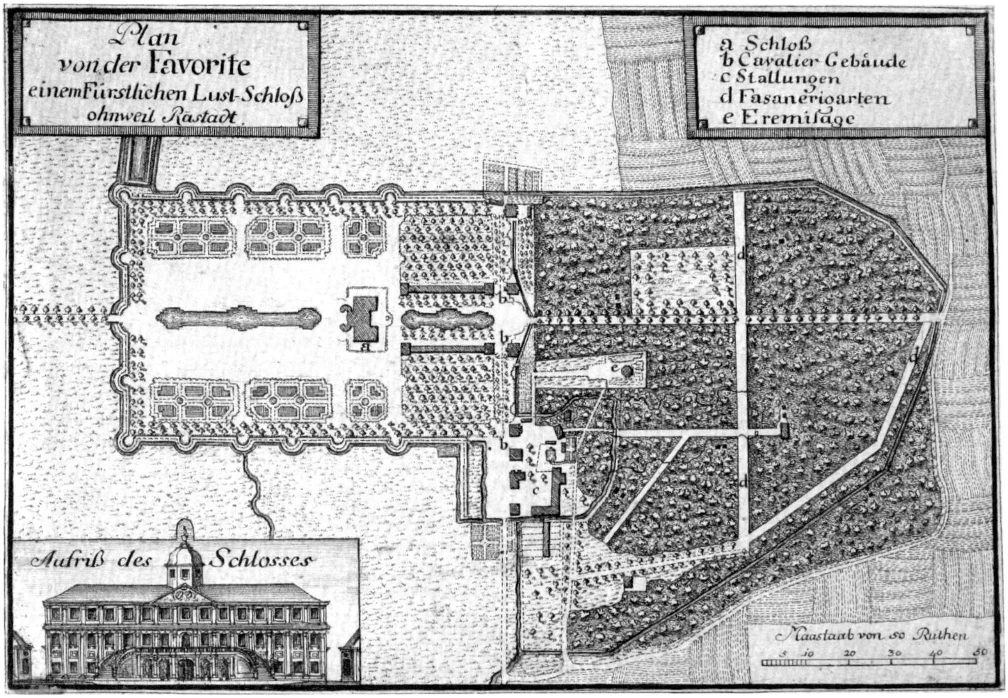


*Plan von Favorite mit den Gartenanlagen. Kupferstich, um 1770.*

fanden keinen gepflegten Barockgarten mehr vor. 1778 wird über den trostlosen Zustand des Gartens berichtet; wenigstens gab es noch rechts und links vom Schloss zwei Küchengartenstücke von zusammen höchstens vier Morgen [ein badischer Morgen = 36 Ar] und zwei Baumgartenstücke von jeweils nur 1 Morgen Größe. Auch diese waren 1788 schon aufgegeben. Mit der Aufgabe, diese Wildnis in einen Garten nach englischer Art umzuwandeln, wurde der später so eng mit Weinbrenner zusammenarbeitende Johann Michael Schweyckert betraut, der gerade im vorausgegangenen Jahr aus englischen Diensten nach Baden zurückberufen worden war. Schweyckert stammte zwar aus Pforzheim, erhielt aber seine Ausbildung in der Markgrafschaft Baden-Baden, im Schlossgarten von Ettlingen. „*Er hatte schon mehrere Jahre im Königl. botanischen und anderen Gärten zu Paris und in dem englischen zu Kew gelebt, in der Gegend um London mehrere englische Anlagen mit grossem Beyfall vollendet, und stand jetzt in Diensten eines englischen Lords mit sehr grossem Vortheil.*“ Schweyckert „*konnte erst mit dem Frühjahr 1787 sich mit vieler Mühe von seiner Stelle los machen. Ihm wurden sogleich bei seiner Ankunft dahier sämmtliche botanische Gärten, die Gewächshäuser, der ganze hintere Schloßgarten, der Erbprinzengarten und mehrere Lustanlagen übertragen.*“ Er brachte auch „*einen beträchtlichen Vorrath von Bäumen, Sträuchern und Saamen aus England*“ mit.[2] Ein Plan in Hartlebens „Statistisches Gemälde der

Residenzstadt Karlsruhe ..." von 1815 zeigt die Umgestaltung des schlossnahen Teiles des Karlsruher Parkes durch Schweyckert.[3] Das starre Schneisensystem wurde von ihm durch vorsichtige Korrekturen der Baumbestände zwischen den zusammenlaufenden Schneisen fast ohne Zusätze in eine naturnahe englische Anlage verwandelt, ohne das barocke System zu zerstören. *„Herr Hofgärtner Schweyckert brachte die Alleen so geschickt an, dass sie in einer geschmackvollen Gruppierung schöne Zeichnungen bilden."*[4] Das Problem, Altes mit Neuem zu verbinden, wie beim Schlossgarten in Karlsruhe, stellte sich für Schweyckert natürlich auch bei dem gleichzeitig geplanten Umbau von Favorite. In einem Schreiben vom Oktober 1788 präzisiert er seine Vorstellungen. Er schlägt vor, die Fasanerie zu verkleinern und die alten Zäune durch zweckmäßig gestaltete Gräben zu ersetzen. Damit will er Platz gewinnen, um einen Weg anzulegen, der vom Schloss aus um die ganze Fasanerie herum zum Schloss zurückführen soll, *„in englischer Art bepflanzt"*.[5]

Im Oktober 1789 war ein Drittel des vorgeschlagenen Weges vollendet, 1790 wurden die notwendigen steinernen Brücken dazu genehmigt, und am 7. Juli 1791 konnte Schweyckert die Fertigstellung des ersten Bauabschnitts, die Anlage des Rundweges samt den dazugehörigen Anpflanzungen melden.

Für weitere Verschönerungen legt er eine Zeichnung vor und erwartet *„weiteren gnädigsten Befehl"*. Diese Zeichnung oder ihre Reinzeichnung ist wohl in dem „Plan von der Favorite bei Rastatt mit denen dabei gemachten und zum Teil in Vorschlag gebrachten neuen Anlagen" zu vermuten, der sich erhalten hat. Nach den behutsamen Anfängen mit dem ohne große Veränderungen des Bestandes durch das Fasanenwäldchen geführten Weg plant Schweyckert nun jedoch eine grundsätzliche Umgestaltung des Lustgartens, allerdings unter Einbeziehung des Bestehenden. Alle Gebäude bleiben erhalten, ihre Umgebung wird aber völlig neu gestaltet. An die Stelle geradlinig umgrenzter Parterrefelder und Baumstücke treten große Flächen mit geschwungenem Umriss. Auch der neu anzulegende englische Garten besitzt zwei verschieden gestaltete Teile, den ehemaligen Parterre-, jetzt Wiesengarten und den Waldteil der ehemaligen Fasanerie, aber der ehemals beide Teile des Gartens in Höhe der Kavalierhäuser streng trennende Querweg spielt keine Rolle mehr. Die Grenze des Waldteils wird um das Maß der beiden ehemals vorhandenen Baumstücke hinter den Arkaden bis zum Schloss vorgerückt. Der lange Schlängelweg um das Waldgebiet führt hier vorbei und wird auf beiden Seiten von Baumpflanzungen begrenzt. Bis hierhin ist die neue Anlage bereits ausgeführt.

Für die 1791 erst in Vorschlag gebrachten neuen Anlagen müssen zuerst, wie vorgesehen, die alten Wasserbecken in der Mittelachse eingeebnet werden. Auf der nun frei liegenden Wiese vor dem Schloss gegen die nach Kuppenheim führende Favoritenallee wird ein Teich mit sehr geschwungenem Umriss angelegt, der den direkten Weg zum Schloss entlang der Mittelachse versperrt. Der außerhalb des Barockgartens gelegene Fischteich, der sicher auch als Wasserreservoir diente, soll nun in den Park einbezogen werden, was nur durch den Erwerb eines weiteren Landzipfels möglich gewesen wäre. Aus dem Fischteich erfolgt auch der Zufluss für den Parkteich über einen Felsen mit einem Wasserfall. Ein weiterer Felsen sollte den Zufluss zum Fischteich verdecken; darüberstehend war ein chinesisches Lusthaus oder ein Tempel geplant, von dem aus man das Rauschen des Wassers hören sollte. Dieser Teil des Gartens wäre übrigens der einzige mit einer solchen stimmungerzeugenden Staffage angelegte gewesen, wie sie in anderen „englischen" Gärten häufig verwirklicht wurde. Die große Wiese vor dem Schloss sollte so mit Einzelbäumen, Baumgruppen und Baumstücken begrenzt werden, dass sich beim Durchwandern immer wieder neue Anblicke auftun würden. Für Fernblicke aus dem Garten heraus sollten auch die Randalleen an einzelnen Stellen unterbrochen werden.

Noch immer ist also eine gewisse Verschiedenheit der beiden Parkteile, Waldgarten und Wiesengarten, festzustellen. Hier gehört dies aber zum Konzept des englischen Gartens und ist einem einheitlichen Gestaltungsprinzip untergeordnet: Der südliche Waldteil gilt dem Spaziergänger, dem Promenierenden, der von einem leicht geschlängelten Weg um den ganzen Park geführt wird und am Ende wieder am Schloss anlangt, ohne zu merken, dass er sich immer ganz in der Nähe des Schlosses bewegt. Das bekommt er auf seinem Weg nur einmal zu sehen, durch die erhaltene breite Allee in der Mittelachse des Schlosses, die den Waldpark durchzieht. Hier ist das Schloss aber für ihn nicht mehr als Architektur wichtig, sondern als ferner Abschluss eines überraschenden Blickes.

*Schloss Favorite inmitten seines ausgedehnten Parks mit Wald- und Wiesenteilen.*

Der nördliche „Wiesen"-Teil ist noch immer für die große Gesellschaft bestimmt, mit der weiten Wiesenfläche vor dem Schloss, den wechselnden Blicken durch und über die planmäßig angelegten Bäume und Baumgruppen. Während sich allerdings die Gestalt des Barockgartens schon ziemlich vollständig bei der Betrachtung nur des Grundrisses erschließen ließ, ist es sehr schwierig, dies auch bei diesem englischen Garten zu versuchen. Ein Charakteristikum dieser Art von Gärten ist es nämlich, dass sie nicht mehr im Ganzen zu übersehen sein sollen, sondern aus einer Folge schöner Ansichten bestehen, zu denen der Betrachter durch geschickte Anlage der Wege zwangsläufig hingeführt wird. Genauso ist es bei dem schon beschriebenen Weg um die Fasanerie; er führt nirgends hin, sondern kehrt an seinen Ausgangspunkt zurück. Das Innere des Parkes ist gegen den Blick vom Weg aus durch dichten Wald sorgfältig abgeschirmt, aber nach außen bieten sich an geeigneten Stellen Ausblicke in die Landschaft. Sie sind stets wie ein Gemälde durch im Vordergrund stehende Bäume gerahmt. Der äußere Graben, der wegen der Fasanerie stets von einem Zaun begleitet war, ist nach Angaben Schweyckherts nur mit neuen Böschungen so angelegt, dass man ihn nicht sehen kann. Der Spaziergänger fühlt sich wie in der freien Natur. Auch der nördliche „Wiesen"-Teil des Gartens weist solche gerahmten Blickachsen auf, nur gehen sie hier nicht vom Rand des Geländes aus, sondern aus seinem Innern in Blickachsen durch den Park hindurch in die freie Landschaft. Diese umgebende Landschaft wird optisch in den Park einbezogen; der Ausschnitt wird aber wie auf einem Gemälde von der Vegetation des Parkes gerahmt. So ist der Park selbst meist nur Vordergrund einer Landschaft, die in den Park hineinwirkt, ohne zu ihm zu gehören. Die Zusammenstellung der Baumgruppen im englischen Garten selbst sollte von größter Mannigfaltigkeit sein. Dazu konnte man von einheimischen Arten ausgehen, aber um Gruppen von Gehölzen unterschiedlichen Wuchses, unterschiedlicher Laubfärbung und womöglich unterschiedlicher Blüten zu erhalten, brauchte man auch fremdländische Pflanzen.

Zwar spielte die Sammlung und Vermehrung exotischer Pflanzen zusammen mit dem Interesse an ihrer systematischen Einordnung nach botanischen Gesichtspunkten schon in Barockgärten, vor allem in den Orangerien, eine Rolle. Zur Zeit der Einführung der englischen Gärten nahm der Umfang von Baumschulen zur Versorgung der Gärten kräftig zu. Auch Schweyckert hatte eine solche in Karlsruhe[6] aufgebaut. Sie konnte alle für die Anlage des Favorite-Parkes benötigten Bäume und Sträucher liefern.

Nach den üppig finanzierten Anfängen des Umbaues von Favorite bis 1791 trat ein wohl durch die kriegerischen Ereignisse der Zeit veranlasster Stillstand beim Weiterbau ein. Erst 1801 werden die Arbeiten weitergeführt. Im Februar des Jahres 1802 ist der Wall vom Förcher Tor bis zum Kuppenheimer Tor eingeebnet und der englische Weg auf dem Teil gegen Förch ausgegraben; das heißt, dass man nun auch mit dem Umbau des nördlich vor dem Schloss liegenden Geländes weitergekommen ist. Aus dem Jahr 1802 ist ein sehr hübsch gezeichneter, aber recht summarischer Plan im Generallandesarchiv Karlsruhe erhalten, den der Wasser- und Wegebau-Direktor F. Rochlitz gezeichnet hat.

*Blick über den Teich auf die Hauptfront von Schloss Favorite.*

Auf ihm sind die Randalleen des Gartens ohne Unterbrechung durchgeführt. Zwischen den Arkaden gibt es keine *berceaux*, sondern Baumreihen; die alten Schneisen, die sich innerhalb der Fasanerie kreuzen, sind nun als Alleen ausgebildet. Der Teich erhielt eine Insel, wie sie noch heute besteht. Die Erweiterung des Parkes am Fischteich mit dem chinesischen Haus oder Tempel ist noch beibehalten. 1805, ein Jahr vor dem Tod seines Schöpfers, Johann Michael Schweyckerts, werden die Arbeiten am englischen Garten Favorite ohne die Erweiterung am Fischteich abgeschlossen, wahrscheinlich im Sinne des Entwerfers.

Schweyckert, der hier in der klassischen Phase des Landschaftsgartens in Deutschland ein außerordentlich wertvolles Gartendenkmal schuf und durch geschickte Verwendung aller Mittel der „englischen Gartenkunst" in dem sehr kleinen Areal doch bedeutende Wirkungen hervorbringen konnte, ist sehr viel weniger bekannt als etwa der in seiner Nachbarschaft, in Schwetzingen, später in München tätige Friedrich Ludwig Sckell oder die Architekten und Gartenkünstler um den Park von Wörlitz. Allerdings gab es eine beinahe enthusiastische Würdigung seiner Tätigkeit durch einen Zeitgenossen, den Karlsruher Professor der Naturgeschichte und Botanik C. C. Gmelin, 1809: *„Möchten alle, denen das Geschäft übertragen ist, englische Anlagen im Lande zu entwerfen und auszuführen,* *den Geist derselben kennen. Sie haben Muster und Beyspiele, an dem diesen Anlagen und der ganzen Garten-Cultur zu früh verstorbenen Schweyckert dahier ... Möchten sie doch die Favorite bey Rastadt, die dahier in ihrer Art einzige englische Anlage ihrer Hoheit der verwittweten Frau Marggrävin von Baden ..., die englische Anlage am Baad Steinbach, als Beyspiel und Muster wählen ... Wer Schweyckert in seinem System über englische Anlagen, botanische Gärten, Plantagen ausländischer Bäume, über Obstplantagen ... kannte, wird gewiss mit mir ausrufen: Es gibt viele Gärtner, Garteninspectoren und Directoren, aber für Baden und ganz Deutschland nur einen Schweyckert!"*

Offenbar aber war die künstlerische Anlage des englischen Gartens Favorite zu nahe an der Natur, als dass man ihre Bedeutung als Kunstwerk auf Dauer zu würdigen und zu erhalten wusste. Das galt für die Zeit des Großherzogtums mit der doch entfernt gelegenen Residenzstadt Karlsruhe, das galt auch für die Republik: 1923 wurde der Entwicklung Rechnung getragen, das „Fasanenwäldchen" kam als forstlich zu behandelnde Waldung unter die Obhut des Forstamtes Rastatt, der Rest des Gartens unterstand dem Staatlichen Liegenschaftsamt, die Bauten wurden vom Staatlichen Hochbauamt betreut, die Gehölze in diesem Teil vom Forstamt Rotenfels. Während des Zweiten Weltkrieges wurde im Park ein Munitionslager angelegt und mit schweren Fahrzeugen versorgt. Der ehemalige Hauptweg des Parkes, „in englischer Art" angelegt, wurde als Kreisstraße geteert und durfte von Fahrzeugen mit maximal 30 Stundenkilometern befahren werden.

Die Wiederauferstehung von Schweyckerts Favorite-Park begann mit dem Parkpflegewerk von 1979.[7] Auch die Zuständigkeits- und Betreuungsverhältnisse wurden zweckmäßiger geordnet, um die Einheitlichkeit der Betreuung zu gewährleisten. Wiederum war es ein Gesamtplan, diesmal ein Pflegeplan, dem die behutsamen Maßnahmen der Erhaltung und Wiederherstellung des Gartenkunstwerkes untergeordnet waren. Auslichtung und Neupflanzung, Wegebau, Wasserbau, Bewirtschaftung haben einen Zustand geschaffen, mit dem der Schlosspark Favorite wohl zu den bestgepflegten Anlagen im Lande gehört. Eine sehr schön gestaltete Ausstellung in einem Pavillon an den Arkaden informiert über Geschichte und Schicksale des Parkes und ordnet ihn in den größeren kulturgeschichtlichen Zusammenhang ein; seit 2010 weist ein Faltblatt auf die wichtigen und interessanten Solitärbäume des Gartens hin; der dendrologische Rundgang wird sogar als Führung angeboten. Viele der 1951 noch vorhandenen, später sehr reduzierten Porzellantäfelchen geben „in lateinischer und größtenteils auch in deutscher Benennung die Art und Heimat der betroffenen Bäume" an.[8] Damit wird neben der kulturgeschichtlichen Bedeutung des Parkes auch die dendrologische angesprochen, ganz im Sinne Schweyckerts und seiner Zeit.

**Anmerkungen**

1 Das unbeschriftete zuerst bei Silib, Rudolf: Schloß Favorite und die Eremitagen der Markgräfin Franziska Sibylla Augusta von Baden-Baden, 2. verm. Aufl. 1929, S. 51: „ein alter Gartenplan, der späteren Akten eingeheftet ist" (Tafel IX). Der „Plan von der Favorite, einem großfürstlichen Lust-Schloß ohnweit Rastadt", zuerst bei Stopfel, Wolfgang E.: Der Park des Schlosses Favorite bei Rastatt. I. Teil: Der Barockgarten. In: Nachrichtenblatt der Denkmalpflege in Baden-Württemberg, 10 (1967), S. 94-100, hier S. 95.

2 Gmelin, C. C.: Ueber den Einfluß der Naturwissenschaft auf das gesammte Staatswohl … nebst Vorschlägen zur Anpflanzung entsprechender Surrogate für die kostbaren Colonialwaaren …. Carlsruhe 1809, S. 376 f.

3 Hartleben, Theodor: Statistisches Gemälde der Residenzstadt Karlsruhe und ihrer Umgebungen. Entworfen von Dr. Theodor Hartleben, Karlsruhe 1815, Beilage und S. 99. Hartleben interessiert sich sehr für die Gärten in Karlsruhe, erwähnt natürlich mehrfach Schweyckert als Gartenschöpfer. Über den Schlossgarten schreibt er: „Karl Friedrich … Er übertrug die Umgestaltung des französischen Schloßgartens dem Herrn Garteninspektor Schweyckert, welcher während seiner Reisen in England ganz in die Mysterien dessen Gartenkunst eingeweihet wurde. Durch neue, dem Zeitgeschmack angemessene Anlagen bildete er ein Muster englischer Gartenkunst." Übrigens sind auf dem Plan bei Hartleben auch noch drei spätere Gartenanlagen Schweyckerts zu sehen, die sein Geschick ahnen lassen, qualitätvolle „englische Anlagen" auf den durch den besonderen Stadtplan Karlsruhes so unglücklich dreieckig geschnittenen Grundstücken zu realisieren.

4 Hartleben (1815), S. 102.

5 Bachmann, Erich: Anfänge des Landschaftsgartens in Deutschland, in: Zeitschr. f. Kunstwissenschaft V (1951), S. 203-228, hier S. 219: „Der Gürtelweg „belt" ist eine Neuerung Lancelot Browns (1715–83). Er gibt dem Besitztum ein vergrößertes Aussehen, und überdies wird durch ihn die angrenzende freie Landschaft in den Garten einbezogen … Das „Aha", die unsichtbare Gartenumfriedung durch Gräben usw. tritt zum erstenmal 1724 in Stowe auf. Es ist die logische Voraussetzung des „belt".

6 Gmelin (1809) berichtet darüber ausführlich, S. 395 ff., und geht dabei auch auf die wirtschaftliche Bedeutung einer solchen Anlage ein. Neben der Zucht von Exoten widmete sich Schweyckert auch der von Obstbäumen, die als Mutterbäume zur Veredelung des Obstanbaues im ganzen Land beitragen sollten (vgl. Hartleben (1815), S. 101). Mit Gmelin zusammen arbeitete der Garteninspektor auch an der Züchtung von Pflanzen, die als Kaffee-Ersatz geeignet schienen. Über seine Erfolge mit „Erdmandeln" – *cyperus esculentus* – berichtete er in Aufsätzen. – Wissenschaftliche Systematisierung der Botanik, volkswirtschaftliche Verbesserungsversuche begleiteten die Einführung des Landschaftsgartens in Deutschland. Selbst politische (und patriotische) Parallelen zum als fortschrittlich geltenden „englischen Garten" wurden gezogen. Im ersten Band seiner „Theorie der Gartenkunst" (erschienen 1777–82), der „Bibel" der Gartengestalter, schrieb Christian C. L. Hirschfeld S. 73: „Und warum dürfte ich hier nicht besonders die jetzt regierenden Fürsten zu Gotha, Dessau und Carlsruhe mit der wärmsten Verehrung nennen, die eben den wohlthätigen Geist, womit sie ihre Völker beglükken, auch auf die Verschönerung der leblosen Natur rings um sich her verbreiten …"

7 Schwenecke, W./Wertz, H.: Parkpflegewerk für den Park des Schlosses Favorite. Darin Stopfel (1967) und Stopfel, Wolfgang: Der Park des Schlosses Favorite bei Rastatt, II. Teil. A. Die Orangerie, B. Die Umwandlung des Parkes in einen Englischen Garten. In: Nachrichtenblatt der Denkmalpflege in Baden-Württemberg XI (1968), S. 40 ff.

8 Melling, Richard: Der Schloßpark von Favorite und seine schönen Bäume. In: Badische Heimat 31 (1951), S. 105-110, hier S. 108.

# Leben am Hofe

## Die Hofhaltung unter Markgräfin Sibylla Augusta von Baden

**von Gerlinde Vetter**

Die Markgräfin Sibylla Augusta hat das Schloss in Rastatt, das sie nach dem Tod ihres Gemahls, des Markgrafen Ludwig Wilhelm, mit den beiden Prinzen Ludwig Georg und August Georg und der Prinzessin Augusta Maria Johanna bewohnte, mit Leben erfüllt. Nach dem Urteil der Zeitgenossen Johann Christian Sachs und Johann Daniel Schöpflin unterhielt die Markgräfin eine vorbildliche Hofhaltung. [1]

Sibylla Augusta übernahm als Regentin nach dem Tod ihres Gemahls 1707 auch den Hofstaat, der zu dieser Zeit 209 Personen zählte. Der Besoldungsaufwand betrug 32.000 Gulden. Am Ende ihrer Regierungszeit (1728) umfasste er ca. 373 Personen und kostete 57.807 Gulden. Im Laufe von 20 Jahren war der Hofstaat stark angewachsen, galt doch die Größe des Hofstaats in der Zeit des Barock als ebenfalls so repräsentativ für ein Fürstentum wie dessen Gesamtfläche; und je kleiner das Land war, umso wichtiger war die Repräsentation. Der Hof in Rastatt ist ein Beispiel dafür, wie die Kosten für die Hofhaltung an allen Fürstenhöfen in Europa im 18. Jahrhundert förmlich explodierten.

Die obersten Hofbeamten an den deutschen Fürstenhöfen, die sogenannten vier „Stäbe", waren der Oberhofmeister, der für die Erziehung der Prinzen und der Pagen zuständig war, der Oberkämmerer, der für die Leibkammer sorgen musste, der Oberhofmarschall, der polizeiliche und richterliche Gewalt über das Hofgesinde hatte und für den gesamten organisatorischen Ablauf sowie für das Hofzeremoniell verantwortlich war, und der Oberstallmeister, dem der Marstall mit den Kutschen und Pferden, den Lakaien und Stallknechten unterstand. In Rastatt war Carl Philipp Baron von Eltz Oberstallmeister und befand sich als solcher auch in der Funktion eines Oberhofmarschalls. Er übte sein Amt bis zum Ende der Regierungszeit der Markgräfin Sibylla Augusta (1727) aus. Der Oberhofmeisterin Madame Johanna Philippine von Leoprecht unterstanden die Hofdamen und Kammerjungfern. Diese waren für die Unterhaltung und Versorgung der Fürstin zuständig. Madame von Leoprecht kümmerte sich vor allem um die guten Sitten und die Etikette in den Frauengemächern.

### *Geregeltes Leben bei Hofe – die Hofordnung*

Ein Großteil des Lebens am Hofe wurde durch die Hofordnung (ca. seit 1588) geregelt, an die sich alle am Hof lebenden Hofbeamten und Hofbedienten zu halten hatten. Weitere Verordnungen am Rastatter Hof betrafen die Küche, die Leibkammer und den Marstall.

Die Hofordnung schrieb vor, dass die Hofbeamten, Hofdiener und das Gesinde sich eines *„christlichen, züchtigen und ehrbaren Lebens befleißigen"* sollten. Die Kontrolle oblag dem Oberhofmeister und „seinen Nachgesetzten". Ungehorsam und Zuwiderhandeln waren *„bei Gefahr unserer (fürstlichen) Ungnad und scharfer Straf"* verboten. Zur Einhaltung des Burgfriedens gehörte, dass alle am Hof lebenden Personen niemanden *„mit Worten schmähen, fluchen, schlagen, beleidigen"* durften. Auch Hofbeamte, Räte, Adlige, Kanzleiverwandte sowie das Hofgesinde wurden bei mutwilliger Ehrverletzung gegenüber anderen Personen des Hofes verwiesen.[2]

Die Hofordnung regelte auch den Tagesablauf der Hofbeamten und Hofbedienten. Deren Dienste waren zeitlich genau auf die Tätigkeiten der hohen Herrschaften abgestimmt. Nach der letzten gültigen Hofordnung des Markgrafen Ferdinand Maximilian, dem Vater des Markgrafen Ludwig Wilhelm, aus dem Jahr 1653, bekamen die Hofbedienten im Sommer um 6 Uhr, im Winter um 7 Uhr die Morgensuppe verabreicht.[3]

Der Fürst erhob sich für gewöhnlich um 7/8 Uhr und nahm nach dem Morgenzeremoniell, dem Lever, das Frühstück ein. Sibylla Augusta stand – wie Anna Maria Renner berichtet – bereits um 6 Uhr auf, ging um 7 Uhr zur Morgenandacht und frühstückte dann um 8 Uhr. Um 8.30 Uhr hatte die Fürstin ihre erste Besprechung mit den Hofräten.[4]

Um 9/10 Uhr versammelten sich die Kavaliere, Hofdamen und Hofbedienten zum Mittagsimbiss, damit sie danach für die Aufwartung beim Mittagsmahl des Fürsten/der Fürstin im Vorzimmer bereit standen. In der genannten Hofordnung heißt es: *„Der Adel soll*

*Schlafzimmer des Markgrafen in seinem Staatsappartement. Das Zimmer war nur für Besucher höchsten Ranges zugänglich.*

*sich eine halbe Stunde vor dem Essen in der Ritterstube zum Aufwarten einfinden und des Hofmeisters Anweisung abwarten.*"

Um 12/13 Uhr nahm Sibylla Augusta das Mittagsmahl zusammen mit dem Hofmeister der Prinzen, einigen Hofdamen und ihrem leitenden Minister Baron von Plittersdorf ein. Am Nachmittag gegen 14 Uhr widmete sie sich der Erziehung der Prinzen und der Prinzessin. Um 15 Uhr empfing die Markgräfin Besuche und hielt Audienzen ab. Um 16 Uhr musste ihr der Hofmeister Bericht erstatten.

Am Nachmittag gingen die hohen Herrschaften oft einer Freizeitbeschäftigung nach. Ein Fürst zog im Allgemeinen die Jagd vor. Sibylla Augusta beschäftigte sich häufig mit einer Handarbeit oder erging sich mit ihren Hofdamen beim Spaziergang im Schlossgarten. Am Spätnachmittag machte die Schlossherrin – wie berichtet wird – einen Rundgang durch das Schloss.

Die Hofbeamten und Hofbedienten nahmen das Nachtessen um 4/5 Uhr ein. Fürst und Fürstin speisten abends gegen halb acht/halb neun Uhr. Für gewöhnlich gingen sie danach zu Bett.

Den ganzen Tag über waren die Hofbedienten eifrig bei ihrer Arbeit. In der Hofküche hatte der Küchenmeister die Oberaufsicht über das Küchenpersonal. Nach der Küchenordnung des Markgrafen Ludwig Wilhelm (1679) mussten sich die Köche, Knechte und Mägde um 8 Uhr morgens und nachmittags um 3 Uhr in der Küche einfinden, um die Speisen zuzubereiten. Das Küchenpersonal sollte die Küche samt dem Geschirr stets in einem sauberen Zustand halten. Im Marstall versahen die Stallknechte unter der Führung des Stallmeisters ihren Dienst. Die Art der Fütterung der Pferde war im Reglement genau vorgeschrieben.

### *Repräsentieren – das Hof- und Staatszeremoniell*

Bei repräsentativen, aber auch alltäglichen Anlässen galten zeremonielle Regeln, welche die äußere Form der Abläufe am Hof genau festlegten und das gesamte höfische Leben bestimmten. Dem Fürst als Regent von Gottes Gnaden stand im Zeitalter des Absolutismus nämlich nach allgemeiner Auffassung sakrale Verehrung zu. Das Hofzeremoniell galt daher als sichtbarer Ausdruck der herausragenden Stellung des Monarchen und war zugleich ein Spiegel der Rangverhältnisse innerhalb des Hofstaates und auf der Ebene der europäischen Fürstengemeinschaft. Das Anliegen von Sibylla Augusta war es, den „*Glanz und lustre*", d. h. das Ansehen des badischen Markgrafenhauses zu erhalten und zu vermehren. Sie orientierte sich beim Zeremoniell an den Traditionen des Hofes ihrer Vorfahren in Schlackenwerth in Böhmen und am Wiener Hof, wo sie mit ihrem Gemahl mehrmals geweilt hatte.

Im Heiligen Römischen Reich Deutscher Nation spielten die Rang- und Präzedenzfragen eine große Rolle. Im Gegensatz dazu sollten die Ränge im Schloss von Versailles vor dem König in Frankreich verschwinden. So spricht Friedrich Carl Moser von „*zwey Gattungen des herrschenden Zeremoniells in Teutschland*"[5], dem spanischen und dem französischen Zeremoniell. Das spanische Zeremoniell, in abgemilderter Form als österreichisches Zeremoniell, war am Kaiserhof in Wien und an den meisten katholischen Höfen üblich, und mit großer Wahrscheinlichkeit ebenfalls am Rastatter Hof. Die französische Etikette galt am Hof von Versailles und wurde auch an manchen deutschen Höfen angewendet.

Der grundlegende Unterschied besteht in dem verschieden gehandhabten Zutritt der Personen zu den Räumen des Schlosses, er macht sich damit auch in der Architektur bemerkbar. Während Ludwig XIV. im Schloss in Versailles sein Prunkschlafzimmer zum Mittelpunkt des höfischen Lebens erkor, rangierte in den Schlössern im Reich das fürstliche Schlafgemach meist an letzter oder vorletzter Stelle der Zimmerfolge und war somit nur für Besucher von höchstem Rang zugänglich. Bei J. B. von Rohr lesen wir: „*Auf den fürstlichen Schlössern in Teutschland darf sich ein Frembder nicht mit solcher Freyheit umsehen, als wie in Frankreich. Daselbst können die Frembden in den meisten Zimmern des Schloßes zu Versailles nicht nur frey und ungehindert aus- und eingehen ... sondern auch selbst in des Königs Schlafgemach.*"[6]

Die Rittersäle waren an den Residenzen in Deutschland für die öffentliche Repräsentation gedacht und deshalb für die meisten Personen am Hof zugänglich. Im Rastatter Schloss diente der Ahnensaal für den Empfang von Gesandten, bei Geburts- und Namenstagen sowie Hochzeits- und Tauffeiern für den Empfang der fürstlichen Personen und der hohen Gäste und als Festsaal für Bankette und Bälle.

*Der prunkvolle Ahnensaal im Schloss Rastatt war für die öffentliche Repräsentation des markgräflichen Hauses bestimmt und ist noch heute festlichen Veranstaltungen vorbehalten.*

Die Vorzimmer dienten vor allem dem Aufenthalt der Dienerschaft, welche die Aufwartung beim Fürsten wahrnahm, waren also auch noch für manche niederen Hofchargen zugänglich. Im Audienzzimmer, zu dem nur die höchsten Ränge, nämlich gekrönte Häupter, Fürstinnen und Fürsten, Gesandte und Hofkammerpräsidenten, Zutritt hatten, hielt der Regent Audienzen für Gesandte und hohe Besuche ab. Hier wurden auch Heiratsverträge und Renunziationen (Verzichtserklärungen) unterzeichnet und die Ehen fürstlicher Personen vertraglich geschlossen.

Das Schlafzimmer als privater Bereich durfte nur von Angehörigen des Fürsten, den Favoriten (Mätressen), den Leibärzten, den geheimen Sekretären, dem Hofprediger oder dem Hofkaplan betreten werden. Bei J. B. v. Rohr lesen wir: „*Außer dem aber, wo dieses (französische Zeremoniell) nicht eingeführet, wird niemand leicht erlaubet, in das Fürstliche Schlaf-Zimmer zu gehen, sondern die meisten müssen in den Vorgemächern warten …*“[7]

Im Rastatter Schloss wurde das Schlafzimmer als Retirade, d. h. als ein Raum, in dem sich die Gäste umkleiden konnten, möglicherweise auch für Vieraugengespräche genutzt. Für vertrauliche Unterredungen diente auch das Spiegelkabinett. Wegen seiner dort ausgestellten Kostbarkeiten war es bei hohen Besuchen ein beliebtes Vorzeigezimmer im Rastatter Schloss.

Grundlagen für das Hofzeremoniell findet man auch in der Rangordnung, die Markgraf Ludwig Wilhelm 1681 erlassen hatte. „Die Rangordnung der fürstlichen Bedienten“ beinhaltete 48 Rangstufen für die Zivil- und Militärämter am Hofe, und diese Ordnung behielt ihre Gültigkeit trotz geringer Modifikationen auch unter der Herrschaft der Markgräfin Sibylla Augusta und der Söhne Ludwig Georg und August Georg bei. Sie wurde bei allen zeremoniellen Handlungen herangezogen, damit die Personen am Hof sich stets gemäß ihrem Rang positionieren konnten.

### *Vom Schlafengehen und Aufstehen – „Lever“ und „Coucher“*

Eine Beschreibung des täglichen Zeremoniells am Hof in Rastatt in Form einer Kammerordnung liegt nicht vor. Das Hofzeremoniell am Morgen und am Abend lief mit großer Wahrscheinlichkeit so ab, wie J. B. von Rohr schreibt: Demnach erheben sich die Fürsten „*früh Morgens … wenn es ihnen gelegen, wie sie sich gewöhnet, wie es ihrem Temperament, oder denjenigen Verrichtungen, die sie des Tages über zu expediren haben, gemäß ist …*“[8] Die Pagen und Kammerdiener helfen den Fürsten beim Ankleiden. Einige Herrschaften bleiben nach J. B. Rohr gelegentlich im Bett liegen und empfangen „*ihre eigenen ministres und cavaliers*“, um ihnen Anweisungen zu geben.

Gemäß der letzten gültigen Hofordnung des Markgrafen Ferdinand Maximilian mussten die Hofbedienten im Neuen Schloss Baden-Baden morgens um 6 Uhr bei Hof erscheinen. Ein Page und zwei Lakaien übernahmen die Aufwartung beim Fürsten. Der Dienst habende Kammerherr legte dem Fürsten morgens das Wams an und half ihm abends, es auszuziehen, blieb auch über Nacht im Schloss. Um halb sieben (halb acht) morgens wurde in der Hofkapelle eine Messe vom Hofkaplan abgehalten, wobei die Pagen und der Hussier (Portier) assistierten, indem sie dem Fürsten den Sessel hinstellten, den Teppich ausrollten und die Bibel reichten. Auch die Kavaliere waren bei der Morgenandacht anwesend.

Es ist anzunehmen, dass sich an den Gebräuchen beim „lever" und „coucher" auch im Schloss in Rastatt unter dem Markgrafen Ludwig Wilhelm und der Markgräfin Sibylla Augusta nichts Wesentliches geändert hat.

In der Regierungszeit der Markgräfin Sibylla Augusta spielte sich die Zeremonie des An- und Auskleidens im privaten Schlafgemach der Markgräfin ab, das sich im Seitenflügel des Rastatter Schlosses befand. Bei der Markgräfin dürften sich dabei eine oder zwei Kammerjungfern befunden haben, die ihr beim An- und Auskleiden halfen.

Sibylla Augusta hörte jeden Morgen um sieben die Messe. Von ihrem Ankleidezimmer konnte die Markgräfin in das Oratorium der neuen Hofpfarrkirche gelangen, von wo aus sie am Gottesdienst teilnahm.

### *Speisen – Das Tafelzeremoniell am Hof der badischen Markgräfin Sibylla Augusta*

Höhepunkte im Tagesablauf eines Monarchen waren das Mittagsmahl und das abendliche Diner. Diese Mahlzeiten liefen nach strengen zeremoniellen Regeln ab. Bei festlichen Anlässen wurde „en public" (öffentlich) bzw. „en cérémonie" gespeist, d. h. der Hofstaat schaute den fürstlichen Personen beim Festmahl zu. Häufig speisten die Fürsten „en serviette", d. h. allein oder mit ihren Familienangehörigen, manche hielten das Mittagsmahl mit ihren Ministern, Generälen oder Hofkavalieren.

Die Markgräfin Sibylla Augusta hielt ihre Tafel, wie dem Hofzeremoniellbuch[9] zu entnehmen ist, „*in dem ersten Vorzimmer von dem Saal aus lincker hand*" ihres Appartements im Corps de Logis des Rastatter Schlosses ab. Vor dem Anrichten wurde mit Trompeten zur Tafel gerufen. Die Pagen und Lakaien versammelten sich dann vor der Küche, um sich für die Aufwartung bereit zu halten.

Da die Hofküche in einem Seitenflügel des Rastatter Schlosses lag, mussten die Hofbedienten die Speisen über weite Strecken bis zum Vorzimmer tragen. Der Tafeldecker setzte Geschirr und Gläser auf und deckte die Tafel am Ende wieder ab. Der Küchenmeister oder die Kammerherren stellten dann die Speisen auf die fürstliche Tafel. Nach einer Aufwartungsordnung des Markgrafen Ludwig Wilhelm (1679) warteten an der fürstlichen Tafel die Pagen und Kammerherren auf, die Lakaien trugen nach dem Mahl die Speisen ab. Ein Page war Vorschneider, wenn der Fürst allein speiste. Der Mundschenk trug den Wein auf, kühlte ihn, schenkte den fürstlichen Personen ein.

Bei festlichen Anlässen kam ein aufwendigeres Zeremoniell zur Anwendung. Es wurde dann mit Pauken und Trompeten zur Tafel gerufen. Während des Mahls warteten bei den fürstlichen Personen an der Festtafel die Hof-Minister, der Oberhofmarschall oder auch die Vasallen auf, und ein hoher Hofbeamter war der Vorschneider.

Zum Tafeldekor schreibt J. B. v. Rohr: „*Die Speisen werden auf den fürstlichen Tafeln entweder in silbernen oder vergoldeten, oder gar in goldenen Schüsseln aufgesetzt*“.[10] Auch am Rastatter Hof wurde bei besonderen Anlässen – wie in den Protokollen vermerkt wird – aus dem „silbernen (oder goldenen) service“ gespeist.

Den „Ober-Sitz“ an der Tafel, der meist der Tür gegenüberlag, nahm nach den Angaben J. B. von Rohr in der Regel der Fürst ein, seine Gemahlin saß links von ihm, die männlichen Personen der fürstlichen Familie saßen zur Rechten und die weiblichen zur Linken des Souveräns … „*alsdann setzen sich die übrigen Dames und Cavaliers nach ihrem Range und Ordnung.*“[11]

In Rastatt nahm die Markgräfin in der Regel selbst den Platz am Kopf der Tafel ein; auf der rechten Seite saß dann der junge Markgraf mit seiner Gemahlin, auf der linken Seite saßen Prinz August und Prinzessin Augusta. Wenn der Markgraf Carl Wilhelm aus Baden-Durlach zu Gast war, nahm er den Ehrenplatz am Kopf der Tafel ein.

Die Sitzgelegenheiten richteten sich ebenfalls nach dem Rang, den eine Person einnahm. Sie bestanden in Fauteuils für fürstliche Personen und in einfacheren Lehnstühlen für Personen niedereren Ranges. Wenn Kardinal Damian Hugo von Schönborn, der väterliche Berater der Familie, zu Besuch war, speiste die Fürstin mit ihm allein „en serviette“.

Wenn auch der höfische Alltag strengen zeremoniellen Regeln unterworfen war, so fanden die Fürsten in ihren Lustschlössern doch Gelegenheit zur „Recreation“, d. h. Erholung von

*Sala Terrena des Schlosses Favorite. Das Lustschloss diente der Erholung, aber auch repräsentativen Festveranstaltungen.*

der schweren „Regiments-Last". Rohr schreibt: *„Wenn sie sich auf den Landhäusern aufhalten, so wird ein großer Theil des zeremoniellen Wesens bey Seite gesetzt, und eine freyere Lebensart erwehlet"*.[12]

Das Sommer- und Lustschloss Favorite bei Rastatt ist dementsprechend ausgestattet. Es verfügt über einen Gartensaal, die Sala Terrena, wo Bankette, Konzerte und Ballette abgehalten wurden. Der Schlossgarten mit den Parkanlagen, künstlich angelegten Seen und Fontänen eignete sich für Lustbarkeiten wie Feuerwerke, Illuminationen und Gondelfahrten. Dort hatten die Fürstenkinder freien Auslauf, und die Markgräfin machte mit dem Kardinal Damian Hugo von Schönborn gelegentlich ihre Wasserkur, hier klangen manche dynastischen Feste aus und fanden prunkvolle Jagdveranstaltungen statt.

### *Hohe Besuche richtig „traktiren" – Gesandtschaftsempfänge*

Im Rastatter Schloss wurden zur Regierungszeit der Markgräfin Sibylla Augusta häufig Gesandtschaften mit großem Zeremoniell empfangen. Bei solch einem Gesandtschaftsempfang begann das Zeremoniell bereits beim Einlass am Schlosstor in den Ehrenhof. Dort mussten sich der Besucher und seine Begleiter durch ein Kreditivschreiben legitimieren. Der hohe Besuch wurde je nach seinem Rang mit Präsentierung des Gewehrs oder auch mit fliegenden Fahnen und klingendem Spiel empfangen. War der Gast ein Abgesandter eines Herzogs oder eines regierenden Fürsten, so stand ihm eine Karosse mit vier oder sechs Pferden zu, und er hatte dann auch das Privileg, im Vestibül des Schlosses aus der Kutsche auszusteigen. Sekretäre, Kammerdiener, Lakaien folgten dem Gesandten in einer zweispännigen Kutsche und mussten bereits im Ehrenhof aussteigen.

1724 kam der baden-durlachische Gesandte, um die erfolgte Einladung des Markgrafen Carl Wilhelm von Baden-Durlach zur Hochzeit der Prinzessin Augusta Maria Johanna mit dem Herzog Louis von Orléans nach Rastatt zu erwidern. Der baden-durlachische Gesandte wurde im Vestibül unten an der Treppe vom Oberstallmeister empfangen, von zwei Kavalieren durch ein Spalier von Hofdamen und Hofkavalieren zum Ahnensaal geleitet und vom Oberstallmeister bis ins Audienzzimmer geführt. Die Markgräfin ging bei der Audienz dem hohen Gast drei Schritte entgegen. Sie hielt die Audienz stehend unter dem Baldachin ab. Der Gesandte bekam als Minister erster Ordnung einen Sessel mit Armlehne zugewiesen. Abgesandte niedererer Ränge mussten sich mit Stühlen oder Tabourets (ohne Lehne) begnügen. Als Minister erster Ordnung wurde der Gesandte nach der Audienz mit Pauken und Trompeten zur Tafel gerufen. Wurden solche Regeln missachtet, kam es zu „Rang- und Praecedentz-Streitigkeiten". Das unangemessene „tractament" wurde schriftlich beanstandet, und die Verletzung der Regeln bedurfte einer förmlichen Entschuldigung. Der Rang, in dem sich der Gesandte befand – es konnte ein „Ambassadeur", ein „Envoyé" oder nur ein „Resident" sein –, hing jeweils von dem Monarchen oder Fürsten ab, der ihn abgeschickt hatte. Die Rangstufe aber war ausschlaggebend für das „tractament", das ihm bei seinem Empfang und während seines Aufenthaltes am Hof zustand.

Anlässlich der Hochzeit der Prinzessin Augusta Maria Johanna mit dem Herzog Louis von Orléans 1724 weilten mehrmals die französischen Gesandten, der Graf d'Argenson und der Marquis de Matignon, am Hof in Rastatt. Dem Marquis de Matignon, der im Rastatter Schloss empfangen wurde, standen als einem „Ambassadeur" des Königs von Frankreich beim „tractament" höchste Ehren zu. Er wurde mit einer Paradekutsche, die mit sechs Pferden bespannt war, von zwei hohen Kavalieren abgeholt, ein Läufer ging voraus, gefolgt von sechs Lakaien, jeweils zwei Pagen standen an den Türen der Kutsche, ein „Beiläufer" und zwei Trompeter folgten. Bei der Einfahrt präsentierten die Wachen das Gewehr und die Gardesoldaten rührten das Spiel. Die Kutsche des Gesandten fuhr gerade ins Corps de Logis ein, während die zweite Kutsche mit den Begleitern und Bedienten draußen stehen blieb. Die Offiziere und die Räte standen auf der Treppe zum Corps de Logis Spalier, als die Oberstallmeister den französischen Gesandten durch den Ahnensaal ins Vorzimmer und in den Audienzsaal zur Markgräfin geleiteten. Die Prinzessin Augusta Maria Johanna gab dem Gesandten stehend unter dem Baldachin eine Audienz; ebenso der Erbprinz Ludwig Georg in seinem Audienzzimmer.

### *Feste am Hofe der Markgräfin Sibylla Augusta in der Residenz in Rastatt und im Schloss Favorite*

Mit dem Rastatter Frieden 1714 endete der Spanische Erbfolgekrieg. Nach der langen Kriegszeit waren jetzt Feste wieder möglich. Zunächst wurden im Rastatter Schloss bescheidene Feste gefeiert, wie sie in der Chronik der Piaristen beschrieben worden sind. Ab 1721 wurden die Feste im Hofzeremoniellbuch der Markgräfin schriftlich in Form von Protokollen, Fourirlisten, Sitzordungen und Einzugsreglements festgehalten.

Die Feste dienten vor allem der Repräsentation und Selbstdarstellung des Fürsten und seines Hofstaates. Vorbild für die Festkultur im Zeitalter des Absolutismus war der Hof des französischen „Sonnenkönigs" Ludwig XIV. Die Divertissements von Versailles dauerten oft Wochen oder sogar Monate und wurden von allen europäischen Fürstenhöfen bewundert und nachgeahmt. Auch der Wiener Hof galt als Vorbild für die deutschen Fürsten.

Die Markgräfin demonstrierte ihr gesteigertes Bedürfnis nach Repräsentation und barocker Lebensfreude an ihrem Hof durch eine stilvolle Festgestaltung. Aus den Festprotokollen des Hofzeremoniellbuches geht hervor, dass anlässlich zweier Hochzeiten, einer Taufe und zahlreicher Geburts- und Namenstage der fürstlichen Familienmitglieder festliche Einzüge, Opernaufführungen, Konzerte, Bälle, Maskeraden, Illuminationen, Feuerwerke, Jagdveranstaltungen und Bankette stattgefunden haben.

*Die Hochzeit des Erbprinzen Ludwig Georg mit Maria Anna von Schwarzenberg 1721*

1721 heiratete der Erbprinz Ludwig Georg die Prinzessin Maria Anna von Schwarzenberg, die Tochter des Reichfürsten Adam Franz Karl von Schwarzenberg. Die Vermählung fand im März am Hof des Reichsfürsten in Krumau in Böhmen statt. Die Heimführung der Braut nach Rastatt wurde im November des gleichen Jahres in der Residenz in Rastatt eine Woche lang gefeiert. Das Hofzeremoniellbuch berichtet über den Brautzug und die Abholung der Braut und schließlich über deren Einzug in Rastatt, wo sie im Ehrenhof des Schlosses von dem vornehmsten Gast, dem Markgrafen Carl Wilhelm von Karlsruhe-Durlach, in ihrem Paradewagen begrüßt wurde und unter Böllerschüssen und Salven über die Stiege im Vestibül des Schlosses zum Corps de Logis geführt wurde. Im Ahnensaal wurde die Prinzessin vom gesamten Hofstaat in Gala erwartet. Die Hofkavaliere und die Oberstallmeister, Baron von Eltz und Baron von Brambach, führten die junge Braut ins Audienzzimmer, wo sie die Gratulationen entgegennahm. Am Spätnachmittag fand das Festmahl statt. Der Oberhofmarschall Baron von Eltz hatte die Oberaufsicht über die Festtafel, die im Vorzimmer des Damenappartements aufgestellt war.

Am zweiten Tag der Heimführungsfeierlichkeiten wurde nach dem Festgottesdienst, bei dem das Brautpaar ein zweites Mal eingesegnet wurde, ein öffentliches Festmahl abgehalten, d. h. der Hofstaat durfte zuschauen, wie die fürstliche Gesellschaft an der Festtafel speiste. Gemäß dem Festprotokoll wurde dreimal mit Pauken und Trompeten zur Tafel gerufen, *„worauf sich die hohen Herrschaften in 9 fürstliche Personen bestehend gleich gestern abends auch beschehen, ganz allein zur Tafel gesetzt und öffentlich gespeist haben … Die Bedienung während der Tafel verrichteten 11 Herrn Cavaliers und Vasallen, die übrige fremde und einheimische Dames und Cavaliers aber in gleichen die Geistlichkeit, fürstliche Dicasterien und Beamten wurden an acht separierten Tafeln ebenfalls auf das Herrlichste tractiert, was so bis gegen 5 Uhr abends gedauert …“*[13] Die Tafelordnung schrieb eine Hierarchie der Tische vor: Die fürstlichen Personen speisten an der Fürstentafel, die anderen Personen wurden gemäß ihrem Rang entweder an der Marschalltafel, der Kavalierstafel, am Kontrolleurtisch oder an den Hofdiener-, Lakaien- und Pagentischen gesetzt. Die Marschall- und Kavalierstafeln befanden sich bei einem solchen Festmahl im Ahnensaal des Rastatter Schlosses. An den Kavalierstafeln warteten die Diener der Kavaliere oder die Musiker der Hofkapelle in ihrer Funktion als Hofbediente auf. Bei den Hofdamen bedienten die Lakaien, am Tisch der Kontrolleure die Diener in der gelben Livree.

Fünf Tage lang wurden bei dieser Hochzeit allerlei Lustbarkeiten und Divertissements veranstaltet. Abends gab es „Pundereytafeln“, bei denen die Paare aus Gründen der Galanterie vorher ausgelost wurden und in „bunter Reihe“, d. h. in gelockerter Sitzordnung, an der Festtafel saßen. Am vierten Tag der Feierlichkeiten wurde abends ein Kostümfest veranstaltet. Es heißt im Hofzeremoniellbuch: *„… auf den Abend aber ist eine Masquerade gewesen und nachdem dieselbe denen gezogenen Losen gemäß mehrmals an einer Ponderie-Tafel gespeist, zu*

*Ludwig Georg von Baden, hier als regierender Markgraf. Die Feierlichkeiten zur Heimführung seiner Frau Maria Anna von Schwarzenberg dauerten 1721 eine ganze Woche.*

*tanzen angefangen und solcher gestalten auch dieser Tag mit Lustbarkeit beschlossen worden.*“[14] Solche Maskeraden dienten zur Auflockerung der sonst so strengen Zeremoniellvorschriften. Den fünften Tag verbrachte die Hochzeitsgesellschaft im Sommerschloss Favorite.

Das Schloss Favorite eignete sich für Festbankette im Anschluss an die offiziellen Festakte im Schloss in Rastatt. Laut Festbericht im Hofzeremoniellbuch von 1721 „*wurden die hochfürstlichen Herrschaften in dero ein Stund von hier entlegenen kostbar möblierten Favorita splendite tractiert und auch daselbst bis späten Abend unterhalten …*“ Auf der Rückfahrt zum Rastatter Schloss erfreute sich die Gesellschaft an der festlichen Illumination in der Residenz und in den Straßen der Stadt.

### *Geburts- und Namenstage der Herrschaften*

Zahlreiche Festprotokolle berichten über die Geburts- und Namenstagfeiern im Rastatter Schloss. Am 21. Januar 1725 ließ die Markgräfin Sibylla Augusta zu ihrem 50. Geburtstag ein glanzvolles Fest feiern. Nach der Messe in der Heilig-Kreuz-Kirche nahm Sibylla Augusta die Glückwünsche in ihrem Audienzzimmer entgegen. Die fürstlichen Personen speisten im Vorzimmer und tranken danach Kaffee aus der „silbernen Kanten (Kanne)". Schließlich verkleideten sich die Hofdamen und Kavaliere für eine Maskerade. Sie nahmen in ihren Kostümen das Mahl nach einer ausgelosten Sitzordnung an einer gemeinsamen Tafel ein und tanzten dann auf dem Kostümball bis in die Nacht. Die Markgräfin speiste unterdessen mit dem Kardinal Damian Hugo von Schönborn in ihrem Zimmer, und danach schauten die beiden im Festsaal in ihren Fauteuils am Kamin dem bunten Treiben zu.

Bei den Geburtstagen des Erbprinzen Ludwig Georg empfing der Hofstaat in höchster Gala das Geburtstagskind im Ahnensaal. Alle fürstlichen Personen fuhren mit den Paradewagen zur Hofkirche, wo der Kardinal von Schönborn die Messe abhielt. Der junge Markgraf nahm im Corps de Logis die Gratulationen entgegen und begab sich zur Tafel. Danach fand eine Jagd in den Jagdrevieren in Scheibenhardt oder beim Schloss Favorite statt, die mit einem Festbankett endete.

Die Feste waren Glanzlichter im höfischen Leben und brachten Abwechslung in den vom strengen Zeremoniell bestimmten höfischen Alltag. Sie zeigen die Lust der barocken Fürsten an feierlichen Aufzügen, großen Banketten und Verkleidungsdivertissements. Dem Selbstverständnis einer absoluten Fürstin gemäß empfand die fromme Markgräfin keinen Widerspruch zwischen der höfischen Pracht und ihrem katholischen Glauben. Sie ließ es sich nicht nehmen, zur gebührenden Repräsentation des badischen Markgrafenhauses prunkvolle Feste zu feiern.

**Anmerkungen**

1 Sachs, Johann Christian: Einleitung in die Geschichte der Marggrafschaft des ... Hauses Baden, 3. Teil, 1769. Schöpflin, Johann Daniel: Historia Zanringa Badensis, 3. Band, Karlsruhe 1765.

2 GLA Karlsruhe, 47/716.

3 GLA Karlsruhe, 46/3286.

4 Renner, Anna Maria: Sibylla Augusta Markgräfin von Baden, ND Karlsruhe 1976, S. 134 f.

5 Moser, Friedrich Carl von: Teutsches Hofrecht, Frankfurt/Leipzig 1754, Bd. 1, S. 43.

6 Rohr (1733), § 30, S. 76.

7 Rohr (1733), § 8, S. 22.

8 Rohr (1733), § 6, S. 21.

9 GLA Karlsruhe, 53/6.

10 Rohr (1733), § 3, S. 90.

11 Rohr (1733), § 46, S. 110.

12 Rohr (1733), § 45, S. 84.

13 GLA Karlsruhe, 53/6.

14 GLA Karlsruhe, 53/6.

# Unterschiedlichste Nutzungen

## Das Rastatter Schloss von 1771 bis 1918

**von Marco Müller**

Das Aussterben der katholischen Linie des Hauses Baden mit dem Tod des kinderlos gebliebenen Markgrafen August Georg am 21. Oktober 1771 bedeutete für Rastatt eine Zäsur. Durch den am 28. Januar 1765 unterzeichneten Erbvertrag fiel die Markgrafschaft Baden-Baden nun an die evangelische Linie Baden-Durlach. Rastatt verlor den Status einer Residenzstadt, da die baden-durlachische Residenzstadt Karlsruhe auch Residenz der vereinigten Markgrafschaft wurde. Das Rastatter Residenzschloss stand nach 1771 aber nicht gänzlich leer, sondern fand unterschiedlichste Nutzung, beispielsweise als Behördensitz, Wohnung für Staatsdiener und Offiziere oder als Ort für die Gottesdienste der evangelischen Einwohner. Nicht alle Nutzungsvorhaben konnten dabei in die Tat umgesetzt werden, beispielsweise die Einrichtung eines Bischofsitzes oder einer Universität.

### *Witwensitz, evangelischer Gottesdienst und eine geplante Universität*

Der Sibyllenbau des Schlosses hatte der Markgräfin Maria Viktoria in den ersten Jahren als Witwensitz gedient. Aber schon 1774 verlegte die fromme Markgräfin nach Unstimmigkeiten mit dem evangelischen Nachfolger ihres Mannes ihren Wohnsitz nach Ottersweier, das damals zur vorderösterreichischen Landvogtei Ortenau gehörte, und später nach Offenburg.

Den Rastattern waren bereits 1773 Gerüchte zu Ohren gekommen, die verwitwete Markgräfin Maria Viktoria werde Rastatt verlassen. Vielleicht unter diesem Eindruck unternahmen die Rastatter Bürgerschaft und der Magistrat Anfang des Jahres 1773 den Versuch, Prinzessin Elisabeth Augusta (1726–1789), einziges noch lebendes Kind des Markgrafen Ludwig Georg, zu einer Hofhaltung in Rastatt zu bewegen. Sogar die Regierung in Karlsruhe wurde gebeten, sanften Druck auf Elisabeth auszuüben. Elisabeth, die 1765 das Schloss in Riegel erworben hatte, ließ sich allerdings nicht zu einer Rückkehr nach Rastatt bewegen.[1]

Markgraf Karl Friedrich und seine Familie hielten sich nur selten im Rastatter Schloss auf. Meist waren die für die Hofhaltung der Markgrafenfamilie vorgesehenen Räume verwaist.

Für die ausgedehnte Schlossanlage musste also eine Nutzung gefunden werden, beispielsweise als Universität. Denn über eine Universität verfügte die vereinigte Markgrafschaft Baden in diesen Jahren noch nicht, obwohl sich Markgraf Karl Friedrich eine solche wünschte.[2] Pläne zur Errichtung einer Universität in Rastatt wurden erstmals von den Geheimen Räten Reinhard und Preuschen erörtert, noch zu Lebzeiten des Markgrafen August

Georg. Preuschen kam 1773 auf seine früheren Pläne zurück, da die Aufhebung des Jesuitenordens, der in Baden-Baden und Ettlingen Kollegien sowie in Ottersweier ein Superiorat besaß, absehbar war. Das Vermögen des Jesuitenordens sollte für die Errichtung einer Universität eingesetzt werden.

Preuschens Plan sah eine theologische, eine juristische, eine medizinische sowie eine philosophische Fakultät mit insgesamt 20 Professoren vor, je zur Hälfte katholischer und evangelischer Konfession. Dass der Plan zur Errichtung einer Universität in Rastatt nicht in die Tat umgesetzt wurde, ist wohl vor allem auf finanzielle Aspekte zurückzuführen. Die jährlichen Einnahmen des Jesuitenordens waren nicht hoch genug, um das Vorhaben zu verwirklichen. Preuschens Plan versank in der Schublade, stattdessen gründete Markgraf Karl Friedrich an Stelle des Jesuitenkollegs in Baden-Baden ein Lehrinstitut mit vier neuen Schulklassen, aus dem 1808 durch die Vereinigung mit dem Rastatter Piaristengymnasium das Lyzeum hervorging. Das Piaristengymnasium benutzte die ehemalige Hofpfarrkirche in diesen Jahren für Schulgottesdienste.

Beinahe zeitgleich zu den Universitätsplänen begann die Nutzung von Räumlichkeiten des Schlosses für evangelische Gottesdienste. Noch bis 1771 waren beinahe alle Einwohner Rastatts katholisch. Nach der Vereinigung der Markgrafschaften siedelten einige evangelische Hofbeamte mit ihren Familien nach Rastatt über, für die zunächst alle 14 Tage ein Gottesdienst in einem Zimmer des Schlosses stattfand, erstmals am 2. Januar 1773. Durch Zuzug von Arbeitern und Handwerkern wuchs die kleine evangelische Gemeinde in Rastatt rasch an, so dass Markgraf Karl Friedrich auf Bitten des Geistlichen den Gottesdienst in den für die Marschallstafel vorgesehenen Saal im Schloss verlegen ließ. Auch dieser Betsaal erwies sich bald als zu klein. 1777 wurde eine eigene evangelische Knabenschule in einem dem Schloss angegliederten Gebäude eingerichtet und der Gottesdienst in den großen Bibliothekssaal des Schlosses verlegt. Bereits ab 1779 erhielt der evangelische Geistliche eine Wohnung im Schloss zugewiesen. Am 9. November 1804 wurde schließlich eine eigene evangelische Stadtpfarrei in Rastatt gegründet, der der nunmehrige Großherzog Karl Friedrich 1807 die Kirche des durch die Säkularisation 1805 aufgehobenen Franziskanerklosters überließ.[3] Nach drei Jahrzehnten hatte der Bibliothekssaal im Schloss in seiner Funktion als Ort für die Abhaltung der evangelischen Gottesdienste ausgedient.

### *Rastatter Kongress und Gesandtenmord*

Nach der Französischen Revolution von 1789 kämpften die europäischen Mächte ab 1792 gegen die Verbreitung revolutionärer Ideen und die Expansion der französischen Republik. Der erste dieser so genannten Koalitionskriege dauerte bis 1797 an. Am 25. Juli kam zwischen Baden und Frankreich ein Waffenstillstand zustande. Ratifiziert wurde der Separatfrieden allerdings erst im November 1797, nach dem Friedensschluss von Campo Formio am 17. Oktober zwischen Frankreich und Kaiser Franz II. Die Bedingungen für einen Gesamtfrieden zwischen den deutschen Staaten und Frankreich sollten auf einem Kongress ausgehandelt werden. Bereits am 6. Oktober 1797 notierte der Geheime Rat Meier in sein Tagebuch, dass „*Frankreich die Stadt Rastatt zum Friedensort vorgeschlagen, der Kaiser solchen acceptiert … habe.*“[4]

Somit rückte das Rastatter Schloss nach 1714, als durch den Rastatter Frieden der Spanische Erbfolgekrieg zwischen Frankreich und Kaiser Karl VI. beendet worden war, 1797 erneut in das Blickfeld der europäischen Öffentlichkeit. Ab dem 6. Dezember 1797 tagte im nördlichen Seitenflügel des Schlosses ein Friedenskongress, auf dem Gesandte aus ganz Europa die Beilegung der Konflikte zwischen dem revolutionären Frankreich und dem Reich zu erreichen suchten. Bereits am 20. November 1797 reisten die französischen Bevollmächtigten Jean-Baptiste Treilhard und Antoine Samuel Bonnier an, einige Tage später folgte General Napoleon Bonaparte. Die Abgesandten des Kaisers unter Führung von Graf Franz Georg Josef von Metternich, der Französischen Republik, von Kurmainz als Vertreter des Reiches sowie von Österreich nahmen Quartier im Schloss. Hinzu kam als Gesandter des katholischen Teils des Westfälischen Grafenkollegiums Graf Clemens von Metternich-Winneberg, ein Sohn des kaiserlichen Bevollmächtigten. Die anderen Gesandtschaften fanden Unterkunft in den Rastatter Gasthäusern sowie in Bürgerhäusern.[5]

*Zwischen 1797 und 1799 war das Schloss Rastatt Schauplatz eines Friedenskongresses zwischen Frankreich und dem Deutschen Reich, der ohne greifbare Resultate abgebrochen wurde.*

General Bonaparte verließ Rastatt bereits am 2. Dezember wieder, noch ehe der Kongress offiziell eröffnet wurde. Für ihn und den später abberufenen Minister Treilhard rückten als französische Bevollmächtigte Claude Roberjot und Jean Antoine Joseph Debry nach. Ende Dezember 1797 befanden sich durch den Kongress 807 Fremde in Rastatt, darunter das eigentliche gesandtschaftliche Personal mit 519 Personen, von denen 118 Personen im Schloss wohnten. Bis Mitte 1798 stieg das Gesandtschaftspersonal auf 640 Personen und weitere 300 Fremde.[6]

Beinahe eineinhalb Jahre lang tagten die Kongressteilnehmer im kleinen Städtchen an der Murg – freilich ohne greifbare Ergebnisse zu erzielen. Der neuerliche Kriegsausbruch zwischen Frankreich und Österreich setzte dem Kongress ein jähes Ende. Die Verhandlungen waren bereits gescheitert, als am 28. April 1799 die abreisenden französischen Gesandten bei der Rheinau überfallen wurden. Die Gesandten Bonnier und Roberjot wurden ermordet, der dritte Gesandte Debry konnte sich verletzt retten. Als „*Rastatter Gesandtenmord*", dessen Umstände nie eindeutig geklärt wurden, ging diese Bluttat in die Geschichte ein.

### *Nutzung durch das badische Fürstenhaus und Sitz des Hofgerichts*

Nach dem Ende des Kongresses kehrte wieder weitgehend Ruhe in das Rastatter Schloss ein. Doch die Rastatter ließen keine Gelegenheit verstreichen, das Schloss des Türkenlouis als zeitweise Residenz des Fürstenhauses anzupreisen. So wurde 1802 Markgraf Karl Friedrich gebeten, dass er nach Erreichen der Kurwürde das Rastatter Schloss bedenken solle.[7] 1808 wünschte sich der Magistrat vom nunmehrigen Großherzog, beim anstehenden Besuch des Königs von Schweden und seiner badischen Gemahlin Friederike diesen das Rastatter Schloss als Wohnsitz anzubieten.[8] Zuvor hatte das Schloss bereits in den Jahren 1805 und 1806 Kaiser Napoleon als Quartier gedient.[9] Seit 1806 war das badische Haus mit Napoleon familiär verbunden: Erbgroßherzog Karl, der Enkel Karl Friedrichs, hatte Napoleons Adoptivtochter Stéphanie geehelicht. Noch einmal, am 24. Oktober 1808, empfing das Erbgroßherzogspaar den Kaiser der Franzosen im Rastatter Schloss, als dieser vom Fürstentag in Erfurt zurück nach Frankreich reiste.[10]

Ab 1803 hatten Teile des Schlosses aber endlich wieder eine dauerhafte Nutzung gefunden. Rastatt war Sitz eines von vier badischen Hofgerichten geworden. Die Ansiedlung bereicherte nicht nur die Honoratiorenschicht der Stadt, zogen doch neben den Hofgerichtsadvokaten auch Gerichtsschreiber und andere Angestellte mit ihren Familien nach Rastatt. Wohnung fanden sie dabei größtenteils im Schloss, wo auch das Hofgericht offiziell seinen Sitz nahm. Erster Präsident des Rastatter Hofgerichts wurde der Geheime Rat Carl Wilhelm Ludwig Freiherr Drais von Sauerbrunn, der bereits von 1797 bis 1799 als Direktor der eigens für den Friedenskongress eingesetzten Polizeikommission in Rastatt tätig gewesen war.[11] Das Hofgericht verblieb bis 1847 in Rastatt.

Trotz der teilweisen Nutzung durch das Hofgericht und dessen Personal standen weite Teile des Schlosses leer. Anfang des Jahres 1817 unternahm Oberkammerjunker Karl Wilhelm Adolph Freiherr von Ende eine offizielle Reise zu den herrschaftlichen Schlössern und Gebäuden in der südlichen Hälfte des Großherzogtums Baden. Über die im Rastatter Schloss herrschenden Verhältnisse notierte er entsetzt: „*Die Unordnung, ich möchte sie geflissentlich nennen, womit die verschiedenartigsten Sachen zusammengehäuft waren, der Mangel von aller Sorgfalt in ihrer Aufbewahrung, die Unreinlichkeit, die überall herrschte, übersteigt wirklich jede Idee. ... Es gab Zimmer in denen die Sachen so chaotisch über einander gehäuft waren, daß man sich durch sie einen Weg bahnen mußte. Zersprungene Spiegel, auseinander genommene Uhren, seidene Tapeten, Leinenzeug, Glas, Porzellain lag gemischt mit altem abgerissenem Fensterblei, Latten, abgenommenen Thürschlössern. Es war auch nicht ein Gegenstand systematisch geordnet und der Staub, womit manches fingerdick belegt war, zeugte von der Reihe von Jahren, welche dieser Zustand bereits gedauert hatte ...*“[12]

Mit der Anstellung eines neuen Hausmeisters besserten sich die Verhältnisse im Rastatter Schloss in den kommenden Jahren.

Ende des Jahres 1818 atmete man in Rastatt noch einmal Residenzluft – wenn auch aus traurigem Anlass. Zar Alexander, der Schwager Großherzog Karls, hatte seinen Besuch nach dem Ende des Aachener Friedenskongresses angesagt. Für diesen Besuch übersiedelten der todkranke Großherzog und seine Gemahlin Stéphanie von Schloss Favorite in das Rastatter Schloss. Zar Alexander weilte vom 28. November bis 1. Dezember in Rastatt, mit ihm die großherzogliche Familie. Nur eine Woche später, am 8. Dezember 1818, starb Großherzog Karl im Alter von nur 32 Jahren im Rastatter Schloss. Sein Onkel Ludwig begab sich umgehend nach Rastatt, um die Regierung zu übernehmen. Am folgenden Tag wurde der Leichnam des Großherzogs von Rastatt nach Karlsruhe überführt.[13]

In der Folgezeit wurde das Rastatter Schloss nur noch selten für Aufenthalte der badischen Großherzöge benutzt. Trotzdem blieben in Rastatt noch viele Jahre und Jahrzehnte weite Teile des Schlosses eingerichtet und reserviert für Aufenthalte des Fürstenhauses. Erst 1863 – um an dieser Stelle zeitlich etwas vorzugreifen – gab Großherzog Friedrich I. die für die Hofhaltung vorbehaltenen Räume in der Beletage des Schlosses für die Dauer seiner Regierungszeit für eine anderweitige Nutzung frei.

### *Rastatt als Bischofssitz?*

1818 war Rastatt kurzzeitig als Sitz eines neu zu gründenden Landesbistums im Gespräch. In diese Planungen war auch das Rastatter Schloss einbezogen. Eine Variante sah das Schloss selbst als Sitz eines katholischen Landesbischofs vor, eine andere den Umzug verschiedener Behörden aus ihren Domizilen entlang der Herrenstraße ins Schloss. Der auf einem Kuraufenthalt in Griesbach sich befindliche schwer kranke Großherzog Karl traf

*Großherzog Karl von Baden starb im Dezember 1818 im Rastatter Schloss.*

am 20. August 1818, zwei Tage vor seiner Unterzeichnung der Badischen Verfassung, Disposition darüber, wie er die Verhältnisse in Rastatt geordnet wissen wollte. Für die großherzogliche Familie blieb die gesamte Beletage im Corps de Logis und den beiden Seitenflügeln mit jenem Teil, den die ehemalige Markgräfin Maria Viktoria einst bewohnte, vorbehalten. Das Hofgericht sollte Sitzungszimmer und Archiv im Erdgeschoss des Corps de Logis „*in den Stiegen*“ erhalten. Amtssitz und Wohnung des ersten Beamten sollten im Erdgeschoss des rechten Schlossflügels angewiesen werden. In diesem Flügel war auch eine Wohnung für den Amtsrevisor vorgesehen. Die Amtskellerei sollte in den vorderen Teil des linken Flügels (bisher Wohnungen) verlegt werden. Für den Bischof war als Wohnung mit Kanzlei, Kanzleidirektor und Diener das Kreisdirektoriumsgebäude (Forstnersches Palais) bestimmt. Die Planungen sahen vor, den bisher nicht ausgeführten Flügel des Palais hierfür zu erbauen. In die weiteren Planungen waren das ehemalige Franziskanerkloster, das Amtskellereigebäude, die städtischen Schulhäuser in der Herrenstraße sowie die Bernharduskirche als künftige evangelische Pfarrkirche einbezogen. Die Wohnungen der Vikare sollten in der vom Schloss separierten ehemaligen „Pagerie“ eingerichtet werden. Alle diese Maßnahmen schätzte man auf nicht viel mehr als 30.000 Gulden, wovon etwa 7.000 Gulden zur Einrichtung der Beamtenwohnungen im Schloss von der Staatskasse hätten

aufgebracht werden müssen, *„dafür wird jedoch auch der ruinoseste Theil des Schlosses wieder in guten Stand gese[t]zt"*.[14] All dies wurde nicht verwirklicht und Freiburg i. Br. 1827 endgültig Bischofssitz.

### *Schlosstheater*

Anlässlich des Rastatter Kongresses war 1797 im Schloss wieder ein Theater eingerichtet worden, das auch nach der Beendigung des Kongresses für verschiedene Theateraufführungen von durchreisenden Schauspielern genutzt wurde. Markgraf August Georg hatte das Theater 1768 erbauen lassen, das einen viel zu kleinen Theatersaal im Sibyllenbau ablöste.[15]

1823 war die nicht auf lange Dauer ausgelegte Einrichtung derart baufällig, dass das Oberhofmarschallamt in Karlsruhe befürchtete, es *„können einmal durch einen Zusammensturz viele Menschen darin verunglücken oder gar bei einer in Theatern so leicht entstehende Feuersgefahr das Schloß selbst ein Raub der Flammen werden."*[16]

Großherzog Ludwig beschloss deshalb, die Theatereinbauten abzutragen und der Stadt Rastatt sämtliche Einbauten mit Dekorationen und allen vorhandenen Gegenständen als Geschenk zu überlassen. Voraussetzung dafür war aber, dass die Stadt ein außerhalb des Schlossbezirks befindliches Theaterlokal stellte und die Kosten der Abbrucharbeiten übernahm. Der Magistrat lehnte mit Hinweis auf fehlende Finanzmittel das Geschenk des Großherzogs allerdings dankend ab, worauf das Oberhofmarschallamt alles beim Alten beließ, die Erlaubnis zur Nutzung des Schlosstheaters für Vorstellungen aber *„in Zukunft nicht so leicht gegeben, sondern so viel möglich restringiert"* werden sollte.[17]

Die Unterhaltungsgesellschaft „Museum" nutzte ab den 1820er Jahren regelmäßig einige Räume im Theaterflügel des Schlosses. Ende 1832 bezog sie neu erbaute Räumlichkeiten in unmittelbarer Nähe des Theaters.[18] Hier veranstaltete die Gesellschaft alljährlich ab November ihre *„Museumsbälle"* und *„theatralischen Abendunterhaltungen"* mit anschließender Tanzbelustigung.

### *Sitz der Regierung des Mittelrheinkreises, einer Kleinkinder- und einer höheren Töchterschule*

Eine größere Veränderung bei der Verwaltung des Schlosses Rastatt brachte das Jahr 1832 mit sich. Damals wurde das Schloss aufgrund der Neufestsetzung der Civilliste aus dem Hof-Etat an den Kameraldomänen-Etat überführt. Im Kern ging es um die Trennung des Vermögens der großherzoglichen Familie vom Staatsvermögen. Großherzog Leopold verknüpfte mit dieser Übergabe allerdings mehrere Vorbehalte. Das Corps de Logis sollte in *„anständigem Zustand erhalten werden, zu welchem Ende auch die großen Appartements* *von denen in dem Schloß befindlichen dem Hof-Etat gehörigen Meubles ausgestattet werden sollen*", das „*türkische Cabinet so wie die vorhandenen Gemälde aus Rücksicht für die Stadt Rastatt vordersamst in dem Schloß verbleiben und in dem Corps de Logis aufgestellt werden*" sowie das Sterbezimmer Großherzog Karls in unverändertem Zustand verbleiben.[19]

Da die Regierung des Mittelrheinkreises ihren Sitz im Schloss nehmen sollte, wurde die Übergabe noch im Februar 1832 vollzogen. Somit wurde Rastatt nach einer Neuorganisation der Staatsbehörden Sitz einer Mittelinstanz, der Regierung des Mittelrheinkreises, einem von vier neu geschaffenen badischen Kreisen. Mit der Kreisregierung kamen etwa 40 Beamte mit ihren Familien nach Rastatt. Die Beamtenfamilien wohnten größtenteils im Schloss, wo bereits die Angestellten des Hofgerichtes Wohnung hatten.

Im gleichen Jahr wurde für die Töchter der mittlerweile zahlreich vorhandenen Honoratioren eine höhere Töchterschule gegründet. Als Räume für die Schule wurden vier Zimmer im Sibyllenbau des Schlosses zur Verfügung gestellt.[20] Neben der Vorsteherin unterrichteten an der Töchterschule, die nach langer Vorlaufzeit am 4. November 1833 mit dem Unterricht für das Winterhalbjahr aufgenommen wurde, auch Lehrer des benachbarten Lyzeums und der Volksschule. Die Verzögerung kam zustande, weil der gesamte Sibyllenbau inklusive der vier für die Töchterschule vorgesehenen Zimmer als Einquartierung für Teile der neuen Garnison genutzt wurde.[21] Die höhere Töchterschule erfreute sich bald einiger Beliebtheit und wurde 1838 von 41 Schülerinnen besucht.[22]

Durch die Einrichtung eines Bezirksstrafgerichts im Sibyllenbau wurden die Räumlichkeiten der Töchterschule zum 23. April 1847 gekündigt. Die Schule fand daraufhin neue Unterkunft in einer Privatwohnung in der Stadt,[23] wurde in ihrer damaligen Form jedoch 1852 aufgehoben.

Neben der höheren Töchterschule war auch die 1834 gegründete Kleinkinderschule zeitweise im Sibyllenbau untergebracht. Sie musste 1847 ebenfalls dem Bezirksstrafgericht weichen.[24]

## *Militärische Nutzung, Gefängnis und Amtsgericht*

Die größten Veränderungen für Rastatt brachte der Entschluss des Deutschen Bundes vom 26. März 1841 mit sich, Rastatt zur Bundesfestung auszubauen. Auch die Schlossgebäude waren davon betroffen. So wurde die ehemalige Orangerie zum Bauhof für die Festung umfunktioniert und die ehemalige Reithalle als Spital für die Festungsbauarbeiter hergerichtet.[25] Die Festungsbaudirektion nahm ihren Sitz im Erdgeschoss des Corps de Logis.[26]

Mit zunehmendem Fortschritt der Bauarbeiten an der Festung stellte sich die Frage, wo die zahlreichen Offiziere mit ihren Familien unterkommen sollten. Um die Wohnraumfrage zu entschärfen, wurden sowohl das Hofgericht als auch die Mittelrheinkreisregierung 1847 im Zuge des Ausbaus der Bundesfestung aus Rastatt wegverlegt – das Hofgericht nach

Bruchsal, die Kreisregierung nach Karlsruhe.[27] Die nun frei gewordenen Wohnungen im Rastatter Schloss konnten nun von Teilen des Offizierskorps bezogen werden. Das Festungsgouvernement wurde ebenfalls im Schloss angesiedelt.

Als Sitz des Festungsgouverneurs wurde das Schloss einer der Schauplätze der Rastatter Revolutionsereignisse von 1849. Im Schlosshof kam es am 12. Mai 1849 zur Rebellion der Soldaten gegen ihre Offiziere.

Als in Rastatt einige Wochen später Teile der Revolutionsarmee eingeschlossen waren, hatten auch die letzten Verteidiger der Demokratiebewegung ihre wichtigsten Einrichtungen im Schloss gebündelt. Sowohl das Kriegsministerium als auch die Feldkriegskasse waren hier untergebracht. Hinzu kamen das Auditorat des Hauptquartiers sowie das Büro des Redakteurs des „Festungsboten".[28] Im Ahnensaal des Schlosses tagte in diesen Wochen der Kriegsrat, später, nach der Kapitulation der Festung Rastatt am 23. Juli, ein Standgericht, das 20 Todesurteile verhängte, von denen 19 vollstreckt wurden.

Den Ahnensaal nutzte das Militär in den kommenden Jahren und Jahrzehnten zu erfreulicheren Veranstaltungen, beispielweise zu festlichen Bällen oder Festmahlen an den Geburtstagen des österreichischen Kaisers oder des badischen Großherzogs, nach 1871 auch des deutschen Kaisers. Ab 1871 diente das südliche Erdgeschoss im Corps de Logis einzelnen Regimentern als Offizierskasino.

*Offizierskasino des Infanterie-Regiments 111, um 1908.*

Das Stockwerk über der Beletage im Corps de Logis wurde hauptsächlich als Abstellfläche genutzt, 1850 erhielt die 42 Mann starke Musikkapelle des kgl. preußischen Infanterie-Regiments Nr. 24 hier ein Probelokal.[29] Von 1851 bis zur Fertigstellung des neuen Kriegshospitals 1854 dienten einige Zimmer dieses Stockwerks zudem der österreichischen Garnison als Krankenunterkunft.[30]

1863 verzichtete Großherzog Friedrich I. endgültig auf die Nutzung der dem Hof vorbehaltenen Räume in der Beletage des Corps de Logis und überließ sie der Militärverwaltung zur Nutzung. Das Kriegsministerium plante die Schaffung von Offizierswohnungen im linken Seitenflügel, der bisher für die Aufbewahrung von Gewehren und anderen Ausrüstungsgegenständen genutzt wurde.[31] Der Verzicht auf die Nutzung der Räume in der Beletage als Absteigquartier fiel dem Großherzog umso leichter, als die Räumlichkeiten sich nach Meinung des Oberhofmarschallamts *„schon längst in einem Zustande sich befinden, der die Benützung derselben zu diesem Zwecke unmöglich gemacht"* habe und die Kosten für Herrichtung und ständige Unterhaltung im Missverhältnis zum höchst seltenen Gebrauch stünden. Am 2. Mai gab Großherzog Friedrich I. seine Genehmigung zum Verzicht des Rastatter Schlosses für die Hofhaltung. Die bisher in den Räumen der Beletage befindlichen Möbel, Gemälde und sonstigen Ausstattungsstücke wurden aus Rastatt verbracht, die bisher bestandene Hausmeisterei aufgelöst.[32]

Im nördlichen Seitenflügel bzw. im angrenzenden Sibyllenbau waren neben der Wohnung des Festungsgouverneurs das Staatsgefängnis, seit 1847 das Bezirksstrafgericht sowie seit Ende 1862 die Militär-Strafkompanie untergebracht. Bekanntester Häftling des Staatsgefängnisses war der Pfarrer und Volksschriftsteller Heinrich Hansjakob, der im Mai 1870 eine vierwöchige Gefängnisstrafe wegen ultramontaner Umtriebe absitzen musste. Über seine Zelle, ein dreifenstriges, hoch gewölbtes Zimmer im Obergeschoss des rechten Schlossflügels schrieb er: *„In meinem Kerker hatte ich mich bald umgesehen, ein ausrangiertes Soldatenbett mit obligatem Strohsack, zwei Stühle vor einem weißholzenen Tisch und – ein Spiegel waren das ganze Möblement des hohen Gemaches. Einst, als dasselbe statt der Staatsverbrecher Staatslenker beherbergte, mochte es prächtig geschmückt gewesen sein; die vergilbten Tapeten, die gesprungenen Stukaturen und der eingelegte Parkettboden zeugen noch heute von ‚verschwundener Pracht'."*[33]

Auch nach der Aufhebung der Festung im Jahr 1890 blieb Rastatt weiterhin Garnisonsstandort und das Schloss hauptsächlich militärisch genutzt, allerdings konnte das 1857 durch die „Verordnung über die Trennung der Rechtspflege von der Verwaltung in unterer Instanz" geschaffene Amtsgericht durch die Aufhebung des Festungsgouvernements umfangreichere Räumlichkeiten im Nordflügel beziehen.

### *Zivile Nutzung nach 1918*

Bis zum Ersten Weltkrieg, in welchem das Rastatter Schloss wie zahlreiche andere öffentliche Gebäude in der Stadt als Lazarett diente, änderte sich an der Nutzung des Schlosses nur wenig. Einen gravierenden Einschnitt gab es jedoch 1919, als nach den Bestimmungen des Versailler Vertrags die Rastatter Garnison aufgehoben und die Kasernen und anderen bis dahin militärisch genutzten Gebäude nach und nach einer zivilen Nutzung zugeführt wurden. Auch im Schloss gab es nun nach dem Auszug des Militärs wieder ausreichend Platz, so konnten beispielsweise im ehemaligen Offizierskasino im Frühjahr 1920 die Städtischen Sammlungen einziehen,[34] 1925 eine Gewerbe- und Industrieausstellung im Schlosshof, Schlossgarten und im Schloss selbst abgehalten werden sowie ab 1928 regelmäßig Jahreskonzerte des Rastatter Instrumentalvereins im Ahnensaal des Schlosses stattfinden.[35]

### Anmerkungen

1 StA Rastatt, A 4158.

2 Hier und im Folgenden: Seyb, Adolf: Ein Plan zur Errichtung einer Universität in Rastatt. In: ZGO 74, N.F. 35 (1920), S.205-217.

3 Zepf, Markus: 275 Jahre Evangelische Stadtkirche Rastatt – ehemalige Franziskanerkirche 1717–1992. Hrsg. v. Ältestenkreis der ev. Michaelsgemeinde. Rastatt 1992, S. 6 f.

4 Diezinger, Sabine: Französische Emigranten und Flüchtlinge in der Markgrafschaft Baden (1789 bis 1800) (= Europäische Hochschulschriften. Reihe III, Bd. 500). Frankfurt a. M. u.a. 1991, S. 174.

5 KrA Rastatt, „Liste des in Rastatt sich befindenden hohen Gesandtschafts-Personals, bei dem dasigen Reichs-Friedens-Congreß. Siebente, vermehrt- und verbesserte Auflage. Rastatt, bey dem Hofbuchdrucker Sprinzing. Gedruckt den 27. December 1797."

6 Holeczek, Heinz: Rastatter Kongress und Museumsgesellschaft. In: Hank, Peter/Holeczek, Heinz/Schilling, Martina: Rastatt und die Revolution von 1848/49. Vom Rastatter Kongress zur Freiheitsfestung (= Stadt Rastatt. Stadtgeschichtliche Reihe. Bd. 6). Rastatt 1999, S.17-66, bes. S. 31 ff.; Neininger, Albert: Rastatt als Residenz, Garnison und Festung. Rastatt 1961, S. 68.

7 StA Rastatt, A 4159.

8 StA Rastatt, A 4158.

9 Neininger (1961), S. 69.

10 Höger, Sofie: Adelsdynastie in Schloss Favorite, Teil 2. In: Badisches Tagblatt vom 8. März 1994.

11 Doelfs, Walter: Die Strafjustiz des badischen Hofgerichts zu Rastatt. In: Um Rhein und Murg. Heimatbuch des Landkreises Rastatt 7 (1967), S. 116-127, hier S. 116 u. 126 f.

12 Zit. n. Ellwardt, Kathrin: Säkularisierte Gebäude im Großherzogtum Baden. Bestand und Verwendung. Eine Besichtigungsreise des Oberkammerjunkers Karl Wilhelm Adolph von Ende im Jahr 1817. In: ZGO 152, N.F. 113 (2004), S. 263-298, hier S. 285.

13 Höger, Sofie: Adelsdynastie in Schloss Favorite, Teil 7 und 8. In: Badisches Tagblatt vom 28. März 1994 und 8. April 1994.

14 GLA Karlsruhe, 56/3816, o.P., Disposition von Großherzog Karl vom 20. August 1818; vgl. GLA Karlsruhe, G (Baupläne)/Rastatt 1-4.

15 Vgl. Thomsen-Fürst, Rüdiger: Studien zur Musikgeschichte Rastatts im 18. Jahrhundert (= Stadt Rastatt. Stadtgeschichtliche Reihe. Bd. 2). Frankfurt a. M. u.a. 1996, S. 179-192.

16 StA Rastatt, A 371.

17 StA Rastatt, A 371.

18 StA Baden-Baden, D 9/2, Tagebuch von Franz Simon Meyer, Teil 2, S. 98; vgl. Holeczek (1999), S. 61 ff.

19 GLA Karlsruhe, 56/3817, o.P., Vermerk des Freiherrn v. Gayling vom 16. Januar 1832; vgl. GLA Karlsruhe, G (Baupläne)/Rastatt 47-54.

20 GLA Karlsruhe, 56/3818, o.P., Schreiben der Mittelrheinkreisregierung an den Oberhofverwaltungsrat vom 17. Juni 1833; vgl. StA Rastatt, A 3096.

21 GLA Karlsruhe, 56/3818, o.P., Schreiben der Mittelrheinkreisregierung an den Oberhofverwaltungsrat vom 17. Juni 1833. Eine vorübergehend gewünschte Nutzung von leer stehenden Räumen im Erdgeschoss des Corps de Logis durch die Töchterschule kam wohl nicht zu Stande.

22 GLA Karlsruhe, 371/Zug. 1909/Nr. 36, Fasz. 2209, fol. 91.

23 StA Rastatt, A 3097.

24 Reiss, Wolfgang: Zur Geschichte des Kindergartens in Rastatt. In: Heimatbuch Landkreis Rastatt 23 (1984), S. 137-144, hier S. 140f.

25 GLA Karlsruhe, 238/479, Schreiben des Festungsbaudirektors Eberle an den Präsidenten des Kriegsministeriums v. Freydorf vom 24. November 1842; GLA Karlsruhe, 236/16242.

26 GLA Karlsruhe, 56/3818, o.P., Beschluss der Intendanz der Hofdomänen vom 20. August 1842.

27 Zum Umzug der Kreisregierung von Rastatt nach Karlsruhe siehe: GLA Karlsruhe 313/454; zudem: Strobel, Engelbert: Aus der Geschichte des Murgkreises und der Mittelrheinkreisregierung in Rastatt 1809–1847. In: Heimatbuch Landkreis Rastatt 6 (1979), S. 193-198.

28 Der Festungsbote. Faksimileausgabe Rastatt 1997, Nr. 4 vom 11. Juli 1849.

29 GLA Karlsruhe, 54/4, o.P., Bericht der Hausmeisterei Rastatt an das Oberhofmarschallamt vom 30. Juli 1850.

30 GLA Karlsruhe, 54/4, o.P., Schreiben des Festungsgouvernements an das Oberhofmarschallamt vom 16. August 1854.

31 GLA Karlsruhe, 54/80, o.P., Schreiben der II. Sektion des Kriegsministeriums an das Oberhofmarschallamt vom 1. April 1863.

32 GLA Karlsruhe, 54/80, o.P., Schreiben des Hofsekretariats an das Oberhofmarschallamt vom 2. Mai 1863.

33 Hansjakob, Heinrich: Auf der Festung. Erinnerungen eines badischen Staatsgefangenen. Freiburg (2., neu durchgesehene und verbesserte Aufl.) 1895, S. 8.

34 Baumgärtner, Iris: „Es kann eine Zeit kommen, da all unser Gold nicht hinreicht, um ein Bild der verschwundenen Zeit zu formen." Die Gründung der Städtischen Altertumssammlungen 1895. In: „Aus langem Festungsschlaf erwacht" – Die moderne Entwicklung Rastatts nach der Entfestigung 1890–1914. Hrsg. v.d. Stadt Rastatt. Rastatt 2009, S. 192-201, hier S. 196-199.

35 StA Rastatt, A 6016.

# Residenz des Rechts

## Gerichte im Schloss Rastatt

**von Martin Walter**

Etwas aus dem Blickfeld der Wahrnehmung geraten ist ein besonderer Nutzungsaspekt des Rastatter Schlosses. Viele Gerichte waren im Laufe der Jahrzehnte und Jahrhunderte im Schloss untergebracht. Das Hofgericht (1803–1847), das nachrevolutionäre Kriegsgericht, aber auch das Amtsgericht Rastatt, das „Tribunal Général", das oberste Militärgericht der Franzosen nach 1945, sowie das Rückerstattungsgericht, das von 1951 bis 1960 im Ahnensaal tagte. Die „rechtliche" Nutzung des Schlosses ist in der Tat sehr umfassend angelegt, war aber bis auf die Erarbeitung von Einzelaspekten bisher noch nicht Gegenstand einer tiefergehenden Gesamtdarstellung.

### *Hofgericht für den Mittelrheinkreis*

1803 wurde das Schloss Sitz des zunächst kurfürstlich, ab 1806 dann großherzoglich genannten Hofgerichts Rastatt, eines von vier in Baden. Die oberste Instanz der Hofgerichte war das Oberhofgericht in Bruchsal bzw. ab 1810 in Mannheim. Zuständig war das Rastatter Hofgericht für die insgesamt 22 Bezirksämter des Mittelrheinkreises, darunter die Ämter Rastatt, Pforzheim, Durlach, Bruchsal, Karlsruhe, Bühl, Achern, Gernsbach oder Ettlingen. Die Eröffnung des Gerichts fand am 24. Mai 1803 im Schloss statt. Untergebracht wurde das Gericht im Erdgeschoss des Corps de Logis. Für die Mitarbeiter des Hofgerichts wurden im Schloss Wohnungen zur Verfügung gestellt (vergleiche hierzu den Beitrag „Unterschiedlichste Nutzungen" in diesem Band). Einen Beleg für die Unterbringung liefert das 1843 erschienene „Universal-Lexikon von Baden": *„Die beiden Seitengebäude sind zweistöckig, haben eine Reihe Arkaden und über denselben einen langen unbedeckten Gang (Altan); die darin befindlichen Zimmer sind theils zu Wohnungen, theils zu den Geschäftszimmern der Regierung und des Hofgerichts des Mittelrheinkreises, die in Rastatt ihren Sitz haben, eingerichtet."*[1]

Die Eröffnungsrede 1803 hielt Hofgerichtspräsident Carl Wilhelm Freiherr Drais von Sauerbrunn. Sauerbrunn sah die Aufgaben des Gerichts in Rastatt unter anderem im Schutz der öffentlichen und privaten Sicherheit der Personen und des Eigentums: *„Wir wissen"*, so Sauerbrunn, *„dass unser Auftrag nichts Geringeres betrifft als Leben und Tod, Freiheit oder Qual der Angeschuldigten, ferner den Schutz des Eigentums, dessen Administration im Fall eines unrechten Erkenntnisses in eine legale Beraubung ... ausarten würde."* Neben Drais von Sauerbrunn umfasste der Richterstab weitere sieben Hofgerichtsräte. Daneben

*Carl Wilhelm Freiherr Drais von Sauerbrunn wurde 1803 erster Präsident des Hofgerichts in Rastatt.*

gab es drei Assessoren, einen Medizinalreferenten und das Gerichtspersonal. Zugelassen waren in Rastatt neun Anwälte und weitere vier in Karlsruhe.[2] Der Bestrafungskanon des Hofgerichts war sehr vielfältig und entsprach naturgemäß nicht unseren heutigen demokratischen Standards. Verurteilte konnten mit der *„Kettenstrafe, dem geschärften und gemeinen Zuchthause, mit dem peinlichen oder dem bürgerlichen Gefängnis"* belegt werden. Das Rastatter Hofgericht im Schloss verhängte allerdings auch Todesstrafen, die mit dem Schwert und in der Öffentlichkeit vollzogen wurden. Das Rastatter Wochenblatt vom 11. April 1829[3] berichtet über den Vollzug der Todesstrafe an zwei Brüdern aus Karlsruhe, die wegen Raubmordes verurteilt worden waren. Neben der „normalen" gab es zudem eine verschärfte Form der Todesstrafe. Das Rastatter Wochenblatt notiert 1806 in wenigen Worten: *„Franz Anton Graf zu Ulm, wegen Todtschlags verurteilt zur Todesstrafe durch das Schwert. – Der Jude Heymann Seligmann aus Fürth, wegen Ermordung und Beraubung des Juden Emanuel Dreyfuß aus Straßburg, zur Todesstrafe durch das Schwert und nachheriger Steckung seines Kopfes auf dem Pfahl verurtheilt.*"[4] Das Ende des Hofgerichts in Rastatt nahte 1847. Im Zusammenhang mit dem Ausbau der Bundesfestung wurde das Hofgericht nach Bruchsal verlegt.

*Das Amtsgericht Rastatt*

1847 nahm das Bezirksstrafgericht im Sibyllenbau seine Tätigkeit auf. 1857 schuf die „Verordnung über die Trennung der Rechtspflege von der Verwaltung in unterer Instanz“[5] die Grundlage für die Trennung der unteren Gerichtsbarkeit und der Verwaltung. Diese Aufgaben wurden nun den neu geschaffenen Amtsgerichten in Baden übertragen. Das Rastatter Amtsgericht, dessen Zuständigkeitsbereich mit dem des Bezirksamtes identisch war, war damals wahrscheinlich ebenfalls in Räumen im Schloss untergebracht. 1872 wurde der bis dahin selbstständige Amtsgerichtsbezirk Gernsbach dem Rastatter Bezirk zugeordnet. Das Bezirksamt Gernsbach wurde dagegen aufgelöst.[6] Nach der Aufhebung des Festungsgouvernements 1890 konnte das Amtsgericht „umfangreichere Räumlichkeiten im Nordflügel beziehen“. Das Amtsgericht Rastatt war eines von elf Amtsgerichten im Landgerichtsbezirk Karlsruhe. 1894 beispielsweise verkündete das Amtsgericht im Schloss 191 Strafrechtsurteile und bearbeitete 673 Zivilprozesse.[7] Dagegen hatte das Amtsgericht nur einen einzigen Konkurs zu bearbeiten, ein Zeichen für die erst beginnende Industrialisierung der ehemaligen Festungsstadt. In Karlsruhe oder Pforzheim waren die Konkursverfahren mit 40 bzw. 22 Fällen deutlich höher.

Das Amtsgericht Rastatt residiert heute immer noch an sehr exponierter Stelle in Rastatt. Von Beginn an nutzte es Räume im Nordflügel des Schlosses. Die Nutzfläche im

*Blick in ein Zimmer des Amtsgerichts Rastatt mit gut erhaltenen Deckenstuckaturen.*

Nordflügel umfasst knapp 2.600 Quadratmeter mit insgesamt etwa 60 Zimmern. Genutzt wird im Grunde der komplette Seitenbau einschließlich Keller, Erdgeschoss und Beletage. Das Gericht beschäftigt heute (Stand Oktober 2010) 61 Mitarbeiter, darunter 12 Richter, 9 Rechtspfleger, 7 Gerichtsvollzieher, 28 Servicemitarbeiter, 3 Wachtmeister und 2 Raumpflegerinnen. Zuständig ist es für rund 130.000 Bürger und Bürgerinnen.[8]

Trotz der Umbaumaßnahmen der späten 1950er Jahre, die in der Verantwortung des Staatlichen Hochbauamtes Baden-Baden vorgenommen wurden und zum Teil tief in die bestehende historische Bausubstanz eingegriffen haben, birgt gerade der Nordflügel einiges an authentischer historischer Bausubstanz. Die heute noch vorhandenen Vollglastüren waren bereits 1966 eingebaut. Verantwortlicher Architekt war Ing. Hans Zelter. Zahlreiche Richter- und Mitarbeiterbüros lassen die Barockzeit hautnah erahnen. So sind die Decken-Stuckaturen aus der ersten Hälfte des 18. Jahrhunderts oft noch in erstaunlich gutem Zustand erhalten, auch wenn die wahrscheinlich darunter vorhandenen Fresken mehrfach übermalt sind. Erstaunlich ist der in seiner Raumkonzeption immer noch erhaltene „Liebhaber"-Theatersaal, der seit vielen Jahrzehnten als Gerichtssaal des Amtsgerichts dient und seit dem Ausbau des Sibyllenbaus schon immer als Saal genutzt wurde.[9]

### *Das Tribunal Général de la Zone Française*

Wenige Monate nach Ende des Zweiten Weltkriegs war im April 1946 mit dem „Tribunal Général" der oberste französische Militärgerichtshof eingerichtet worden, der bis Oktober 1949 vom Ahnensaal aus seine Urteile sprach und verkündete.[10] Hier hatten die zahlreichen Kriegsverbrecherprozesse stattgefunden, *„von denen man in der Stadt auch dann jedes Mal wusste, wenn sie nirgendwo öffentlich angekündigt waren"*. Denn an den Verhandlungstagen wurden die Delinquenten eskortiert von Schützenpanzern oder Spähwagen in einem geschlossenen Wagen vom alten Festungsgefängnis durch die Hildastraße über die Ankerbrücke und die Schlossstraße zum Schloss gebracht. Während die militärischen Begleitfahrzeuge vor dem Schloss im Innenhof Wache bezogen, wurden die Beschuldigten mit dem Fahrzeug in das Schloss gefahren und dort, nachdem das Schlossportal geschlossen wurde, über die prunkvolle Treppe nach oben in den Ahnensaal respektive den Gerichtssaal gebracht. In der zeitgenössischen Einschätzung des langjährigen BNN-Redakteurs Arno Welzeck boten sich dabei grundlegende Kontraste: *„Dieses Vorspiel war jedes Mal der Auftakt zu den dramatischen Schauspielen, bei denen es fast immer um den Kopf eines Menschen ging, und zu denen die aus einer Zeit der Lebensfreude stammenden barocken Wände und Decken einen eigenartig kontrastierenden Rahmen abgaben."*[11]

Der erste Kriegsverbrecherprozess in der französisch besetzten Zone wurde am 15. Mai 1946 feierlich vor dem Tribunal Général im Ahnensaal des Schlosses eröffnet. Den Vorsitz hatte der Präsident des Gerichts, Jean Ausset, inne. Das Gericht bestand neben Ausset aus drei weiteren französischen Richtern, aus zwei französischen Offizieren sowie aus einem englischen und dem deutschen Richter Coring aus Rastatt. Dieser erste Kriegsverbrecher-Prozess in Rastatt wies in der Tat große Dimensionen auf. Verhandelt wurde gegen 33 Personen, die zum Personal des Gestapo-Lagers Neue Bremm gehört hatten, und zum ersten Mal *„urteilten französische Richter nach den Vorgaben des Alliierten Kontrollratsgesetzes Nr. 10 vom 20. Dezember 1945."* Die Anhörungen fanden öffentlich statt und wurden von der Öffentlichkeit gut besucht, so Elisabeth Thalhofer in ihrer Untersuchung dieses ersten Rastatter Kriegsverbrecherprozesses.[12] Das Miteinbeziehen der Bevölkerung, die für das begangene Unrecht sensibilisiert werden sollte, war von der französischen Besatzungsbehörde gewollt. Schon am 4. Mai 1946 erschien in der Rastatter Presse ein erster mit Bildern versehener Bericht über das „Forum der Gerechtigkeit". Der Ahnensaal wurde zum zentralen Verhandlungsraum umgestaltet. *„Innenarchitektonisch gut gelöst ist die Raumaufteilung, die es ermöglicht, dass neben den Richtern, Angeklagten, Zeugen und Verteidigern jeweils 150 Zuhörer den öffentlichen Verhandlungen beiwohnen können."*[13] Vor dem Gericht wurden Sonderplätze für „das Ministerium und seine Mitarbeiter" eingerichtet. Links daneben war Platz für bis zu 30 Beschuldigte, denen gegenüber die Verteidiger und die Vertreter der Presse saßen. Vor dem durch Holzeinbauten abgetrennten Zuhörerraum gab es eine doppelte Bankreihe für bis zu 60 Zeugen. Zudem wurde die modernste Kommunikationstechnik jener Jahre eingebaut. Richter, Staatsanwalt, Beschuldigte und deren Anwälte waren durch eine Mikrofonanlage verbunden, im Ahnensaal war zudem eine Lautsprecheranlage aufgebaut worden. Dies diente zum einen der besseren Kommunikation im Ahnensaal, geschah aber auch, um Live-Übertragungen im Rundfunk realisieren zu können. Weiter wurden im Schloss 20 Telefonanlagen eingerichtet, damit die Pressevertreter umgehend in alle Welt berichten konnten. Aber nicht nur der Ahnensaal wurde von diesem höchsten Gericht in der französischen Besatzungszone benutzt, auch zahlreiche weitere Räume und Zimmerfluchten wurden verwendet. So gab es ein Beratungszimmer für das Gericht, Räume für die französische Militärregierung und die Staatsanwaltschaft. Auf der anderen Seite bestanden aber auch Rückzugsmöglichkeiten für die Verteidiger und die Beschuldigten, zudem Räume für die Pressevertreter, aber auch einen Übersetzerdienst. Der Wach- und Sicherheitsdienst wurde im Erdgeschoss untergebracht. Über die Teilnahme der internationalen Presse und über den Beginn dieser ersten Sitzung berichtet das Süd-West-Echo: *„In einer Fensternische hat sich ein Kameramann der ‚Actualités françaises' eingerichtet und hantiert an seiner Apparatur. Jetzt flammen die großen Schweinwerfer auf. Es wird lebendig in dem Saal. Die Verteidiger in den langen schwarzen Roben gehen auf ihre Sitze und da kommen die Presseleute. Lebhaftes Stimmengewirr, französisch, englisch und deutsch durcheinander, Dokumente werden aufgeschlagen und bereitgelegt, noch einige Boten, die durch den Saal hasten und dann – ‚Mesdames, Messieurs – La Cour'. Der Gerichtshof erscheint. Alles hat sich erhoben. Der Vorsitzende M. Jean Ausset, Kammerpräsident am Berufungsgericht in Paris, in hellroter, leuchtender Robe mit Hermelinbesatz, rechts*

*Die Richter des Tribunal Général bei einer Verhandlung im Rastatter Ahnensaal. Aufnahme vom April 1947.*

*und links Uniformen [daneben] nur noch der schwarze Talar eines deutschen Richters. Das Gericht hat Platz genommen, die Türen sind geschlossen: La séance est ouverte – die Sitzung ist eröffnet.*“[14]

Theo Kemper, langjähriger Redakteur des Acher- und Bühler Boten in späteren Jahren in Bühl, berichtet ein Jahr nach der Eröffnung des Gerichts: „*Heute preschen Panzerwagen in den sonst so stillen Schlosshof, da das Gebäude zum Tribunal Général der französischen Besatzungsbehörde auserkoren wurde. Tagtäglich steigen sie hier die Treppen hinauf: Richter und Geschworene, Advokaten und der Schuldige stehen neben dem Freizusprechenden. In dem größten Saal des Bauwerkes, in dem sogenannten Ahnensaal, erklingt das ‚Schuldig' oder ‚Nichtschuldig' des Hohen Gerichts.*“[15] Im Rastatter Ahnensaal wurden bis in den Oktober 1949 hinein Urteile gesprochen. Insgesamt waren 341 Prozesse mit insgesamt 890 Angeklagten geführt worden. 117 Todesurteile wurden ausgesprochen, 59 wurden davon vollstreckt. „*Bei besonders abscheulichen Verbrechen erfolgte die Hinrichtung durch eine Guillotine, die anderen durch nächtliche Erschießungen in den umliegenden Wäldern.*“[16] Die 1946 angefertigte Guillotine wurde am linken Flankierungsgebäude der Bastion XII (heute Hallenbad Alohra) untergebracht. Vom 29. Oktober 1946 bis zum 18. Juni 1949 wurden mit der Guillotine acht Todesstrafen vollzogen. Heute steht das Tötungsgerät im Strafvollzugsmuseum in Ludwigsburg.[17] Die Todesurteile wurden nicht öffentlich vollstreckt, doch kam es durchaus vor, dass unbeteiligte Zivilisten ungewollt zu Augenzeugen wurden: „*Zur*

*Belieferung der Insassen mit Fleisch und Wurst, ich war damals im Frühsommer 1949 Metzgerlehrling bei der Rastatter Metzgerei Morlock, sind wir morgens immer zur Bastion XII mit dem Fahrrad gefahren und haben unsere Lieferung abgeben müssen. Mitten in der Bastion XII war so etwas wie ein MG-Nest, auf der linken Seite stand die Guillotine. Da eine Vollstreckung angesetzt war, mussten wir warten und haben den Delinquenten, d. h. seinen Körper – dann als wir wieder hinein durften – ohne Kopf auf der Guillotine gesehen. Als Metzger waren wir zwar einiges gewohnt, aber das viele Blut, das aus dem Körper geschossen war und die Leiche, das hat uns schon schockiert. Ich konnte auch nicht lange hinschauen. Nach diesem Vorfall wurden meiner Kenntnis nach Hinrichtungen auf den früheren Morgen verlegt, um weitere Vorfälle dieser Art zu vermeiden.*“[18]

### *Das Rückerstattungsgericht*

1951 bezog das Rückerstattungsgericht für die französische Besatzungszone den Ahnensaal. 1949 wurden in den drei westlichen Besatzungszonen jeweils ein Rückerstattungsgericht eingerichtet. Für die amerikanische Besatzungszone war es der *Court of Restitutional Appeals* (CORA) mit Sitz in Nürnberg, in der britischen Besatzungszone das *Board of Review* in Herford und in Rastatt die *Cour Supérieure pour les Restitutions.* Organisatorisch zusammengefasst wurden die ursprünglich drei Gerichte im Dezember 1955 als internationales Gericht zum Obersten Rückerstattungsgericht mit Sitz in Herford. In Rastatt verblieb weiterhin der 1. Senat. Das Gericht wurde dem Bundesministerium der Justiz unterstellt. Nach annähernd zehn Jahren der Nutzung des Saals gab das Gericht die Räumlichkeiten im Corps de Logis auf und zog im Februar 1960 in einen anderen Gebäudeteil des Schlosses, wohl dem Nordflügel. Dieses Gericht beschäftigte sich mit den Wiedergutmachungsansprüchen von Personen, die in den Jahren der NS-Diktatur von 1933 bis 1945 materiell geschädigt worden waren. Das betraf unter anderem die Ansprüche von deutschen Juden und anderen Personen, deren Eigentum (zwischen dem 30. Januar 1933 und dem 8. Mai 1945) beschlagnahmt oder zwangsenteignet wurde.[19]

Mit der Räumung des Ahnensaals trat ein Ereignis ein, auf das „*die Kunstverständigen in Rastatt und weit darüber hinaus schon lange ungeduldig gewartet hatten*“. 15 Jahre war der Ahnensaal für die Rastatter nicht mehr begeh- und in seiner barocken Pracht nicht mehr erlebbar gewesen. Die einst so prachtvolle Innenarchitektur war damals zum großen Teil hinter Bretterwänden und Holztribünen verschwunden. Scheinwerfer und Stromkabel waren an den kunstvollen Wandstuckaturen angebracht worden. Der einst so gepflegte edle Parkettboden war nach „Kommissmanier feucht aufgewaschen worden“ und sah so stumpf und farblos aus wie der „einer Kasernenstube“. Vor dem prachtvollen Kamin des Ahnensaals wurde zur besseren Beheizung ein vier Meter hohes „Ofenmonstrum“ eingebaut. Auch dieses führte zur erheblichen Beschädigung der barocken Bausubstanz. Vorläufig aber sollte der Ahnensaal weiterhin geschlossen bleiben. Eine Renovierung war zwar damals angedacht. Auf die grundlegende Sanierung des Schlosses musste aber noch einige Jahre gewartet werden.

**Anmerkungen**

1 Universal-Lexikon vom Großherzogthum Baden, [1843], Spalte 899.

2 Näheres zur Geschichte des Hofgerichts bietet DOELFS, Walter: Die Strafjustiz des badischen Hofgerichts zu Rastatt. In: Um Rhein und Murg. 7. Heimatbuch des Landkreises Rastatt, Rastatt 1967, S. 116-128.

3 KrA Rastatt 9/Sammlungen: Rastatter Wochenblatt v. 11. April 1829.

4 KrA Rastatt 9/Sammlungen: Rastatter Wochenblatt v. 9. Oktober 1806.

5 KrA Rastatt 9/Bibliothek: Großherzoglich Badisches Regierungsblatt, 55. Jg., Karlsruhe 1857, S 318.

6 Kreisbeschreibungen des Landes Baden-Württemberg. Der Landkreis Rastatt, Bd. 1, S. 150.

7 KrA Rastatt 9/Bibliothek: Staatsanzeiger für das Großherzogthum Baden, Jg. 1895, Karlsruhe 1895, S. 638 ff.

8 Freundliche Mitteilung des Verwaltungsleiters des Amtsgerichts Rastatt, Herr Werner Zug, am 18. Oktober 2010 an den Verfasser.

9 Leider gibt es nur sehr wenige Hinweise zum Raumprogramm des Schlosses. Der große Sitzungssaal war immer Saal seit dem Ausbau des Sibyllenbaues. Es gibt einen Plan im GLA Karlsruhe, Baupläne Rastatt Nr. 8, wo auf dem Saal ein Aufkleberchen klebt „Damaliger Liebhaber-Theatersaal". Dies ist der bisher einzige aufgefundene historische Nutzungs-Hinweis auf diesen Raum. Freundliche Auskunft von Prof. Wolfgang Stopfel.

10 Ausführlich dazu: PENDARIES, Yveline: Les procès de Rastatt 1946-1954. Le jugement des crimes de guerre en zone française d'occupation en Allemagne (Gallo-Germanica, 16), Frankfurt a.M. 1995. Einschlägig sind auch die Arbeiten von MOISEL, Claudia: Résistance und Repressalien. Die Kriegsverbrecherprozesse in der französischen Zone und in Frankreich, in: Frei, Norbert (Hrsg.): Transnationale Vergangenheitspolitik. Der Umgang mit deutschen Kriegsverbrechern in Europa nach dem Zweiten Weltkrieg (Beiträge zur Geschichte des 20. Jahrhunderts; 4), Göttingen 2006, S. 71-96. MOISEL, Claudia: Frankreich und die deutschen Kriegsverbrecher. Politik und Strafverfolgung nach dem Zweiten Weltkrieg (Beiträge zur Geschichte des 20. Jahrhunderts; 2), Göttingen 2004 (freundlicher Hinweis von Elisabeth Thalhofer).

11 KrA Rastatt, 9/Sammlungen, Badische Neueste Nachrichten vom 7. Februar 1960.

12 THALHOFER, Elisabeth: Dachau in Rastatt. Der Prozess gegen das Personal des Gestapo-Lagers Neue Bremm vor dem Tribunal Général de la Zone Française in Rastatt. In: Dachauer Prozesse. NS-Verbrechen vor amerikanischen Militärgerichten in Dachau 1945–1948. Verfahren, Ergebnisse, Nachwirkungen, hrsg. v. Ludwig Eiber u. Robert Sigel, Göttingen 2007, S. 192-209.

13 KrA Rastatt 9/Zeitungen, Süd-West-Echo Nr. 35 v. 4. Mai 1946, S. 3.

14 KrA Rastatt 9/Zeitungen, Süd-West-Echo Nr. 41 v. 25. Mai 1946, S. 4.

15 KEMPER, Theo (u.a.): Rastatt. Heimatbuch eines badischen Kreises. Rastatt, um 1947, S. 39.

16 WOLF, Dieter, Historischer Verein Rastatt, unveröffentlichtes Manuskript.

17 WOLLENSCHNEIDER, Rainer: Die Guillotine von Rastatt, Teil 3. Dreiteilige Serie in den Badischen Neuesten Nachrichten, August 2001.

18 Mündlicher Bericht von Karl Kölmel am 21.10.2010 dem Verfasser gegenüber.

19 Vgl. hierzu MARSDEN, Edward A.: Das Oberste Rückerstattungsgericht in Herford. In Biella, Friedrich u.a. (Hrsg.): Das Bundesrückerstattungsgesetz, München 1981.

# Besucher willkommen

## Die heutige Nutzung der Schlösser in Rastatt

**von Stephan Hurst**

Die Rastatter Schlösser sind Eigentum des Landes Baden-Württemberg. Verantwortlich für den betrieblichen Ablauf landeseigener Schlösser, Klöster und Burgen in Baden-Württemberg sind die Staatlichen Schlösser und Gärten. Für den baulichen Unterhalt zuständig ist der Landesbetrieb Vermögen und Bau Baden-Württemberg. Schloss Rastatt und Schloss Favorite Rastatt sind Teil der Schlossverwaltung Rastatt, in deren Zuständigkeitsbereich auch die landeseigenen Burgen entlang des Oberrheins fallen.

*Schloss Rastatt*

Im Nordflügel der Barockresidenz ist das Amtsgericht Rastatt untergebracht. Im Südflügel findet man die Ausstellungsräume des Wehrgeschichtlichen Museums und der nördliche Gartenflügel, auch Sibyllenbau genannt, dient der Erinnerungsstätte für die Freiheitsbewegungen in der deutschen Geschichte als Ausstellungsfläche für eine Vielzahl geschichtsträchtiger Gegenstände.

Die Staatlichen Schlösser und Gärten Baden-Württemberg haben den Auftrag, die ihnen anvertrauten Denkmäler möglichst breiten Bevölkerungsschichten, insbesondere der Jugend, zu erschließen – das heißt, die Vermittlung der Landesgeschichte nimmt einen zentralen Stellenwert ein. Täglich außer montags finden Führungen durch die Beletage des Schlosses statt, die von vielen interessierten Gästen aus dem In- und Ausland gerne in Anspruch genommen werden.

Neben den täglich stattfindenden Führungen, die eine Übersicht über das Haus Baden und das Leben zur Zeit der Sibylla Augusta vermitteln, wird eine Vielzahl weiterer Sonderführungen angeboten. Hier handelt es sich um Führungen durch Personen im historischen Kostüm, um Themensonderführungen und um Führungen mit kulinarischem Rahmenprogramm. Von der wissenschaftlich aufbereiteten Führung bis zum unterhaltsamen Abend im Schloss ist hier für jeden das Richtige dabei.

Große Bedeutung schenken die Staatlichen Schlösser und Gärten Baden-Württemberg vor allem Kindern und Jugendlichen. Diese Führungen werden, anders als eine klassische Standardführung, an das jeweilige Alter und Bildungsniveau der jungen Gäste angepasst. Mit der Broschüre „Lehrreich“ wurde ein landesweites Informationsmedium erstellt, welches einen Überblick über die Vielzahl der angebotenen Schulklassenführungen vermittelt. Besonders erwähnenswert ist die enge Orientierung am Bildungsplan des Landes Baden-

Württemberg. Neben diesem Nachschlagewerk liegt in jedem landeseigenen Schloss oder Kloster der Sonderführungsprospekt „Kinder" aus, welcher eine Übersicht über weitere Führungen für Kinder und Jugendliche bietet. Teilweise besteht die Möglichkeit, sich selbst mit Kostümen nach historischem Vorbild zu verkleiden und als eine historische Figur das höfische Zeremoniell nachzuspielen.

Im Rahmen dieser Führungen wird Unterrichtswissen an historischen Originalschauplätzen altersgerecht anschaulich gemacht. Auch der Kindergeburtstag im Schloss mit anschließendem Basteln in der Kinderwerkstatt ist eine beliebte Alternative zur klassischen Geburtstagsfeier.

Die Beletage des Schlosses lässt aus konservatorischen Gründen nur in einigen Räumen Veranstaltungen zu. Hierzu gehört der Ahnensaal, der mit Abstand prunkvollste Raum im Schloss. Hier finden regelmäßig Schlosskonzerte statt. Von Klavierkonzerten über Kammermusik bis hin zum Wandelkonzert – das Schloss bietet einen schönen Rahmen für vielfältigen musikalischen Genuss.

Weiterhin wird der Ahnensaal einmal im Monat von Paaren genutzt, die sich in diesem wundervollen Ambiente das Ja-Wort geben möchten. In Kooperation mit der Stadt Rastatt kann hier standesamtlich geheiratet werden.

*Der Ehrenhof bildet mit der prächtigen Kulisse des Corps de Logis einen beliebten Schauplatz für Open-Air-Veranstaltungen.*

Wer gerne in historischer Kulisse feiern möchte, kann dies in der Sala Terrena, dem Gartensaal, ausgiebig tun. Direkt unter dem Ahnensaal liegend und mit Durchgangsmöglichkeit zum Schlossgarten bietet die Sala Terrena je nach Bestuhlung ca. 100-120 Personen Platz, um Geburtstage, Hochzeiten oder Jubiläen angemessen zu begehen.

Vor dem Schloss Rastatt bietet der Ehrenhof mit seiner ausladenden Größe eine imposante Kulisse für jede Art von Open-Air-Veranstaltungen. Regelmäßig finden hier Konzerte statt. Abhängig von der Größe der Bühne und der Bestuhlung finden zwischen 3.500 und 5.000 Personen im Ehrenhof Platz.

*Schloss Favorite*

Schloss Favorite, ca. 6 km von der Residenz entfernt in Rastatt-Förch, stellt einen Kontrast zum großen Barockschloss im Zentrum von Rastatt dar. Idyllisch inmitten einer wunderschönen Parkanlage gelegen, ist Schloss Favorite wohl ein Geheimtipp unter den Freunden der Schlösser und Burgen in Deutschland. Der sehr gute Erhaltungszustand und die Vielzahl erhaltener Einrichtungsstücke machen das Porzellanschloss in Europa einzigartig.

Wie in der Residenz steht hier die Geschichtsvermittlung an erster Stelle. Täglich außer montags finden stündliche Führungen statt, welche aufgrund der kleinen Räume und der hochwertigen Wandbespannungen und Inneneinrichtung auf 20 Personen beschränkt sind. Zum Schutz dieses Kleinods kann aus konservatorischen Gründen in den Wintermonaten kein Führungsbetrieb stattfinden.

Auch in Schloss Favorite wird eine Vielzahl von Sonderführungen angeboten. Neben Kostüm- und Themenführungen werden hier aufgrund der großen Nachfrage verstärkt Führungen mit kulinarischem Rahmenprogramm und Gartenführungen angeboten.

Das Lustschloss der Sibylla Augusta bietet dem Quantz Kollegium an vier ausgewählten Wochenenden im Sommer mit der Sala Terrena eine Kulisse für Serenadenkonzerte, die ihresgleichen sucht.

Zu Schloss Favorite besteht bei sehr vielen Menschen in der Region eine tiefe Verbundenheit. Hieraus entstand oftmals der Wunsch, besondere Momente im Schloss Favorite zu begehen. In Kooperation mit der Ortsverwaltung Niederbühl besteht an ausgesuchten Tagen im Jahr die Möglichkeit, in der Sala Terrena vor einem Standesbeamten den Bund fürs Leben einzugehen.

Für private Feierlichkeiten steht der Wandelgang zur Verfügung, welcher ca. 200 Personen ausreichend Platz bietet. Von Hochzeitsfeiern über Geburtstagen und Jubiläen bis hin zu Firmenfeiern ist hier alles möglich.

*Stimmungsvolle Atmosphäre bei einer Hochzeitsfeier im Wandelgang des Schlosses Favorite.*

*Schlossgarten*

Der malerische Landschaftsgarten von Favorite ist ein wichtiger Teil des Lustschlosses. Täglich nutzen unzählige Spaziergänger, Sportler und Naturfreunde die idyllische Parkanlage als Naherholungsgebiet. Aufgrund der Vielzahl von teilweise sehr seltenen Gewächsen wurde ein dendrologischer Führer aufgelegt, welcher an der Schlosskasse erhältlich ist und dem interessierten Besucher über den Artenreichtum im Schlossgarten Auskunft gibt.

Diese romantische Kulisse nutzen viele Hochzeitspaare, um eine Trauung unter freiem Himmel durchzuführen. Ortsansässige Kirchengemeinden halten an ausgewählten kirchlichen Feiertagen zudem einen Gottesdienst unter freiem Himmel ab.

Die Vielfalt der gepflegten Parkanlage mit begehbaren Elementen wie dem Wandelgang, dem verträumten Wasserfall oder dem Schloss als Hintergrund ist für Freunde der Malerei und der Fotografie ein gerne genutztes Umfeld, sich inspirieren zu lassen. Neben Amateurfotografen haben auch professionelle Anbieter die Parkanlage entdeckt, um Personen oder Produkte stilvoll in Szene zu setzen. Schließlich bietet die weitläufige Anlage auch professionellen Anbietern von Märkten und Messen mit seiner einzigartigen Kulisse einen idealen Raum für hochwertige Veranstaltungen.

Die Nutzung historischer Gebäude ist stets eine Gratwanderung. Auf der einen Seite sollen diese Zeugen der Vergangenheit möglichst lange in einem bestmöglichen Zustand erhalten bleiben. Daneben besteht der Wunsch, die Schlösser zu öffnen und für Besucher zugänglich zu machen. Die Staatlichen Schlösser und Gärten Baden-Württemberg stellen sich erfolgreich der Aufgabe, beiden Anforderungen gerecht zu werden.

# Militär und Geschichte im Museum

## Das Wehrgeschichtliche Museum Rastatt

**von Alexander Jordan**

Sammeln, Bewahren, Forschen sowie Ausstellen und Vermitteln bilden als museale Kernaufgaben die Grundlage der Arbeit im Museum. Das traditionsreiche Wehrgeschichtliche Museum Rastatt verschreibt sich nun seit über 75 Jahren dieser ‚Geschäftspolitik'. Es gehört mit seinen Sammlungen und seiner modernen Präsentation zu den führenden militärhistorischen Museen. Der Bestand an landesspezifischen Objekten zur Militärgeschichte macht es zum maßgeblichen Museum auf diesem Gebiet im gesamten südwestdeutschen Raum.

Basierend auf einem modernen Verständnis von Museum will es als „Hort des kulturellen Erbes und als Ort des kulturellen Gedächtnisses" ebenso wie als ‚Laboratorium' und ‚Zukunftswerkstatt' auftreten.[1] Ein diskursives Museum befindet sich im kritischen Dialog mit gesellschaftlichen Entwicklungen und muss sich permanent Rechenschaft ablegen über seine ‚Zeitgemäßheit' und Aktualität. Das Zeitalter der Informationsgesellschaft stellt ganz neue Anforderungen an Museen, bietet aber auch herausragende Möglichkeiten. Museale Kriegsdarstellungen leben vom Raum und dem dreidimensionalen Objekt. Das Museum kann seine Geschichte durch materielle Relikte belegen, die nicht nur authentisch sind, sondern ein unverfälschtes Abbild der Vergangenheit zu geben versprechen. Sie können Fakten vergegenständlichen und nicht bloß behaupten. Durch die physische Präsenz der Dinge und die spezifische Rezeptionssituation – umhergehen, sehen, verweilen und studieren – unterscheidet sich die wehrgeschichtliche Ausstellung grundsätzlich vom Kriegsfilm oder Kriegsroman. Die Aufgaben sind vielfältig geworden, aber das Wehrgeschichtliche Museum besticht durch seine Wandlungsfähigkeit und ein beharrliches Durchhaltevermögen, wie ein Blick in die Geschichte des Hauses beweist.[2]

### *Gründung und Kriegswirren*

Im Badischen Land gab es bereits vor dem Ersten Weltkrieg Bestrebungen, ein militärgeschichtliches Museum zu eröffnen. Schon im ausgehenden 19. Jahrhundert gab es im Deutschen Reich verschiedene Militärmuseen: das mecklenburgische in Schwerin, das sächsische in Dresden, das bayerische in München und das Zeughaus in Berlin. Sie waren Ausdruck einer romantischen Rückbesinnung auf die Befreiungs- und Einigungskriege. Dem Wunsch nach einem staatlich geleiteten wehrgeschichtlichen Museum in Baden wurde im Spätjahr 1933 schließlich nachgekommen. Den Auftrag zum Aufbau erhielt das Badische Landesmuseum im ehemaligen Residenzschloss Karlsruhe. Als Ausstellungsräume wurden die für

Museumszwecke umgebauten, ehemaligen großherzoglichen Marställe zur Verfügung gestellt. Den Aufbau und die Leitung des neuen Museums übernahm der frühere Chef der badischen Landespolizei Oberst a. D. Erich Blankenhorn als freiwillige Arbeit.[3] Der Kernbestand des Museumsfundus stammte aus den nach 1918 vom Badischen Landesmuseum übernommenen Großherzoglichen Sammlungen (Zeughaus). Veranlasst durch Aufrufe wuchsen die Beiträge an Museumsgut von allen Seiten schnell an. Einen wesentlichen Bestandteil bildeten die Gaben von privater Seite, sei es als Stiftungen, sei es als Leihgaben.

In den Wirren des Zweiten Weltkrieges wurde das Museum geschlossen und ein Großteil der Exponate ausgelagert. So entgingen sie der verheerenden Zerstörung des Karlsruher Schlosses. Die in Baden-Baden befindliche Abteilung *Beaux arts* der südbadisch-französischen Besatzungsmacht forderte den Museumsleiter auf, sich am Aufbau einer gemeinsamen, sozusagen ‚internationalen' französisch-badischen Ausstellung zu beteiligen. Am 15. Mai 1946 wurde im Kurhaus Baden-Baden die Ausstellung *France – Pays de Bade* eröffnet.[4] Im Verlauf der nachfolgenden Monate wurden von den Franzosen Ausstellungen ähnlicher Art in Paris und Mainz gezeigt, an deren Aufbau sich das Armeemuseum beteiligte. Zu den Ausstellungen erschienen zweisprachige Kataloge – ein Novum, das auch heute noch nicht selbstverständlich ist.[5]

Das Kultusministerium Südbaden und der Chef der Abteilung *Beaux arts* der französischen Zone erteilten schließlich sogar die Erlaubnis, das Museum zu reaktivieren. S. K. H. Berthold Markgraf von Baden stellte hierzu Räume in seinem Schloss in Baden-Baden zur Verfügung. Am 17. August 1946 erhielt der Museumsleiter den Auftrag zum Aufbau des Museums, das er zweieinhalb Jahre später als *Badisches Historisches Museum – Neues Schloß – Baden-Baden* der Öffentlichkeit übergab. In diesem ‚Provisorium' blieb das Museum sieben Jahre lang.

### *Standortwechsel*

Die Stadt Rastatt hatte sich schon 1933 als möglicher Kandidat für das Badische Armeemuseum empfohlen. In einem Schreiben an die Landesregierung hieß es: *„Die Stadt Rastatt ist in der Lage, … für [die Errichtung eines badischen Armee-Museums, A. J.] ein Kulturzentrum zu schaffen, dessen Grundstock sie im Markgrafenschloß im höchsten Maße besitzt … Ein solches Museum verlangt seine Aufstellung möglichst in der Landesmitte. Rastatt ist ein zentraler Punkt des Landes und da es nun einmal seit Jahrhunderten die badische Soldatenstadt ist, so wird der größte Teil aller alten Soldaten mit großer Freude Rastatt als den Ort des zukünftigen badischen Armee-Museums begrüßen. … Für alle gedienten Soldaten Badens gibt es, wie es im Volkslied heißt, nur eine Festung und das ist Rastatt."*[6] Die Festungsstadt sollte erst 23 Jahre später zum Zuge kommen. Am 8. August 1956 wurde das *Historisches Museum Schloß Rastatt* eröffnet. Als staatlicher Museumsträger fungierte das Kultusministerium des Bundeslandes Baden-Württemberg.

Wenige Zeit später organisierten sich die Unterstützer des Museums in der *Vereinigung der Freunde des Historischen Museums Schloß Rastatt e.V.*, die am 18. März 1959 gegründet wurde. Erster Vorsitzender wurde der Rastatter Oberbürgermeister Dr. Richard Kunze. In der Mitteilung an die Freunde wurde der Anlass der Bindung an das Museum beschrieben: *„Wohl ist das Museum eine staatliche Institution. Der Staat aber hat nur die Mittel, den Rahmen für das Museum zu stellen. Der pulsierende Inhalt quillt meist aus freiwilliger Initiative. ... Auf dass es auch künftig so bleiben möchte, auf dass der Nachwelt erhalten bleibt, was Hunderte von ‚Alten' von ihnen einst treu behütet dem Museum im Vertrauen auf Bestand brachten und noch bringen, darum bedarf es einer großen Gemeinschaft an Freunden."*[7] Die Erhaltung materieller und ideeller Werte als auch die Bewahrung gewachsener Strukturen sind auch in der aktuellen Finanzkrise und bei allfälligen Sparmaßnahmen so wichtig wie schon zu Zeiten der Vereinsgründung.

Als Oberst a. D. Blankenhorn, der Schöpfer und langjährige Leiter des Historischen Museums, im Januar 1963 verstarb, erhob sich zwangsläufig die Frage nach der Zukunft seines inzwischen beeindruckend gewachsenen Lebenswerkes. Das Kultusministerium des Landes Baden-Württemberg strebte eine finanzielle Beteiligung des Bundes am weiteren Ausbau des Museums an, das Bundesministerium der Verteidigung aber plante die Errichtung eines zentralen deutschen Militärmuseums. Die Bestände des früheren badischen Armeemuseums boten hierfür einen idealen Grundstock. Zunächst wurde, nach Absprachen zwischen Bund und Land, im Jahr 1963 ein aktiver Offizier der Bundeswehr mit der Leitung des Museums beauftragt. Es war dies der Kriegsgeschichtslehrer Oberstleutnant Karl-Hermann

*Anlässlich der Übergabe des Museums an die Bundeswehr fand 1969 eine Geräteschau im Ehrenhof des Schlosses statt.*

Freiherr von Brand zu Neidstein. Von diesem Zeitpunkt an wurde das Museum noch stärker über die Darstellung der badischen Geschichte hinaus zu einem gesamtdeutschen militärgeschichtlichen Museum, ohne, vor allem für die Zeit vor den Einigungskriegen, seinen Schwerpunkt in der südwestdeutschen Heeresgeschichte aufzugeben.[8] In einer Feierstunde wurde am 9. Juni 1969 endlich, nach vorausgegangenen langjährigen Verhandlungen, unter reger Beteiligung der Öffentlichkeit, verbunden mit einer Waffen- und Geräteausstellung der Bundeswehr im Schlosshof, die Verwaltung des Museums durch den Bundesminister der Verteidigung, vertreten durch seinen parlamentarischen Staatssekretär, übernommen. Das Museum wurde umbenannt in *Wehrgeschichtliches Museum* und dem Militärgeschichtlichen Forschungsamt in Freiburg unterstellt. Es wurde damit zum Leitmuseum der Bundeswehr und zum zentralen militärhistorischen Museum in Westdeutschland.[9]

### *Neue Dauerausstellung*

Die deutsche Wiedervereinigung brachte für das Museum eine tiefe Zäsur. Die Bundesrepublik zog sich aus der Leitung des Hauses zurück und schuf ein neues, zentrales militärhistorisches Museum der Bundeswehr in Dresden.[10] Seit 1996 ist das Wehrgeschichtliche Museum Rastatt in eine GmbH überführt, deren Gesellschafter das Land Baden-Württemberg, die Stadt Rastatt und die Vereinigung der Freunde des Museums sind, wobei der Bund zunächst korporatives Mitglied der Vereinigung wurde. Erster Geschäftsführer und neuer Direktor wurde der langjährige wissenschaftliche Mitarbeiter des Museums, Dr. Joachim Niemeyer. Ihm oblag die schwierige Aufgabe, das Museum in der neuen Verwaltungsstruktur und mit stark reduziertem Personal aufrechtzuerhalten.[11] 1999 konnte der sanierte und neu konzipierte Südflügel eröffnet werden. Im Mittelpunkt der neuen Dauerausstellung stand und steht das Verhältnis von Staat, Gesellschaft und bewaffneter Macht unter vorrangiger Berücksichtigung des südwestdeutschen Raumes. Die Militärgeschichte wird in die gesellschaftlichen Zusammenhänge eingebunden. Sie ist somit nicht als eine reine Kriegs- und Institutionsgeschichte der Armee zu sehen, sondern soll auch als Faktor der Staatsverfassung, des Sozial- und Wirtschaftswesens und der Technikgeschichte verstanden werden. Im Laufe des Jahres 2002 wurde das Museum erweitert, insbesondere wurde der Ausbau der Studiensammlungen vorangetrieben. Die erste vollständige Einheit widmete sich der Militärmusik. Eine zweite Studiensammlung, die Sammlung Militäreffekten, ist mit rund 1.000 Exponaten eine der bedeutendsten in Deutschland. Thema dieser Sammlung ist die Entwicklungsgeschichte der Rang- und Dienstgradabzeichen. Zu diesen beiden Sammlungen gesellten sich im Laufe der Zeit noch die Studiensammlung Blankwaffen und im Dezember 2008 eine Sammlung von Reservistika-Objekten und soldatischen Erinnerungsstücken bis zum Ersten Weltkrieg. Jährlich wechselnde Sonderausstellungen bieten sowohl dem militärhistorisch als auch dem touristisch orientierten Besucher ein attraktives Ausflugsziel.

*Die Räume im Südflügel des Schlosses beschäftigen sich mit der Militärgeschichte des ausgehenden Mittelalters bis in die napoleonische Ära.*

**Anmerkungen**

1 Schlussbericht der Enquete-Kommission *Kultur in Deutschland*, Deutscher Bundestag: Drucksache 16/7000, 11.12.2007, S. 118.

2 Weitere Hintergründe und Literaturverweise finden sich in dem Katalog: GANG DURCH DIE GESCHICHTE. 75 Jahre Wehrgeschichtliches Museum und 50 Jahre Vereinigung der Freunde des WGM (Katalog zur Sonderausstellung im WGM vom 18.07. bis 31.10.2009), bearb. v. Alexander Jordan, Thomas Madeja u. Winfried Mönch, hrsg. v. d. Vereinigung der Freunde des Wehrgeschichtlichen Museums Schloss Rastatt e.V., Karlsruhe 2009.

3 Siehe auch: Zollner in BADISCHE BIOGRAPHIEN, NF Bd. 1, 1982, S. 59.

4 Archiv des WGM, Abt. XI Nr. 45: Zeittafel Oberst Blankenhorn: V.1933–XII1948.

5 Beispielsweise: EXPOSITION FRANCE – PAYS DE BADE. Deux siècles d´histoire 1660–1860. Ausstellung Frankreich-Baden im Spiegel der Geschichte 1660–1860. Mai-Juin 1946. Baden-Baden Kurhaus, éd. G.M.Z.F.O. Direction de l´éducation publique beaux arts. Baden-Baden: Waldemar Klein Verlag, 1946. 149 S., 33 Tafeln.

6 Zit. in: SCHMIDT, Ernst-Heinrich: Geschenke und Jubiläumsgeschenke der Großen Kreisstadt Rastatt. In: Der Bote aus dem Wehrgeschichtlichen Museum, Nr. 15, 1984, S. 3-5.

7 Archiv des WGM: Schreiben Erich Blankenhorns an die Freunde des Historischen Museums, Mai 1959.

8 Detailliert auch Museumsleiter Dr. E. H. Schmidt in: HERMES, Sabina/NIEMEYER, Joachim (Red.): Unter dem Greifen. Altbadisches Militär von der Vereinigung der Markgrafschaften bis zur Reichsgründung. 1771–1871, hrsg. v. d. Vereinigung der Freunde des Wehrgeschichtlichen Museums Schloss Rastatt e. V. mit Unterstützung der Großen Kreisstadt Rastatt aus Anlass des fünfzigjährigen Bestehens des Museums. Rastatt: Vereinigung der Freunde des Wehrgeschichtlichen Museums Schloss Rastatt e. V., 1984. S. 214.

9 http://www.mgfa-potsdam.de/html/historie_2005.php (gültig am 01.07.2009).

10 Siehe auch: NIEMEYER, Joachim: Zur Lage des Wehrgeschichtlichen Museums. In: Der Bote aus dem Wehrgeschichtlichen Museum, Nr. 35, 1996, S. 1 ff.

11 Siehe u.a.: Frankfurter Allgemeine Zeitung, Nr. 47 vom 24.02.1996, S. 33.

# „Deutscher Boden duldet keine Knechtschaft“

## Die Erinnerungsstätte für die Freiheitsbewegungen in der deutschen Geschichte

**von Elisabeth Thalhofer**

*„Das deutsche Volk ist ein Volk von Freien und deutscher Boden duldet keine Knechtschaft. Fremde Unfreie, die auf ihm verweilen, macht er frei.“*[1] Auf einem unscheinbaren Stück Papier reichte Jacob Grimm im Jahr 1848 seinen Änderungsantrag für die in der Paulskirche von der Nationalversammlung beratene Verfassung ein. Grimm wünschte, dass diese Passage noch vor Artikel 1 des Verfassungsentwurfes gesetzt würde. Doch fast weitere 150 Jahre sollten diese Worte Vision bleiben.

Heute ruht jener Zettel in einer Vitrine im Parterre des nördlichen Flügels des Rastatter Barockschlosses. Dort ist die Erinnerungsstätte für die Freiheitsbewegungen in der deutschen Geschichte untergebracht – eine Außenstelle des Bundesarchivs, die ihm die Möglichkeit bietet, an einem historisch bedeutsamen Ort einige seiner Archivschätze zu präsentieren.[2]

### *Initiator Gustav Heinemann*

Dass zum Bundesarchiv ein Museum gehört und sich dieses in den Mauern des Barockschlosses von Rastatt befindet, ist indes kein Zufall, sondern hat seine Wurzeln in der Gründungsgeschichte der Erinnerungsstätte. Sie wurde von dem ehemaligen Bundespräsidenten Gustav W. Heinemann ins Leben gerufen. Seit Beginn seiner Amtszeit im Jahre 1969 war es ihm ein wichtiges Anliegen, die demokratischen und freiheitlichen Traditionen der deutschen Geschichte in Erinnerung zu bringen. Insbesondere die Freiheitsbewegungen des 19. Jahrhunderts und die Vorbildfunktion, die der von den Parlamentsabgeordneten in der Paulskirche erarbeitete Verfassungsentwurf für die Mütter und Väter des Grundgesetzes entfaltet hatte, sollten im Geschichtsbewusstsein der Deutschen einen fest verankerten Platz erhalten. Und so forderte und förderte Gustav Heinemann die Einrichtung eines entsprechenden nationalen Gedenkortes seine gesamte Amtszeit hindurch.[3] Eine Woche vor dem Ende seiner Präsidentschaft erreichte er sein Ziel: Am 26. Juni 1974 fand im Ahnensaal der Rastatter Barockresidenz die feierliche Eröffnung der Erinnerungsstätte für die Freiheitsbewegungen in der deutschen Geschichte statt. Es war der 125. Jahrestag der Badischen Revolution von 1849.

Die Wahl der Stadt als Ort für eine nationale Erinnerungsstätte hatte zwei Gründe: zum einen die Bedeutung Badens im Vormärz und insbesondere Rastatts in der Revolution von 1849, zum anderen die Familiengeschichte Heinemanns. Das „W“ in Heinemanns Namen steht nämlich für „Walter“, den Familiennamen einer seiner Großmütter. In seinem zweiten Vornamen sollte die Tradition dieses Familienzweiges weitergeführt werden, die für Heinemann zum wichtigen Anknüpfungspunkt in seiner politischen Sozialisierung wurde. Als 20-jähriger Student der Rechtswissenschaft und der politischen Wissenschaft notierte er 1919 in seinem Tagebuch:

*„Besonders gern beschäftige ich mich mit der 48er Revolution. Ich stöbere Zeitungen u. Flugblätter aus dieser Zeit durch. Auch habe ich von Großmutter Walter einige Briefe von 2 Brüdern meines Urgroßvaters Walter bekommen. Der eine, Carl Walter, schreibt verwundet aus dem Lazarett: im Gefecht bei Waghäusel bekam er einen Beinschuss und starb alsbald danach. Der andere, Friedrich Walter, berichtet von seiner Auswanderung nach Amerika – er fühlte sich nicht mehr sicher in seinem Vaterland – und erzählt, wie ihn deutsche Landsleute unterstützt hätten, ‚weil er für die Freiheit gefochten hätte'.“*[4]

Sich für Freiheit einzusetzen, verstand Heinemann als Verpflichtung. „Nicht Asche verwahren, sondern eine Flamme am Brennen halten“, sollte die Zielsetzung einer Erinnerungsstätte sein. Der Wunsch des Bundespräsidenten war es, *„in der Geschichte unseres Volkes nach jenen Kräften zu spüren, und ihnen Gerechtigkeit widerfahren zu lassen, die dafür gelebt und gekämpft haben, damit das deutsche Volk politisch mündig und moralisch verantwortlich sein Leben und seine Ordnung selbst gestalten kann.“*[5]

Da die Initiative vom Bundespräsidenten ausgegangen war, lag es nahe, eine Bundesbehörde mit der inhaltlichen Ausgestaltung und der institutionellen Verantwortung zu beauftragen. Das Bundesarchiv erhielt den Zuschlag, zumal sich in seinen Beständen auch die

*Gustav Heinemann (Mitte) mit Bundesarchiv-Präsident Hans Booms beim Rundgang durch die Ausstellung der Erinnerungsstätte.*

Überlieferung der Revolutionsorgane von 1848/49 befindet. Mit Erlass des Bundesministeriums des Innern vom 27. Mai 1974 wurde die Erinnerungsstätte für die Freiheitsbewegungen in der deutschen Geschichte ins Leben gerufen und dem Bundesarchiv als Außenstelle zugeordnet.[6]

*Fortentwicklung des Museums*

Heinemann blieb der im Volksmund bald als „Freiheitsmuseum" bezeichneten Erinnerungsstätte auch nach Beendigung seiner Amtszeit im Jahre 1974 verbunden. Immer wieder drängte er darauf, sie dürfe kein „totes Museum" sein. Bis zu seinem Tod im Juli 1976 war es dem Altbundespräsidenten wichtig, dass *„die Erinnerungsstätte fortentwickelt, verlebendigt und damit einer noch breiteren Öffentlichkeit nahegebracht werden"*[7] sollte. Den Wunsch Heinemanns verstand das Bundesarchiv als Verpflichtung. Acht Jahre nach der Eröffnung der Erinnerungsstätte konnte im Jahr 1982 auf knapp 600 Quadratmetern Fläche eine völlig überarbeitete Ausstellung, deren Schwerpunkte wiederum auf der Zeit des Vormärz und der Revolution von 1848/49 lagen, der Öffentlichkeit präsentiert werden. Im Zentrum standen dabei die Ereignisse in Baden, insbesondere die Rolle Rastatts in der dramatischen Endphase jener großen revolutionären Bewegung, die ganz Europa in der Mitte des 19. Jahrhunderts erfasst hatte. Die dritte Neugestaltung der Rastatter Dauerausstellung wurde 1998/99 anläßlich des 150-jährigen Jubiläums der Märzrevolution eröffnet. Die letzte große Veränderung erfolgte schließlich im Jahre 2009. Die Dauerausstellung in der Erinnerungsstätte erhielt – dem Wunsch Heinemanns nach einer fortdauernden Weiterentwicklung entsprechend – einen zweiten thematischen Schwerpunkt: In drei chronologischen und zwei sachthematischen Kapiteln erzählt ein am 4. November 2009 eröffneter Ausstellungsteil von Opposition und Widerstand gegen die SED-Diktatur. Unter dem Titel „Wir sind das Volk" zeigt die Erinnerungsstätte seither eine Dauerausstellung zu den Themen „Freiheitsbewegungen im 19. Jahrhundert" und „Freiheitsbewegungen in der DDR 1949–1989".

Auf nunmehr 1.200 Quadratmetern Ausstellungsfläche wird der Bogen gespannt von den „Freiheitsbewegungen in der Frühen Neuzeit", über „gesellschaftlichen Wandel und Soziale Frage" bis hin zu der Zeit „Zwischen zwei Revolutionen: 1789–1848". „Die Märzrevolution" nimmt ebenso wie „Die Nationalversammlung 1848/49" einen wichtigen Platz in der Ausstellung ein, gleichermaßen die Themen „Die Grundrechte" und „Der Kampf um die Reichsverfassung 1849", hierbei liegt wiederum ein besonderes Augenmerk auf den Ereignissen der Badischen Revolution und dem letzten revolutionären Aufbäumen in Rastatt. Mit den Aspekten „Der weite Weg zur Demokratie 1850–1918" und „Freiheitskämpfer in der Emigration" wird der Ausstellungsschwerpunkt zu den Freiheitsbewegungen im 19. Jahrhundert beschlossen.

Die Geschichte der Freiheitsbewegungen in der DDR von 1949 bis 1989 erzählt die Erinnerungsstätte von deren Ende her: Der glückliche Ausgang der Revolution von 1989, der Fall der Mauer und die Vereinigung am 3. Oktober 1990 bilden den Auftakt, um den Blick zurückzuwerfen auf die vielfältigen Formen von Opposition, Ungehorsam, abweichendem oder unkonventionellem Verhalten und Widerstand. In zwei Ausstellungsbereichen wird die chronologische Gliederung durchbrochen, wenn „Jugend zwischen Anpassung und Auflehnung" und das „Ministerium für Staatssicherheit" thematisiert werden. Sonst bietet der zeitliche Ablauf den Orientierungsrahmen und beleuchtet Formen des Aufbegehrens, bereits in der sowjetisch besetzten Zone, mit dem Höhepunkt des Aufstands vom 17. Juni 1953 und nach der Zäsur des Mauerbaus zwischen 1961 und 1989.

Auf frappierende Weise zeigen manche Exponate, wie sehr sich dabei etwa die Forderungen des März 1848 und die des Juni 1953 trotz der vollkommen unterschiedlichen historischen Kontexte ähneln. So verlangte die Belegschaft des Kalk-, Zement- und Betonwerkes Rüdersdorf in ihrer Resolution vom 17. Juni 1953: *„Freilassung der politischen Gefangenen! Freie und geheime Wahlen für das gesamte deutsche Volk! Fallen der Zonengrenzen!!"*[8] Die Arbeiter des VEB Rohpappenfabrik in der kleinen sachsen-anhaltinischen Gemeinde Zwintschöna forderten einen Tag darauf, *„daß die Einheit unseres Vaterlandes schnellstens hergestellt wird"* und *„umgehend alle Vorbereitungen getroffen werden, um eine freie, demokratische Wahl durchzuführen"*[9] und wiederholten damit die noch immer unerfüllte Forderung nach Freiheit und Einheit.

Die beiden Revolutionen von 1848/49 und 1989/90 in Beziehung zueinander zu setzen, führt das Anliegen von Gustav Heinemann, nämlich in der Erinnerungsstätte auf freiheitliche

*Blick in den Ausstellungsteil „Freiheitsbewegungen in der DDR 1949-1989".*

und demokratische Bewegungen in der deutschen Geschichte aufmerksam zu machen und ihren Wert wie ihre Schutzwürdigkeit zu verdeutlichen, auf eine besondere Weise fort. Sie zeigt die Besonderheit der deutschen Freiheitsbewegungen, für die Martin Walser im Herbst 1989 folgende Worte fand: „*Zum erstenmal, daß eine deutsche Revolution gelingt. ... Jetzt ist die Zeit glücklich zu sein und sich zu freuen, daß Deutschen auch einmal Geschichte gelingt.*"[10]

In den letzten Jahren hat sich die Erinnerungsstätte zu einem außerschulischen Lernort entwickelt, in dem vielfältige pädagogische Arbeitsformen für Schülerinnen und Schüler wie auch Studierende angeboten werden. Daneben versteht sie sich aber auch als ein Schaufenster des Bundesarchivs für alle historisch Interessierten, denn die Ausstellung ermöglicht einen Einblick in die reiche und vielfältige Überlieferung aus Bildern, Plakaten, Ton- und Filmaufnahmen wie auch Schriftstücken, die im deutschen Nationalarchiv aufbewahrt werden. Zuweilen sind sie unscheinbar, wie der kleine Zettel, den Jacob Grimm im Jahre 1848 hastig beschrieb, oder wie die Resolution, die von den Arbeitern der Rohpappenfabrik in Zwintschöna formuliert wurde. Und doch sind sie von solch visionärer Kraft, dass sie ihren Weg gefunden haben in die Erinnerungsstätte für die Freiheitsbewegungen in der deutschen Geschichte.

**Anmerkungen**

1 Antrag Jacob Grimms zur Beratung der Grundrechte in der Nationalversammlung, BArch Koblenz.

2 Das Bundesarchiv ist mit neun Dienstorten über die gesamte Republik verteilt: Die Hauptdienststelle befindet sich in Koblenz, weitere Dienstorte in Berlin-Lichterfelde, Berlin-Wilmersdorf, Hoppegarten, St. Augustin-Hangelar, Freiburg, Ludwigsburg, Bayreuth und Rastatt.

3 Vgl. Heinemann, Gustav W.: Die Freiheitsbewegungen in der deutschen Geschichte. Ansprache des Bundespräsidenten aus Anlass der Eröffnung der „Erinnerungsstätte" in Rastatt am 26. Juni 1974. In: Einigkeit und Recht und Freiheit. Erinnerungsstätte für die Freiheitsbewegungen in der deutschen Geschichte. Katalog der ständigen Ausstellung, Bönen 2002, S. 21-24.

4 Zit. nach: Jäckel, Eberhard: Gustav W. Heinemann und Rastatt. Zur Entstehung und Gründung der Erinnerungsstätte für die Freiheitsbewegungen in der deutschen Geschichte. In: Einigkeit und Recht und Freiheit (wie Anm. 3), S. 12.

5 Heinemann, Gustav W.: Die Geschichtsschreibung im freiheitlich demokratischen Deutschland. Gerechtigkeit für die Kräfte im Kampf um die politische Mündigkeit des deutschen Volkes, Verantwortung des Bürgers für die freiheitlichen Traditionen und ihre moralische Verpflichtung. Ansprache des Bundespräsidenten bei der Schaffermahlzeit am 13. Februar 1970 im Bremer Rathaus. In: Einigkeit und Recht und Freiheit (wie Anm. 3), S. 20.

6 Erlass des BMI vom 27. Mai 1974, BArch B 198/3568.

7 Zit. nach Weber, Hartmut: Die Erinnerungsstätte für die Freiheitsbewegungen in der deutschen Geschichte. In: Einigkeit und Recht und Freiheit (wie Anm. 3), S. 26.

8 Resolution der Belegschaft des Kalk- und Zement- und Betonwerkes in Rüdersdorf vom 17. Juni 1953, BArch DY 39/450.

9 Resolution der Belegschaft des VEB Rohpappenfabrik Zwintschöna vom 18. Juni 1953, BArch, DY 39/450.

10 Walser, Martin: Zum Stand der deutschen Dinge. Gesten des Wiedersehens: Vom schwierigen Umgang mit der sanften Revolution und von den Schreckbildern der geschichtlichen Vorstellungskraft. In: Frankfurter Allgemeine Zeitung v. 5.12.1989.

# Autorenverzeichnis

**Sandra Eberle M.A.,** geboren 1974 in Karlsruhe, lebt in Karlsruhe. Studium der Kunstgeschichte, Baugeschichte und Architektur an der Universität Karlsruhe (TH), 2004–2006 wissenschaftliche Volontärin bei den Staatlichen Schlössern und Gärten Baden-Württemberg, seither freie Kunsthistorikern und Autorin, vielfältige Publikationen zur Kunst- und Landesgeschichte Badens, insbesondere zu den badischen Schlössern.

**Wolfgang Froese M.A.,** geboren 1960 in Forbach, lebt als Lektor in Gernsbach. Nach Redaktionsvolontariat Studium der Mittleren und Neueren Geschichte, Anglo-Amerikanischen Geschichte und Volkswirtschaftslehre an den Universitäten Bonn und Köln. Forschungs- und Publikationstätigkeit im Auftrag der Gesellschaft für Rheinische Geschichtskunde sowie von Mennonitengemeinde und Stadtarchiv Krefeld. Weitere Veröffentlichungen, u. a. zu Ludwig Wilhelm von Baden.

**Sigrid Gensichen M.A.,** geboren 1949 in Hamburg, wohnhaft in Dossenheim, Ausbildung zur Restauratorin in Tübingen, Studium der Kunstgeschichte, Philosophie und Geschichte in Tübingen und Heidelberg, Denkmalinventarisation in Mecklenburg-Vorpommern, Freie Kunsthistorikerin, Schwerpunkt in der gutachterlichen Tätigkeit (Quellenforschung) für denkmalverwaltende Behörden.

**Stephan Hurst,** geboren 1977 in Offenburg, wohnhaft in Rastatt, Diplom-Finanzwirt (FH), Leiter der Schlossverwaltung Rastatt, zuständig für die Schlösser Rastatt und Favorite (Rastatt), die Yburg, Ebersteinburg, Altes Schloss Baden-Baden und weitere landeseigene Burgen in Baden bei den Staatlichen Schlössern und Gärten Baden-Württemberg.

**Dr. Alexander Jordan,** geboren 1975 in Füssen, Studium der Neueren und Neuesten Geschichte, der Politik und der Betriebswirtschaftslehre in Bamberg und an der University of Wales in Swansea. 2007 promovierte er mit einer Arbeit zum Ersten Weltkrieg im Alpenraum. Seit Mitte 2008 ist er Direktor und Geschäftsführer des Wehrgeschichtlichen Museums Rastatt.

**Dr. Martina Kitzing-Bretz M.A,** geboren 1959 in Heidelberg, wohnhaft in Löwenstein (Kreis Heilbronn); Studium der Kunstgeschichte, Klassischen und Christlichen Archäologie an den Universitäten in Heidelberg und München. Promotion über den baden-badischen Hofarchitekten Franz Ignaz Krohmer; 1987–89 wissenschaftliche Angestellte am Badischen Landesmuseum Karlsruhe. Seit 1990 freiberuflich tätig, hauptsächlich auf dem Gebiet der Erwachsenenbildung.

**Reinhard Molt,** geboren 1964 in Schwäbisch Gmünd, wohnhaft in Lorch. Studium der Raum- und Umweltplanung (Vertiefungsrichtung Städtebau) an der Technischen Hochschule in Kaiserslautern. Diplomarbeit 1994 über das Konversionsprojekt CANROBERT in Rastatt. 1994–2000 wissenschaftlicher Mitarbeiter am Lehrstuhl für Stadt- und Ortsplanung der TU Kaiserslautern. 2000 Wahl zum Ersten Beigeordneten und Bauamtsleiter der Gemeinde Remshalden.

**Dr. Marco Müller,** geboren 1971 in Rastatt, wohnhaft in Ottersweier, Studium der Neueren und Neuesten Geschichte, der Historischen Hilfswissenschaften und der Volkskunde an der Albert-Ludwigs-Universität Freiburg/Breisgau. Promotion 2004 zur Sozial- und Wirtschaftsgeschichte 1815–1890 der Stadt Rastatt. Seit 1998 Historiker am Stadtgeschichtlichen Institut Bühl.

**Uwe A. Oster M.A.,** geboren 1964, wohnhaft in Hechingen. Studium der Neueren und Mittelalterlichen Geschichte sowie der Älteren deutschen Sprache und Literatur. Stellvertretender Chefredakteur des Geschichtsmagazins DAMALS.

**Dr. Irmgard Stamm,** geboren 1957, wohnhaft in Rastatt, Diplom-Archivarin und Volkskundlerin, Archivschule Marburg, Studium der Europäischen Ethnologie (Volkskunde), Vor- und Frühgeschichte und Pädagogik in Marburg und Freiburg, Promotion 1995 zum Thema „Leben an der Grenze", zur Zeit Mitarbeiterin am Generallandesarchiv Karlsruhe.

**Prof. Dr. Wolfgang E. Stopfel,** geboren 1935 in Reichenhausen/Rhön, wohnhaft in Freiburg/Breisgau, Studium der Kunstgeschichte, der klassischen und christlichen Archäologie in Jena und in Freiburg, 1964 Promotion über ein Thema der Barockarchitektur, 1966 Beginn der Arbeit in der Denkmalpflege, 1973–2000 Leiter der Außenstelle Freiburg des Landesdenkmalamtes Baden-Württemberg. Denkmalpflegerische Betreuung der Restaurierung der Schlösser Favorite und Rastatt. Vielfältige Publikationen über Themen der Denkmalpflege und der Architektur.

**Dr. Elisabeth Thalhofer,** geboren 1976 in Saarbrücken, wohnhaft in Rastatt, Studium der Neueren und Neuesten Geschichte, der Neueren deutschen Literaturwissenschaft und der Neueren deutschen Sprachwissenschaft an der Universität des Saarlandes, Promotion 2008 zum Thema „Entgrenzung der Gewalt. Gestapo-Lager in der Endphase des Dritten Reiches". Seit Mai 2010 stellvertretende Leiterin der Bundesarchiv-Erinnerungsstätte für die Freiheitsbewegungen in der deutschen Geschichte.

**Gerlinde Vetter M.A.,** geboren 1942 in Stuttgart, wohnhaft in Baden-Baden, Studium der Germanistik in Tübingen und Stuttgart, Realschullehrerin. Publikationen zur Badischen Landesgeschichte, u. a. zur Markgräfin Sibylla Augusta.

**Martin Walter,** geboren 1966 in Karlsruhe, wohnhaft in Kuppenheim-Oberndorf, Studium der Archivwissenschaften in Marburg und Ludwigsburg. 1992 bis 1994 archivischer Mitarbeiter am Stadtarchiv Karlsruhe. Seit 1994 Leiter des Kreisarchivs Rastatt. Vielfältige Publikationen zur regionalen und zur badischen Geschichte.

**Dr. Johannes Wilhelm,** geboren 1952 in Augsburg, wohnhaft in Karlsruhe, Studium der Kunstgeschichte, byzantinischen Kunstgeschichte und der Philosophie an der Universität München, Promotion über die Augsburger Wandmalerei 1368 bis 1530. Ab 1981 Mitarbeiter des Landesdenkmalamtes Baden-Württemberg, bis 1985 als Inventarisator in Tübingen, bis 1988 als Gebietsreferent in Stuttgart, dann in Karlsruhe. Ab 1999 Leiter der Bau- und Kunstdenkmalpflege der Außenstelle Karlsruhe, ab 2000 Leiter der Außenstelle. Seit 2005 Leiter des Referats 26 – Denkmalpflege am Regierungspräsidium Karlsruhe.

# Personenregister

# Bildnachweis

Dirk Altenkirch, Karlsruhe: S. 94, 96, 98, 117.
Badisches Landesmuseum, Karlsruhe: S. 12.
Meinrad Bittmann, Gaggenau: S. 10.
Bundesarchiv, Koblenz: S. 189, 191.
Hans Peter Faller, Rastatt: S. 33.
Commune di Fano: S. 40, 41, 69.
Generallandesarchiv Karlsruhe: S. 49 (229/27943), 58 (G Rastatt 5) , 60 (G Rastatt 9), 61 (G Rastatt 34), 67 (HfK V.8), 75 (G Rastatt 6), 123 (G Favorite 11a).
Felix Gross, Ettlingen: S. 47, 52, 77, 111, 114 (rechts), 119, 131, 144, 148, 150, 153, 173.
Gerd Haferkorn, Rastatt: S. 128.
Peter Hauns, Rastatt: S. 114 (links).
Matthias Hoffmann, Rastatt: S. 18.
Kreisarchiv Rastatt: S. 15, 27, 50, 157.
Landesmedienzentrum Baden-Württemberg: S. 22, 23, 81, 83, 85, 87, 88, 89.
Staatliche Kunsthalle Karlsruhe: S. 72/73, 102.
Stadt Rastatt: S. 108.
Stadtarchiv Rastatt: S. 105, 161, 164, 167, 172, 176.
Stadtgeschichtliches Institut Bühl: S. 62.
u-motions GmbH, Karlsruhe: S. 182.
Martin Walter, Kuppenheim: S. 125.
Willi Walter, Gaggenau: S. 142, 180.
Wehrgeschichtliches Museum Rastatt: S. 140, 185, 187.
Württembergische Landesbibliothek Stuttgart: S. 37.